徐旭生像

日記所以程功過也余之尤悔叢集矣而日記之作復時作時輟惡日以長善日以消余其終於逡復乎今定自庚戌年七月十六日起日日作之苟非大故無敢輟焉讀書觀世或有所見亦附記之其於求寡過之義庶幾其有合乎

十六日昨夜蚊甚多不能安寢將曉始眠起甚晚天雨華教習告假下午外國輿地教習未到下堂後覩戴山先生人譜並弗能沈潛有得

吾八主病沈錮左不外名利兩端現在痛自省察覺利如美疢雖未入口而遇其當前恆欲□□□□□□□□□自鈴制而根柢深固殊難解脫名則如汪洋大海陷溺已深雖欲拔且

徐旭生庚戌年（1910）七月十六日蜚遯廬日記

徐旭生父亲徐纲（振甫）像

留学法国时期的徐旭生小照

乔曾劬"蜚庐"题字

1929年徐旭生于北平西皇城根家中留影

陕西出版资金资助项目

徐旭生陕西考古日记

1933年2月11日—1935年6月14日

徐旭生［著］

罗宏才［注释］

陕西师范大学出版总社

图书代号：SK17N0154

图书在版编目（CIP）数据

徐旭生陕西考古日记：1933年2月11日—1935年6月14日 / 徐旭生著；罗宏才注释 . —西安：陕西师范大学出版总社有限公司，2017.8
ISBN 978-7-5613-8941-6

Ⅰ . ①徐… Ⅱ . ①徐… ②罗… Ⅲ . ①考古工作—陕西—文集 Ⅳ . ① K872.41-53

中国版本图书馆 CIP 数据核字（2017）第 044313 号

徐旭生陕西考古日记（1933年2月11日—1935年6月14日）
XUXUSHENG SHAANXI KAOGU RIJI

徐旭生　著　　罗宏才　注释

选题策划 / 侯海英	
责任编辑 / 王丽敏　胡　杨	
特约编辑 / 曹　龙	
责任校对 / 王丽敏　谢勇蝶	
出版发行 / 陕西师范大学出版总社	

（西安市长安南路199号　邮编：710062）

网　　址 / http://www.snupg.com
印　　刷 / 西安五星印刷有限公司
开　　本 / 787mm×1092mm　1/16
印　　张 / 11.25
插　　页 / 14
字　　数 / 250千
版　　次 / 2017年8月第1版
印　　次 / 2017年8月第1次印刷
书　　号 / ISBN 978-7-5613-8941-6
定　　价 / 58.00元

读者购书、书店添货或发现印刷装订问题，请与本公司营销部联系、调换。
电话：（029）85307864　85303629　传真：（029）85303879

目录

徐旭生小传……………………………………罗宏才

整理、注释说明………………………………罗宏才

日记原文………………………………………徐旭生

    一九三三年二月……………………………………003
    （二月十一日至二月二十八日）

    一九三三年三月……………………………………011
    （三月一日至三月四日）

    一九三三年四月……………………………………013
    （四月二十九日至四月三十日）

    一九三三年五月……………………………………015
    （五月一日至五月三十一日）

    一九三三年六月……………………………………028
    （六月一日至六月二十六日）

    一九三三年十二月…………………………………055
    （十二月十一日至十二月三十一日）

    一九三四年一月……………………………………063
    （一月二日至一月三日）

    一九三四年三月……………………………………064
    （三月三十日至三月三十一日）

    一九三四年四月……………………………………066
    （四月一日至四月三十日）

一九三四年五月 ·· 084
　（五月一日至五月三十一日）

一九三四年六月 ·· 101
　（六月一日至六月三十日）

一九三四年七月 ·· 119
　（七月一日至七月十五日）

一九三五年四月 ·· 124
　（四月二十三日至四月三十日）

一九三五年五月 ·· 128
　（五月一日至五月三十一日）

一九三五年六月 ·· 148
　（六月一日至六月十四日）

零散日记 ·· 152

后记 ·· 153

序

无论在中国新文化史范畴，还是在中国考古史视野，徐旭生先生都是举足轻重的人物。遗憾的是，由于特殊的历史原因，徐旭生先生非但未被大众所知晓，即便在他筚路蓝缕竭力开创的中国考古学领域也未能得到应有的重视，以至于最具权威的《中国大百科全书·考古学》"著名金石学家、考古学家"序列，也未出现徐旭生其人的词条。然而历史的意义不仅仅在于当时的功德，更多的在于沉淀多年之后仍可熠熠生辉的那些人那些事。徐旭生当属其列。

徐旭生（1888—1976），名炳昶，以字行，又字虚生，号遯庵，曾用名老傻、四河人，河南省唐河县人。中国现代著名的史学家、政治活动家。徐旭生潜心研究古代史学。他幼读私塾，聪慧好学，中国古典文化功底深厚。18岁步入新式学堂，就读北京河南公立豫京学堂。25岁远奔西欧，留学法国，在巴黎大学攻读西洋哲学。1919年徐旭生学成归国后，先后任河南留学欧美预备学校教授、北京大学哲学系教授。1926年任北京大学教务长。1929年任国立北平大学第二师范学院院长。1931年任国立北平师范大学校长。1932年任北平研究院史学研究会编辑，后改任研究员。1936年任北平研究院史学研究所所长。

1933年，徐先生45岁。在知识分子最好的年华，炳昶先生接受北平研究院委托来陕西筹设分院。这是他人生中重要的一个转折。在此之前，学贯中西的徐炳昶先生已经取得了人生的累累硕果，承担着一连串重要的学术与社会职务。这些职务对一个学者来说可能有些沉重，而对徐炳昶先生而言，却是人生最富意义的阐释。中国自古不缺乏卓尔不群的学者，缺乏的往往是既有社会责任感又有协调力的远见卓识的战略家。他们不但自身学问渊博，深具学术战略眼光，还不惧辛苦烦劳，在纷纭世间开辟出一方净土，做出一番事业。幸赖有此一批人，才能在苦难深重的近代开创出中国科学的启蒙。徐炳昶先生即是其中的卓越者。

这一转折，对已经功成名就的徐炳昶先生来说，实在是一份苦差事。放弃大学的教职，放弃北京优渥的生活环境，甚而放弃来自家乡河南大学校长的聘书，放弃自己从1913年上巴黎大学起就从事的哲学研究，到当时堪称荒蛮之地的陕西，重新开创一个新的学科和事业，徐炳昶先生的勇气、胆气、斗志，除了感佩，无有他语可以表达了。

此后的四年，他把人生中最重要的时光贡献给了陕西，贡献给了宝鸡斗鸡台，在陕西考古史乃至中国考古史上留下了浓墨重彩的一笔。

然而，岁月飘忽，徐炳昶先生的丰功伟绩湮没在历史的尘埃中。幸得罗宏才教授耗费二十余年心血挖掘整理徐旭生先生相关资料，先生的成就才拂去蒙尘。罗宏才先生先是出版了《陕西考古会史》，给社会展示了徐先生的相关考古业绩。现在呈现给大家的则是精心连缀梳理的《徐旭生陕西考古日记》（以下简称《日记》）。《日记》如实记录徐旭生先生在陕西这段工作经历。正如罗宏才教授所言："日记更用很大篇幅来絮絮记述陕西名胜风貌、古迹状态、调查情趣、发掘经过、学术追求、省院争锋、政坛见闻、人事纠葛、财政拮据、工作艰难、险象环生，以及民生现象、乡俗俚语、社会弊病、地方教育、宗教活动、人文地理、民间艺术等更为广阔的社会生活层面。瑰宝乡音，事物景象，无不逼真细腻，……赉人以极大的心灵感受与视觉震撼。……一部看似狭小的日记体量，已远远超过一般叙事日记与专题日记所产生的功用与影响，俨然一部活生生的20世纪30年代陕西文物调查发掘记录及关中社会文化史篇，它在准确关照特定时段日记记载主体诉求的前提下，更集中地反映了特定时代历史语言学术范式规制下文物考古工作者的文化精神面貌与学术旨趣，给人以特殊的启迪与鼓舞。"

徐炳昶先生在陕西这块周秦故土，辛劳奔走，多方协调，终至得以成立陕西考古会；又饱受艰辛，在陕西大地展开大规模文物调查；并独立支撑，领导了陕西历史上第一次现代意义上的考古——宝鸡斗鸡台考古发掘。斗鸡台遗址的成功发掘更被考古界誉为"中国考古学初步发展时期最重要的发掘项目之一"。

徐炳昶先生基于考古调查和发掘基础上对陕西考古的许多远见卓识，直至今日，仍对我们有着重要的指导意义。尤其在党中央积极推动"一带一路"战略，丝绸之路再次成为焦点和热点的背景下，徐旭生先生的工作更显现出巨大的现实意义。我相信，《日记》的出版必将引起学术界及有关各界的积极关注。我们有理由期待这部著作的出版，能对陕西文物考古工作带来重要的营养与支持。《日记》虽是徐旭生先生学术遗产的部分成果，但对重新评价先生的学术地位和工作价值，尤其是对认识先生对陕西考古的重要贡献，意义重大。

作为文物大省，陕西考古的历程，在某种程度上可以说是中国考古学的发展缩影。几年前我积极推动以学术发展为主题的陕西考古博物馆建设，今天适逢位于唐香积寺旁的博物馆250亩建设用地落砖圈地，尤感出版徐先生这本陕西考古日记的特殊意义。

衷心感谢此书的整理者罗宏才教授。罗先生毕业于西北大学考古专业，是我的学兄。他从毕业进入陕西省文管会就关注前辈的考古往事，汇集散失资料，梳理史实汲取学养，开拓了考古史和艺术考古新领域。他数十年如一日地努力，不仅出版了诸多学术成果，也获得了艺术史博士学位，成为有重要影响的大学教授。他是陕西考古的有心人和有功人。感谢慷慨提供日记原件的徐旭生先生哲嗣徐桂伦先生，使得我们有条件复原廓清陕西考古的年轮，也使我们能更准确地记住徐旭生先生对中国考古的贡献。感谢鼎力支持此书出版的陕西师范大学出版总社的领导，特别是编辑侯海英女士对陕西考古的热心和学养，使得徐先生的业绩与价值重现天日。

是为序。

赵荣 博士（陕西省文物局局长）

2016年12月15日

徐旭生小传

徐旭生（1888—1976），名炳昶，旭生其字，以字行，又字虚生，号蜚遯庐、遯庵，笔名老傻、四河人等，书斋号"蜚遯庐"。祖籍河南省唐河县桐河乡砚河村。

父徐纲，字振甫，清廪贡生，曾任河阴（今属荥阳）教谕、归德府①教谕等；兄徐沛泽，清末县学生员，曾任陕西佛坪厅巡检等。

徐旭生幼居父徐纲河阴教谕任所，受到良好启蒙教育。光绪三十二年（1906）遂以优异成绩考入北京河南公立旅京豫学堂，同年又入京师译学馆学习法文。在家庭支持下，1912年曾在彰德中学短期讲授算学与法文，旋赴法国留学，入巴黎大学学习哲学。在巴黎留学期间，他在繁重哲学课程学习之余，热忱考察巴黎各大博物馆、美术馆，认真观摩中外艺术品造型样式，积极追溯流入欧洲的中国文物艺术品踪迹，留下了大量的学习笔记，为而后考古工作及文物保护工作打下了坚实的基础。即便如此，他仍时时严格要求自己。如1914年4月15日与友人王海帆②等同至巴黎鲁佛尔博物院参观，即以"美术史未用功，故于其正变源流不甚清楚""止观油画"而自责不已，认为此事"亦一耻也"。③

1919年夏季，徐旭生学成回国，先于河南开封第一师范学校及河南留学欧美预备学校教学，及1920年秋季以河南省教育界代表身份赴京请愿遭河南地方反动派无理阻挠，因此愤然留居北京，并于翌年任北京大学哲学系教授。1924年，北京大学研究所设立考古学会，徐旭生闻而振奋，率先参加该会，积极投入该会

---

① 治所在河南省商丘市睢阳区商丘古城，以五代后唐同光元年（923）庄宗改宣武军为归德军得名，绍兴二年（1132）降为归德府。1913年撤销府名，所属各县归豫东道。

② 王海帆（1881—1934），名尚济，海帆其字，河南商丘人，徐旭生夫人王季芳（1896—1995，名慎徽，号季芳）之兄。清末县学生员。1907年入河南优级师范，同年又入京师译学馆（丁级）习法文。1913年任河南省图书馆馆长，继而任河南教育司第三科科长、河南欧美预备学校校长。同年赴法，入巴黎大学，随法国数学家古尔萨（Goursat，1858—1936）博士专攻读数学。1918年毕业，获理学硕士学位。1919年回国，先后在河南欧美预备学校、河南大学、北平师范大学等校任教。译著《解析数学讲义》曾风行一时。

③ 此段引文皆参见1914年4月15日徐旭生《蜚遯庐日记》（一名《徐旭生日记》，手稿，稿藏徐旭生哲嗣徐桂伦处，以下引用《徐旭生日记》皆同此，不再一一注释）。

的各项工作。1925年3月，当北洋政府统治专横之时，他与李宗侗（玄伯）合办《猛进》杂志，任主编，以"热力四溅"[①]的批判精神，勠力鞭挞腐朽思想，被鲁迅视为"也终于还是'思想革命'"[②]的先锋。

1926年，徐旭生以其在北京大学任教以来的突出贡献，深受有关方面的敬重，被推为该校教务长。1927年又与李石曾、李书华等中法系人物筹设北平大学，同年且与瑞典斯文·赫定等人联合组就中瑞西北科学考察团，任中方团长。得鲁迅建议撰写"本团二十个月的经过及工作大略"[③]。成果刊布后受到社会各界广泛赞誉，1929年11月傅斯年因此称他为"渡漠考古于当代，将来必于中国古史之发达有弘伟之贡献"[④]的古史先驱。1936年更以中瑞西北科学考察团时期"成绩斐然，收获甚多，于学术上贡献之殊大"[⑤]而获瑞典君主赠予三等"华沙章"一座。

1928年3月，大学院古物保管委员会成立[⑥]，徐旭生任委员一职。1929年12月，又任国立北平大学第二师范学院院长[⑦]，后因女师附中学潮而遭受冲击。1931年2月任国立北平师范大学校长，同年11月因赴南京教育部请求增加北师大经费未果，愤而辞职。1932年6月受李石曾、李书华邀请任北平研究院史学研究会编辑，后改任研究员。未几任北平研究院史学研究会考古组主任，同时兼任北京大学哲学系教授兼研究所国文导师。

1933年，徐旭生遵照北平研究院以陕西为"周、秦、汉、唐旧都所在地，遗迹至多，足供考古学家之取材"[⑧]，而"欲研究周秦初期文化，非求之于地上、

[①] 孙郁：《古道西风》，收入孙郁：《秋夜闲谈——孙郁散文》，北京：作家出版社，2014年，第8页。
[②] 鲁迅对《猛进》杂志及徐旭生之评价，参见1925年3月20日、4月3日《猛进》第3、5期。收入《华盖集》之《通讯》一文，见《鲁迅全集》第3卷，北京：人民文学出版社，2005年，第23页。
[③] 徐旭生：《徐旭生西游日记·叙言》，见徐旭生：《徐旭生西游日记》，银川：宁夏人民出版社，2000年，"叙言"第1页。
[④] 参见国立中央研究院历史语言研究所所长傅斯年1929年11月29日致河南省公函，见《本所发掘安阳殷墟之经过》，原载《安阳发掘报告》1930年第2期，后收录于欧阳哲生主编：《傅斯年全集》第3卷，长沙：湖南教育出版社，2003年，第107页。
[⑤] 摘自1936年5月外交部第4961号公函与相关资料，原件均藏南京中国第二历史档案馆，主旨谓瑞典君主因袁复礼、徐炳昶、黄文弼及本国斯文·赫定于1927年中、瑞组合西北考察团工作中"成绩斐然，收获甚多，于学术上贡献之殊大"，故决定赠给徐炳昶等人三等"华沙章"一座，以示褒奖等事。
[⑥] 1928年3月25日《蔡元培日记》："午后三时，古物保管委员成立会"，见王世儒编：《蔡元培日记》，北京：北京大学出版社，2010年，第360页。
[⑦] 部分资料作"女子师范学院院长"，此处从《北京市志稿·文教志·上·国立北平大学》，北京：燕山出版社，1989年，第375页。
[⑧] 李书华：《陕游日记》，1936年，南京中国第二历史档案馆藏有油印件。

地下之遗迹以作证明"①之总体规划，风尘仆仆赴陕筹设该院分院。在艰难环境下，费力促就北平研究院与陕西省政府合组陕西考古会的成立，出任委员及工作主任等重要职务，拓开了陕西考古的新纪元。1934年，北平考古学社成立之际，徐又率先参加该社，细心擘画学社事宜，积极撰写稿件以为襄助。同年2月且任中央保管委员会常务委员。1934年8月，南京政府教育部在未征得徐旭生本人同意的前提下，单方面委任其为河南大学校长，但他钟情正在推进的陕西考古工作，且已"对办理学校行政颇感厌倦"②，辞而未就。1935年5月被聘为故宫博物院文献馆专门委员。1936年北平研究院史学研究会改为史学研究所，徐亦改任所长。1936年又任史学集刊编辑委员会委员，同年5月禹贡学社成立时任理事，8月任通俗读物编刊社副社长。1937年6月加入西北史地学会，被推为理事。"七七事变"发生后，徐还在7月14日与顾颉刚、吴文藻等人一起，同拟致南京政府电稿，敦请抗日以抵御外侮。

在1933年春季至1937年夏季长达四年的时间内，徐旭生在陕西关中、甘肃等地进行了艰苦细致的考古调查，鼎力主持宝鸡斗鸡台三次考古发掘。于调查、发掘同时，尚积极推进陕西古代碑石、建筑的保护，厥功甚伟。其间并多次利用回乡之机与关葆谦、胡汝霖等调查河南荥阳北邙乡秦王寨新石器时代遗址。

及抗战爆发，徐旭生随史学研究所迁往云南昆明，不久任中法大学、西南联大教授与中法大学文学院院长。1940年4月被聘为教育部史地教育委员会委员。1940年12月23日，国民政府正式公布徐旭生为第二届国民参政会参政员。徐遂参加1941年3月1日至3月10日在重庆召开的二届一次国民参政会。③1943年，又与于右任、张继、翁文灏、傅斯年、李济、卫聚贤、顾颉刚、徐中舒、何士骥等人在重庆发起成立说文社。1945年7月7日至7月20日，再以参政员身份出席四届一次国民参政会，曾敏锐发现国民党衰败之象，以为"此次开会秩序稍差，然未必非好现象，盖国民党控制之力已形纵（松）弛"④。

居昆明期间，徐旭生勠力整理多年心力思索所得，在艰苦环境下，以坚韧毅

---

① 参见1934年2月国立北平研究院、陕西省政府合组陕西考古会《陕西考古会成立经过报告》《本院与陕西省政府合组陕西考古会经过》，1934年9月《国立北平研究院五周年工作报告·史学研究会工作报告》等资料。
② 参见1934年8月12日《新秦日报》题为《徐炳昶不就河大校长，秋凉后仍返陕》新闻报道。
③ 国民参政会秘书处编：《国民参政会第二届第一次大会纪录》，1941年。
④ 参见1945年7月21日《徐旭生日记》（原日记手稿系补记，未指明日期，以上下文内容，暂定为21日）。

力，完成其代表性学术著作《中国古史的传说时代》，为中国文明探源工程的实施，奠定了开拓性的基础。

抗战胜利后，徐炳昶与一起暂居昆明北郊黑龙潭的北平研究院同人"皆大兴奋"①，积极筹备返回北平的一系列工作。这包括1946年10月28日"同（苏）秉琦乘汽车访（沈）兼士，商历史博物馆"与秘密寄存北平研究院内的"本院古物启封事"，以及同年10月30日"与（苏）秉琦商议接收古物事"等。②

1948年8月，徐旭生被推为北平研究院学术会议会员。1949年1月后，他又出任北平研究院代理副院长。中华人民共和国成立后，先后任中国科学院考古研究所研究员，河南省第一、二、三届人大代表，第三届全国人大代表等。

在新的学术环境下，徐曾建议组建调查、发掘队各一，奔赴山、陕、甘、青、宁等地开展考古调查发掘工作，以续当年北平研究院的宏伟计划，并设想由孙文青、何士骥负责组就发掘队，赴斗鸡台继续此前未竟的考古发掘。③后因故未能施行，旋致力夏文化探源工作，在豫西、晋南一带开展较为系统的田野调查研究，先后考察发现告成、石羊关、阎砦、谷水河、二里头等重要文化遗址，并亲临偃师二里头考古工地，具体指导该遗址的考古发掘，成为中国夏文化探索的开拓者与践行者。其中二里头遗址后来被学术界视为"探索夏商文化及其分界的关键性遗址"④。当时，他已经是年逾七十的高年老人。1957年5月，徐旭生正式加入中国共产党，实现了多年夙愿。

1976年1月4日，徐旭生走完自己的人生征途，在北京协和医院病逝。逝前一段时间内，他不顾晚年长期病痛折磨，尚殷殷挂念夏文化的探索研究，并设想去东北大庆躬行中学教学，以残年余力奉献社会，期望鼎力完成律己以勤，奋斗终生的人生追求。

徐旭生终生致力中国文明探源事业，勤于笔耕，著述繁多，主要有《斯文·赫定小传》、《徐旭生西游日记》、《徐旭生陕西考古日记》、《读〈山海经〉札记》、

---

① 1945年8月11日《徐旭生日记》："仍晴雨不定。早餐后将至总办事处代阅公事，至村外公路上，遇一院中同人（未知姓名），言据朝报号外，日本已无条件投降！大喜。适欲带一物，仍返寓取物，告同人，皆大喜。同人出告驻村军士，则彼等夜中已闻广播，今日放假矣。再往总办事处，途中遇盛标，亦谈及此事。至则同人皆大兴奋。"

② 分别参见1946年10月28日、30日《徐旭生日记》。

③ 参见1949年11月28日苏秉琦致王振铎（天木，1911—1992）信札，原件藏苏秉琦哲嗣苏恺之处，披露于苏恺之著《我的父亲苏秉琦》一书，北京：生活·读书·新知三联书店，2015年，第111页。

④ 刘功虎：《考古人许宏谈"中国"的诞生：从二里头出发，探索"最早的中国"》，载2016年3月8日《长江日报》第17版。

《欧洲哲学史》[①]、《你往何处去》[②]、《教育罪言》[③]、《陕西渭河附近考古调查报告》、《陕西调查古迹报告》、《陕西最近发现之新石器时代遗址》[④]、《校金完颜希尹神道碑书后》、《金俗兄弟死其妇当嫁于其弟兄考》、《试论传说材料的整理与传说时代的研究》(与苏秉琦合作)[⑤]、《中国古史的传说时代》、《禹治洪水考》、《略谈研究夏文化的问题》、《1959年夏豫西调查"夏墟"的初步报告》、《井田新解并论周朝前期士农不分的含意》、《〈山海经〉的地理意义》、《对我国封建社会长期迟滞问题的看法》、《字谜同源说》等。他以不懈的学术追求和脚踏实地的田野调查精神,辗转黄河流域与西南地区,踏遍山河做学问,在古史研究、夏文化探索等方面做出卓越学术贡献,其"我国古代部族三集团"[⑥]与古史神话系统理论风行一时,被誉为中国近代史上颇具影响的重要人物。

[①] [法]威伯尔(Alfred Weber)著,徐炳昶译,上海:朴社,1927年,北京大学图书馆藏。
[②] [波兰]显克微支(Henrik Sienkiewicz)著,徐炳昶、乔曾劬译,上海:商务印书馆,1947年。
[③] 连载《独立评论》第25、27、30、33、34、37、38号,北平:独立评论杂志社,1932年11月6日、1932年11月20日、1932年12月11日、1933年1月1日、1933年1月8日、1933年2月12日、1933年2月19日。
[④] 徐炳昶:《陕西最近发现之新石器时代遗址》,载《国立北平研究院院务汇报》1936年第6期。
[⑤] 分别载国立北平研究院《史学集刊》1936年第1期,第3—18页;《史学集刊》1937年第3期,第69—72页;《史学集刊》1947年第5期,第1—28页。
[⑥] 徐旭生:《中国古史的传说时代》,桂林:广西师范大学出版社,2003年,第42页。

整理、注释说明

历史上囿于众多因素的制约影响，往往会使我们在某一时期、某一环境下淡化、忘却或模糊、误识某一重要人物。

因了特殊的时代背景，因了特殊的生平经历与特殊的性格气质，徐旭生其人在一些人的眼中，大概算是模糊、遥远或者是平淡、普通的一位。

尽管他早在1919年留学法国归来后即矢志关注中国社会，勇敢担纲以批评时政为主旨的《猛进》周刊主编大任，与鲁迅、钱玄同、周作人、李玄伯等一起被誉为"中国思想界之权威者"①；尽管他在1926—1927年北京大学教务长任职期间就曾与刘半农②等人鼎力促成中瑞西北科学考察团，宣告结束19世纪以来外国列强在中国境内肆意考察、掠取文物的屈辱历史，拓"开我国与外人订约之新纪元"③，并最终携归重要考察收获，侃侃于北平、南京各大学昭告世人，从而"唤起学术界之倾倒"④，以至于听讲者"楼上楼下均无隙地，听众踊跃情况为历来集会所未有"⑤；尽管当20世纪20年代末国际考古重心开始向中国倾斜之际，又是他睿智推动北平研究院与陕西省政府合组陕西考古会，以洞开陕西考古第一铲，延续十年，连续三次斗鸡台考古发掘，以及发现文物遗址近千处，获取各类文物数千件的皇皇成绩，填补起中国历史的"一页空白"，"其在历史

---

① 参见1925年8月5日《民报》在《京报》《晨报》刊登广告："现本报自8月5日起增加副刊一张，专登学术思想及文艺等，并特约中国思想界之权威者鲁迅、钱玄同、周作人、徐旭生、李玄伯诸先生随时为副刊撰著，实学术界大好消息也。"

② 刘半农（1891—1934），原名寿彭，后名复，初字半侬，后改半农，晚号曲庵，江苏江阴人。1917年任北京大学法科预科教授。1920年赴英国伦敦大学大学院学习实验语音学。翌年转入法国巴黎大学学习，1925年获法国国家文学博士学位。同年回国，任北京大学国文系教授，讲授语音学。在文学、语音学、摄影等方面，成就颇著。代表作有《汉语字声实验录》（法文）、《四声实验录》、《调查中国方音用标音符号表》，译著有《标准国音中小字典》《比较语音学概要》《中国文法通论》《法国短篇小说集》《茶花女》等。

③《大公报》社评：《科学新贡献 西北考查团重大发明掘得举世未见之古物 徐炳昶、斯文赫定在法学院演讲详记》，载1929年1月23日《大公报》第2版。

④《大公报》社评：《西北科学考查团之功绩与教训》，载1929年1月31日《大公报》第2版。

⑤《大公报》社评：《科学新贡献 西北考查团重大发明掘得举世未见之古物 徐炳昶、斯文赫定在法学院演讲详记》，载1929年1月23日《大公报》第2版。

价值上之收获，于此可想见矣"①……

并且，在重建古史系统，追溯中华民族巍然形成源流等重大学术问题的混沌前夜，又是他殚精竭虑，睿智思辨，以无畏的气度与胆识，率先进军荒野，艰难对勘考察信息与文献记载，敏锐捕捉到夏文化主题的源头，揭开了中国古史传说时代的序幕……

遗憾的是，上述贡献大部分在特殊时代竟被人为遮蔽，诸多功绩亦被轻易忘却与淡化，即使最具权威的《中国大百科全书·考古学》"著名金石学家、考古学家"序列，也最终没有出现徐旭生其人的词条说明。

相对《猛进》周刊与中瑞西北科学考察团诸事，我们大体可集中通过1925年3月创刊以来的各期《猛进》周刊与1930年出版的《徐旭生西游日记》与相关资料信息洞悉大概；相对北平研究院与陕西省政府合组陕西考古会，我们所能够看到的资料信息却破碎、零散、难窥系统。所幸依赖徐先生后裔徐桂伦、王忱等人的热诚支持，我们得以在新世纪开元之初睹见尚未刊布的有关徐旭生本人1933—1935年于陕西考古期间的大部分工作日记。朝花夕拾，这对于现今人们系统了解徐旭生的生平事迹，完整建构中国考古学历史以及陕西考古会历史，裨益陕西文物保护修复与非物质文化遗产保护工作等等，无疑具有珍贵的历史与现实意义。

不仅如是，当新世纪初叶"一带一路"绝大战略成为国家、民族复兴凝聚的时代诉求与共同心声，陆上丝绸之路开发、研究再次成为焦点、热点的时候，重新审视1930年出版的《徐旭生西游日记》，以及此次出版公布的徐旭生1933—1935年于陕西考古期间的大部分工作日记，它们所带给我们的启迪与思考，已远远超过单一学科历史与单纯学术研究的范畴与意义。一种连接国运、国脉的更巨大的价值、意义，应该不可遏止地出现在我们的视野，给予我们极大的勇气与自信。相信随着时代的推移与历史的延伸，这种巨大的价值、意义以及勇气和自信，将进一步增生、提升并不失时机地浪漫宣泄。

有鉴于此，将此一部分日记连缀已经刊布的《徐旭生西游日记》，将两种不同时代背景催化下的两部分徐氏日记有机合成再连缀全部徐氏日记，一种旨在徐氏日记主题限定下的宽博学术视野与更广泛社会文化范围，于是就不失时机地欣然展现在我们面前；而真实、全景的徐旭生人生经历、学术追求以及家国情怀与人格精神魅力，也因此会纵深集结、深化并向我们清晰呈现。

考究目前存世的徐旭生日记，时间起自1910年7月16日，终止于1966年8月25日。这期间由于作者1914年七八月间避乱自瑞士返巴黎、1919年"五四

---

① 容媛：《陕西发现新石器时代遗址》，载《燕京学报》1936年第20期，第594页。

运动"、1926年"三一八"惨案、1929年女师大附中学潮①、1936年"西安事变"、抗战中迁徙昆明等重大事件影响，以及部分时段日记不慎遗失与鼠啮虫穿等原因的干扰，导致1918—1932年、1936—1944年、1949—1953年日记大部分空缺或损失。

譬如1914年8月7日补记日记附于7月30日未完日记之尾，又跃于8月6日日记之前，其间便明晰指出此次日记越位的缘由。语谓："上月三十日作日记未完，本日遂寝。后因风潮日剧，于本月一日四钟自瑞起身，至巴黎已二日四钟。诸事匆促，遂中辍，今日又来赓续。然时局日变，恐身将又迁流，此日记之能长续与否，未可知也。"

即就1933—1935年相关陕西考古的日记而言，其间由于作者返回北平、日记遗失等，亦时见阙佚。

如1934年3月日记涉及作者安阳后岗中研院考古工地考察诸事，颇为重要，惜仅存30日、31日，平添诸多疑惑。但若将其与同年3月12日《刘半农日记》所谓"徐旭生自陕西归，来作长谈"②记载相联系，至少知本月12日至30日前作者生活在北平，后岗之行，盖其自北平返回陕西途中经历。日记中缺部分，恰好是作者自陕西返北平时段。它构成徐氏日记阙佚不全的另一种原委，也为我们今后的相关研究工作提供了有益的契机与前提。

又如1935年5月17日日记："至一村，名化家寨。路北有一庙，入观，内有修理斜渠碑记。盖此间水即斜谷水，故名斜渠。欲出日记本记下，始悉日记本于渡河时遗失，心中甚为不喜。"于是便只能补记了。这提示我们，目前所能看到的此前诸日徐氏日记，或应是补记的作品。类似现象，大致在徐氏日记其他一些篇章中也能获得比较清晰的辨识。

借此感悟，我们尝试对勘其他阙佚不全的徐氏日记，或许还可以获得更多的解释与感悟。

追溯徐氏日记的递传流变，据整理、注释者采访徐旭生哲嗣徐桂伦等人，得悉这批日记在1966年8月25日之前，始终由作者本人珍藏保管，存放于北京建国门外永安南里8号楼203室中国科学院专家楼徐氏家中书房内，"文革"运动发生时，中国科学院红卫兵曾将这些日记予以隔离封存，阴差阳错地为它们的安全存续创造了条件，客观上避免了其后可能发生的种种劫难，可算是不幸中的万幸了。由日记终焉之期停顿在1966年8月25日的现象来看，推测这可能是当年

---

① 吴范寰：《李石曾与北平大学区》，见中国人民政治协商会议全国委员会文史资料研究委员会编：《文史资料选辑》第34辑，北京：文史资料出版社，1963年。

② 刘小蕙：《父亲刘半农》附录六《刘半农日记》（1934年1月至6月），上海：上海人民出版社，2000年，第254页。

红卫兵全部封存的下限了。

由此说来，大概我们还应该感谢这种紧跟潮流的封存，它不仅奇迹般地保存了这批弥足珍贵的日记手稿，使它们得以在环境稍好的1970年被撤封打开，重为作者所有。遗憾的是，长期封闭与鼠啮肆虐，已导致部分日记从此化作碎末，无从辨识，造成不可弥补的损失。

更为遗憾的是，重获日记时的徐旭生已年逾八十，衰竭老年与复杂时势，使得他本人已无力再接续日记。于是横亘近六十年的徐氏日记生长历程，便无奈定格在1966年8月25日这个特殊的日子。

徐氏日记的定名，依1910年7月16日—10月11日日记封面墨书"蜚遯庐过隙影 慕洪署面"，扉页另有"蜚遯庐日记 庚戌仲秋炳昶书"字样，1910年10月12日—1911年4月29日日记封面且有墨书"蜚遯庐日记 遯庵自订"，1911年5月1日—9月6日日记封面墨书更有"日记 遯庵"，1913年11月28日—1914年1月24日日记封面尚有墨书"蜚遯庐甲寅年日记"等相关信息，知徐氏最初日记，曾请慕洪其人署作《蜚遯庐过隙影》，其后则不管直书《蜚遯庐日记》或自称《日记》，唯"蜚遯庐""蜚庐""遯庵"斋号信息却始终都能基本存焉。这成为我们认同早期徐氏日记署作《蜚遯庐日记》一名的主要原委，也构成全部徐氏日记或可均称《蜚遯庐日记》的基本缘由。尽管其后有关徐氏陕西考古的日记支离破碎，难窥篇首、篇末；尽管抗战以后徐氏日记盖以时间系年，不再出现封面墨书"蜚遯庐日记"那样署名的主题。

需要特别说明的是，由于作者此前跻身中瑞西北科学考察团工作期间的特殊经历，那段日记后被署名《徐旭生西游日记》，率先于1930年刊布，从而成为最早公诸世人阅读的最早徐氏日记范本。因此，接受这一特定主题背景下的时段日记署名，复再联系徐旭生1933—1935年相关陕西考古的日记，我们遂有意将后者署作《徐旭生陕西考古日记》，以便与1930年刊布的《徐旭生西游日记》相呼应，使之成为基于一种主题本原而却在两种不同时代背景下先后出现的姊妹篇徐氏日记。即使在封面设计处理上，也刻意撷取作者友人钱玄同对《徐旭生西游日记》一书题签的主体元素，这样的举措算作是对姊妹篇系列两种日记的一种必然组合现象的另一种阐述，也算作是对先贤俊杰的一种真诚尊重与特定环境下的必然历史延续认同。

检汉刘向《新序·杂事一》，中有"司君之过而书之，日有记也"一段记载，历来被视作阐释日记其名的最佳文献。缘此，至晚从那时开始，日记一门应该在史语奔涌的时节里滋润茂生，拥有的产量，何止成千上万。除不懈流泻作者个人的亲闻所见外，更多地则融入了他们即时聊发的思想情操、人生观念与家国情怀，存留着缤纷灿然的心语世界，成为佐证大史谱系及剖析日记作者人生经历与揭示广袤社会生活层面的重要参照。

当然，相较其他日记，出现在20世纪初叶的《蜚遯庐日记》，虽仅仅是一抹清流，但因有缘遭逢特殊历史时段的限定与支持，又基于优秀人文家庭氛围的助益滋养，且不竭融涵日记作者特有人生感念及坚强果敢人格气质之养成诉求，因此便迭相显现促人动容的励志心语。它引导我们在连续记载的徐氏日记里，可以不断发现作者本人持之以恒的律己、守正、苦学、精思与刻苦向上、忧国忧民的操守心绪。

譬如京师译学馆时期庚戌年（1910）仲秋7月16日《蜚遯庐日记》开首，徐氏便纵笔写下一段发人深思的话语：

> 日记所以程功过也。余之尤悔丛集矣。而日记之作，复时作时辍，恶日以长，善日以消。余其终于迷复乎。今定自庚戌年七月十六日起，日日作之，苟非大故，无敢辍焉。读书观世，或有所见，亦附记之。其于求寡过之义，庶几其有合乎？

有意味的是，距庚戌年（1910）仲秋7月16日日记序言写作不及半月，作者有感于家国安危，己身责任，乃复在7月28日《蜚遯庐日记》中深刻反省，再次励志。慨谓：

> 易曰：日新之为盛德，故为学无他能，与日俱进而已。余近日玩愒度日①，无能改于其德②，金璧光阴，去而不返，没世不称君子所疾。炳昶乎！炳昶乎！汝家在缔造之中，汝国在危难之际，天下事皆汝事，汝平日自许何若，而竟将随俗浮沉以终身乎？不为圣贤，即为禽兽。

不独如是，大约有耻于励志以来青涩少年难以抑制的掷球、饮酒嗜好和天真嬉戏本性，庚戌年（1910）7月29日《蜚遯庐日记》复再出现以下的戒语：

> 善之不进，由过之不改。吾今荏苒蹉跎，日复一日，陷溺深矣，弗能自拔，其将何以为人？故举悖德之事，条列于此，使后有所戒，勿致再蹈覆辙云。

为此，作者因对自己严立五种禁戒，称之曰：一戒博弈；二戒读艳词、艳诗；三戒赌酒；四戒负气；五戒游思出位。并勉励自己"此五戒须极力遵守"。

同样的心绪，在其后的徐氏日记中还曾反复出现。如庚戌年（1910）8月10日《蜚遯庐日记》宣称："自吾作日记，于今将匝月矣，德无寸进，稍自省察，即千孔百疮，无可疗治，乃复悠悠忽忽，日甚一日。炳昶乎！炳昶乎！汝其甘于下愚不移乎？奈之何？其弗稍振励耶！……前数日曾接长兄自陕来信，竟忘记日

---

① 典出《左传·昭公元年》："赵孟将死矣。主民，玩岁而愒日，其与几何？"又《汉书·五行志中之上》引作"玩岁而愒日"。颜师古注："玩，爱也。愒，贪也。"

② 典出《孟子·离娄上》："求也为季氏宰，无能改于其德，而赋粟倍他日。"

记，可恨！"在甲寅年（1914）4月10日《蜚邂庐日记》中，作者又因数日日记忘记而再次严厉省察，自责："余日日言存养，言省察，其实只作一场话说，究有何益？即此日记，又已间多日矣，事过辄悔，悔后即忘，私欲纷扰，天君无一时宁静。奈何，奈何？从今矢发大愿力，将此欲念一刀斩断，并期念兹在兹，无俾萌芽。人禽之关，端在于斯。蠢尔小子，尚鉴勖哉！"

除此以外，类似庚戌年（1910）9月18日《蜚邂庐日记》所谓"早起到东操场散步，闻军中号声，心花怒发。何时得精兵十万，与鲜卑倭奴搏战于白水黑山①间，乃丈夫吐气之秋"的英雄胆识，以及1933年6月1日考察凤翔武庙时窥见"神案上内书报狼籍，竟有汲古阁本十七史不少本"，从而激发"如无人问，大约要同字纸或卖掉或烧掉了！中国人作事，如此如此"的国粹情怀，还频见及徐氏日记的字里行间，每每读之，可不断催人热血荡漾，振聋发聩。

追踪审视，我们有理由认为，这样的精神气度，至晚肇始于作者的京师译学馆时期，后再推至巴黎留学时期与陕西考古时期，乃至1949年之后的中国科学院考古研究所时期……

所谓"余自二年（1913）以来存养省察功附（夫）缺如，衍尤丛集少。一自反，便觉千孔百疮，无可收拾。畴昔大言，绝无践履，日堕畜生道中，而不自知用是深自悔励严行检身之法"②，以及1935年4月25日日记："早晨温度十六度。上午到沟东一看而已。余时在家补作前数日日记，仅完两日，已达三千余字"等等，应该说更集中阐释了日记中作者"存养省察"的长久之功。前后勾连，整体徐旭生日记所展现的人格轨迹，显然是清晰连贯，气息相通的。

推之于现实生活，作者在严格律己，不懈省察的道路上同样表里如一，矢志坚守，果敢、正直、慷慨、无私的性格特色与朴素纯洁的民本思想意识和爱国情怀热力，也由是磨砺而成，当一旦遭逢特殊历史环境与广袤社会生活的碰撞与影响，便立刻能够透析出鲜活的个性气息与逼人的人格魅力。

诸如1933年5月17日日记记载考察杨家城时，作者得悉村民因天灾借债惨状，曾感慨称："村人多无食，重利竭借，麦后未知能賸③若干，为之悽然。"又如1933年5月26日日记披露作者考古调查时发现关中小麦皆"催熟青干"④，丰收无望，不禁唏嘘感叹："陕西何多灾多难如是耶！"再如1933年5月31日考察凤翔文庙窥见颓败景象，更发感慨心力，日记絮记"（凤翔文庙）入内则门窗已全毁，神位已完全无存。大成殿夹墙，又破坏狼藉。西庑完全拆掉，东庑

---

① 应作"白山黑水"，系笔误。
② 参见1913年11月28日徐旭生《蜚邂庐日记》自励语。
③ "剩"之异体字。本书保留日记原文用法，均不改。
④ 青干指未成熟就已干枯。依文意，似指未成熟小麦出现病害之说。

尚存，亦狼藉不堪"，指出"吾见破庙不少，未有可伤心如此者！今日闻人言：房子拆卖，未必为人民自己拆。常有官家催逼款项，而人民已脂膏竭尽，一文不名，官家遂拆卖其房屋以充官款！呜呼！天下竟有如此之官家！这样的凶过强盗，而亦自称为官家！"复当1933年6月7日考察凤翔城隍庙时发现庙中寄居之一十余岁苦儿，又不禁催生怜悯。问其家世，凄然回言其父已故，"再问，则儿目中苞①泪，不能再答！余已目中苞泪，不能再往下问矣！"凡此种种，皆观察细微，发论中肯，摩挲读之，常常叫人聊发思考，感慨不能自已。

以此联系此一时期的工作主旨——陕西考古，日记更用很大篇幅来絮絮记述陕西名胜风貌、古迹状态、调查情趣、发掘经过、学术追求、省院争锋、政坛见闻、人事纠葛、财政拮据、工作艰难、险象环生，以及民生现象、乡俗俚语、社会弊病、地方教育、宗教活动、人文地理、民间艺术等更为广阔的社会生活层面。瑰宝乡音，事物景象，无不逼真细腻，惹人玩味，而发心责任，指斥批评，又每每真诚公允，妙语连珠。如将他们（它们）相互勾连或条列主题逐一对照相关史料进行比较研究，由此所获得的异样教益与感受，相信能赉人以极大的心灵感受与视觉震撼。

例如1933年2月25日日记记述作者拜托教育厅厅长周学昌②介绍求见陕西省政府主席杨虎城尚未有果，不意26日与连定一③、常维钧（惠）④等人同游杜公祠时而与杨氏偶遇。此日日记所记"维钧遇一同学郭增恺⑤君，趋出，握手道故。同入室，后有一军人，则杨主席也。介绍相见，握手谈数语。杨君执茶壶，

---

① 通"包"。
② 周学昌（1898—1952），名绶章，小名小戊，亦名周彰、孝胥、房栋，号退庵，别字芝侯，河北安新人。北京大学毕业。1925年始，先后任黄埔军校政治教官、国民革命军北伐东路军第二师政治部主任、国民政府劳工部调查科主任、国民党党员志愿军团书记长兼政治部主任、国民党中央党部干事等。1931年任国民党北平市党务指导委员兼北平市教育局长。1932年任陕西省政府委员兼教育厅长，国民党陕西省党部执行委员。"七七事变"后任西康省委员，汪伪国民党中央委员、中央党务训练团教育长。1941年出任汪伪系统南京市长。抗战胜利后被军统局京沪别动队以汉奸罪逮捕，1952年病故于上海提篮桥监狱。
③ 连定一（1904—1986），名震东，字定一，以字行，台湾台南人。连横之子，连战之父。1929年毕业于日本庆应大学。1932年西京筹委会成立后任庶务会计，后任该会专门委员，中华日报社社长、董事长，国民党中央委员会第五组主任，台湾省政府建设厅、民政厅厅长，台湾"内政部"部长，"行政院"政务委员，"总统府"资政、国民党第九届中央常委等。
④ 常维钧（1894—1985），原名常惠，字维钧，笔名常悲、为君，河北宛平（今北京丰台）人。时任北平研究院史学研究会考古组助理员。
⑤ 郭增恺（1902—1989），河北安次人。早年就读北平师范学校。后于北京大学哲学系、中文系旁听。1924年入冯玉祥部，先后任西北通讯社社长及冯玉祥秘书。1933年经冯玉祥介绍至杨虎城部，任西安绥靖公署参议。值徐、常、杨、郭相见时，郭适新任此职。后郭得宋子文看重，任全国经济委员会西北委员。西安事变前因《活路》事件被捕，拘于南京。西安事变发生后，随宋子文来西安参与三方会谈，为西安事变重要知情者之一。晚年自香港至北京定居，任第三、四届全国政协委员，第五届全国政协常委，第四届全国人大代表，第五届全国人大常务委员等职。

自斟自饮",又记"闻杨主席言,来此为观下所新浚之自流井,乃亦下坡往观"等语,微妙揭示了杨虎城平易质朴、关注民生的民本性格。将其联系1933年12月15日日记记载作者再至西安新城拜见杨氏,"请其帮忙允许研究钟楼,鼓楼,各门楼,并驻军队之各庙。并请其保护东岳庙画壁,勿驻军队,均蒙允许"等事,杨氏形象的真实、饱满,一时跃跃显现纸端。

又如1933年5月31日日记大段评价民初陕西靖国军枭雄郭坚(方刚)①其人的多面性格,称其书法"虽未工,而意态雄峻,颇具风格。今早在照相馆中,见郭氏像,面长颧峻,意自雄杰。郭氏本文人,如有人能善用之,亦实一有用才。今竟人民受其荼毒,身败名裂,郭氏自身固未能逃责任,而时势迫人为恶,亦殊堪悲耳"。较之以往诸多有关郭坚人生的评价争议,此段议论无疑相对客观、公允。不仅如此,作者大概还基于留学法国时期哲学教育背景的支持,升华联想到特定时代"时势迫人为恶"等复杂的环境因素。

再如1933年6月4日日记涉及当时陕西社会的一些弊端,指称"陕西人民将庙盖得那样好,而自己居屋竟那样简陋,亦属社会病态"。及见宝鸡东岳庙"正殿内二山墙上画壁"被昔年驻军随意砸钉挂物或纸糊遮盖,致遭损毁等现象,又不禁发出"令人观之,不觉气丧!以此等名迹,竟任人随便毁坏,中国国家尚成何等国家"的感慨与愤懑。

面对文物调查发掘过程中即时获得的学术感悟与情感心绪,甚至包括西安、凤翔等地古玩市场见闻,以及陕西地方民间艺术演出概况等,作者亦不避琐细,尽行刊录。这就使日记在本身稳据陕西考古主题轨辙、具有重要学术价值的同时,亦具有生动、鲜活陕西民国古玩史篇与民间艺术调查记录的功能与意义。

如1933年5月14日作者等人在认真考察存在争议的西安唐木塔寺遗址后,遂在此日日记中发论指称遗址内"佛像亦系民国后新塑。然则旧物几丝毫无存矣!是否确系唐木塔寺遗址,亦尚有问题也。徧寻寺内,虽间有绳纹瓦片,然亦不多,不能据此下任何判断也"。在1933年5月26日徐氏日记中,作者针对友人寄来的赵骞源②新作《著述论》,又有较为中肯的批评意见,认为"要作一种著作的方法论,这在古代已经是很难的事,况在现代,尤困难数十百倍而未有已。赵君仅对于中国书翻阅若干,对于新科学并未能涉其藩篱,就来对于这样的大问题发

---

① 郭坚(1887—1921),原名郭振军,字方刚,陕西蒲城人。1911年参与陕西辛亥起义。1917年任陕西靖国军司令,1918年改任陕西靖国军第一路军司令,设司令部于凤翔县衙署,为陕西靖国军西路劲旅。其间创"右辅中学"并经营《捷音日报》。1921年为冯玉祥诱杀于西安。性倜傥,擅书法,于关辅一带颇负盛名。

② 赵骞源,字仙槎,山东黄县人。早年从光绪丁酉(1897)举人招远温方玉(字义亭,1867—1937)学。又从倓公老法师习佛学。

表意见，这工夫岂不是白费"。但当 1933 年 6 月 2 日作者有幸考察凤翔大柳树村光绪年重修三元宫时，面对该庙壁画独具特色的色彩组合形态，却不禁心生喜爱，赞赏不已。该日日记故称其"画壁极可观览。彩色红者尚极红，蓝者尚极蓝，以故若新！思及颐和园之修，比此村庙，不过早十余年，而颜色已黯淡"，从而发出"益叹陕西画师调色能力之过人"等由衷感慨。缘此思维，同月 7 日作者接踵考察凤翔敬诚会馆建筑壁画，感念其优越布局形式及艺术风格，本日日记再称"到处画壁，笔墨不恶。陕西画壁不似他处。墙上多画屏扇，其上或左右，少有空隙，仍以他画补足。檐际斗牙间隙地，亦满绘画，而配置妥协，不嫌堆挤，其艺术胜也"。不过值 1934 年 6 月 26 日作者考察宝鸡东岳庙建筑与大殿壁画，因觉其时代、风格遽然之间一时难以确定，当日日记却有"建筑史及壁画之研究，在我国实尚幼稚，未达精确之区域"等慎重发论。

再如 1933 年 12 月 19 日日记，记载西安回坊老古玩商苏子真"为陕西古董行中之最老宿，与王文敏、陈簠斋、吴清卿诸君子，均系素识。南宫鼎及其他很多的古董均曾由彼经手。彼今年七十八岁，而望之如六十许人"，应是关乎清代同光以来西安回坊著名古玩世家苏氏家族序列历史的一段重要文献资料。另如 1935 年 4 月 29 日记载斗鸡台发掘工地子坑八号墓葬塌陷，工人杨豆满"竟旋入土中"，险些遇难事件……还可弥补阶段陕西文物考古发掘事故历史的空白与缺陷。

此外，1933 年 2 月 26 日日记尚详载西安易俗社演出场景、特色风格与戏毕施放烟花盛况。称戏"台在一大广场，共二台。一系社中未毕业学生演所，一系已毕业学生演所。观众在露天处，上有席棚。前排有坐①，后有立观者，有乘轿车观者。演《大婚姻谈》，系自由婚姻反对权力及财产之婚姻者"。语及新旧剧优劣之别，则直谓"观一剧团，当观足以表现其特殊之性质者。易俗社所编之戏，文艺上之位置虽不高，而亦自有其位置。此种新剧正易俗社之特色，比旧剧当较愈"。至"演毕后"的"烟火助兴"，又惊诧其"变化美丽"，认为其间"或有所不足，而雄奇兀突，骇人心目，颇足代表秦人之特殊性质"。

延伸扩展至西安之外其他区域的陕西地方戏曲艺术，1933 年 6 月 9 日日记更欣然记载彼时陕西"每村均有戏台，各处均有戏班"。农闲时，"附近一二十里内，总无日无戏"，"乡间又有唱迷糊，及各种乐器……"。

就后者言，当民国时期陕西一省社会经济疲惫衰退之际，民间艺术尚能呈现如是规模、活力，这就不能不使我们对于一种区域主题非物质文化遗产本身所具有的重要学术价值与深层社会意义，投以由衷的青睐与向往。

由此说来，一部看似狭小的日记体量，已远远超过一般叙事日记与专题日记

---

① 同"座"。

所产生的功用与影响，俨然一部活生生的20世纪30年代陕西文物调查发掘记录及关中社会文化史篇，它在准确关照特定时段日记记载主体诉求的前提下，更集中地反映了特定时代历史语言学术范式规制下文物考古工作者的文化精神面貌与学术旨趣，给人以特殊的启迪与鼓舞。类同感悟，尚可从日记记叙白涤洲①之戏曲、方言调查，苏秉琦的宝鸡民俗考察等现象中找到踪迹。至于就中的详细内涵表述，读者尽可参照阅读其他徐氏日记相关片段与陕西考古会相关文献资料，以及注释、整理者已经出版的拙著《陕西考古会史》与增订版《陕西考古会史》等多种资料，限于主题、篇幅，这里便不再赘言多述了。

若是，无论是近距离观察这一时期作者考古工作经历与家国人事情怀，或者是学术感悟、思想火花、史学给养与考古成就，《徐旭生陕西考古日记》所能够带给我们的启迪与震撼，都无疑是深邃、巨大的。它促使我们不能率意小觑这本日记出版后可能产生的影响与作用，也成为我们启动整理、注释工作的直接动因与原委，更促使我们有必要就整理、注释中出现的一些问题，分门别类向读者做一简单说明：

一、如上所述，此次刊布的徐旭生1933—1935年相关陕西考古日记，定名《徐旭生陕西考古日记》，以与1930年初版《徐旭生西游日记》相颉颃。至于其他时段的徐旭生日记，将赖即将整理出版的徐氏日记来做全景表现与集中阐释。

二、全部《徐旭生陕西考古日记》，时间起自1933年2月11日，终止于1935年6月14日，分为十五章节。其中1933年日记包括2、3、4、5、6、12月六个章节，1934年日记包括1、3、4、5、6、7月六个章节，1935年日记则包括4、5、6月三个章节。另有部分零散日记附录于后。各章节的具体时段，分别参见《徐旭生陕西考古日记》的目录所示。

三、窥《徐旭生陕西考古日记》及其他徐氏日记，就中多有褶皱、残缺及凌乱、散佚。其中《徐旭生陕西考古日记》尤多见墨笔涂抹痕迹，有的甚至大段涂抹，以至文意割裂，难以卒读。查其涂抹痕迹原文，多涉政坛要人与人事纠纷。但这一现象，徐桂伦回忆认为并非作者于1949年后特殊历史时期刻意所为，究其原委，当与作者尊重彼时闻人隐私所为。我们从整体徐氏日记之行文用语及记录特色观察，相信徐桂伦之回忆认为是客观真实的。

四、凡全日或数日日记阙佚者，均加括号注明为"阙"；凡某一段落为墨笔涂抹者，则加括号注明"以下""以上"多少字或整段文字为"墨笔涂盖"等语；个别阙佚字或不能辨识者，则用"□"代之。

---

① 白涤洲（1900—1934），名镇瀛，字涤洲，以字行，北京市人，蒙古族。1930年毕业于北京大学国文系，1933年4—6月随徐旭生、常惠等在陕西关中考察方言、古建筑以及文物。著有《关中方音调查报告》等。

五、考虑到日记写作的特殊时代背景与相应的生活风尚,整理、注释出版的《徐旭生陕西考古日记》涉及"盩厔""郿县""鄠县""殷虚"等地名,保持日记原有用法,不做改动。涉及"賸""喫""徧""舍""碻""挐""牴""塚""巖"等异体字及民国时习惯用字、称谓等,一概依旧式迻录,以图与彼时语境吻合。

六、日记原书写格式、标点符号、即兴加注、用语习惯等,冀望吻合当时的特殊时代背景与相应生活风尚,一般未做改动。计量单位亦按照日记原文记载,未做改易,仅对相关错误进行核对后加以修订。如1933年12月19日日记所谓"在文庙中,见一琉璃兽头弃地,高二公尺〇六。宽一公尺六四。厚二七 cm"之未统一测量数据单位,亦尊重作者原意而如式照录。

但类似1934年4月20日日记载宝鸡十里铺朝峰寺正殿乾隆六十年(1795)所立"毛家坡开元寺争田亩碑"写作"毛家坡,开元寺争田亩碑"那样的用语习惯,则适当予以改易,以与今人之阅读习惯吻合。

七、日记中记载作者于陕西考古调查中频繁遭逢的俚语、方言,多以旧式汉语拼音字母即注音字母注解处置,整理、注释时为吻合当时语境,均如式照录,但注意到其与现代汉语拼音的对应,并适当加以阐释与说明,以便读者阅读。

如1933年6月23日日记:"有人言,石马离这里还有七八里,在ㄘㄚ寨子哩。"其中注音字母"ㄘㄚ"注释作:"注音字母'ㄘㄚ',释作'cɑ',汉字作'查',普通话汉语拼音则作'chá'。今西安未央区查家寨之'查',方言作'cá',且土人往往省'家'并附带儿化音,作'查寨子'。"

八、日记中涉及的人名、地名、别名与斋堂馆号等,尽量注释并前后呼应说明,其中地名单独列为一条说明。部分限于资料不能注释说明者,则抱憾从阙。如1933年2月22日日记提及的"全崧亭"、1934年4月1日日记所记的"子昂先生"与"赵少甫先生",包括庚戌年(1910)为徐氏日记封面题签"蜚遯庐过隙影"的慕洪其人等。

九、日记中涉及的法文、英文信息,均尽量译作中文,个别难以翻译者,则抱憾从阙。如1935年5月4日日记所谓"写润章信一封,请其买 Laufen 及 Holson 二氏关于中国陶器之著作",就中"Laufen 及 Holson 二氏"即未译出。

十、个别散页日记片段如《楚世家》《礼仪·士冠礼》《礼记·曲礼下》《礼记·檀弓上》等历史文献抄录内容,因首尾阙佚,无法归属某年、某月、某日徐氏日记范畴,故只能抱憾舍弃。

按清代杰出史学家、思想家章学诚在《与汪龙庄书》中,曾指出其"拙撰《文史通义》,中间议论开辟,实有不得已而发挥",盖"为千古史学辟其蓁芜"[①];

---

① 〔清〕章学诚:《章学诚遗书》卷九,北京:文物出版社,1985年,第82页。

近现代著名学者金梁（息侯）又在其《近世人物志》一书中准确认定近代日记"其中知人论世，发浅搜隐，实可补正史所不及"基础上，明确阐述了其"略具于斯，其中毁誉，一依原来，不复稍加修饰，以存其真，是是非非，录者不负责也"①的辑录宗旨与毁誉态度。

当然，依本书整理、注释者的身份与资历，自非敢与前辈大家比肩并论，但神往其清隽率直的精神气度，却愿将上述议论气质作为自己整理、注释工作的指导思想与范式原则。即便他们的议论主题与议论背景并不相同，而金梁其人在特殊时代背景下断然聊发"录者不负责也"之保身理念，又确实值得我们这一代学术工作者去勉力思考可否能在另一种学术语境下实施相应的讨论与批评。

---

① 金梁：《近世人物志》叙，台北：文海出版社有限公司，1987年。

日记原文

一九三三年二月
（二月十一日至二月二十八日）

（本年一月日记阙，二月十一日前日记亦阙）

二月十一日，早起，收拾行装。周国亭①来。与润章，维钧②，子言③商议启行一切事项及需用物品。决定我个人今晚动身，先到开封，等待维钧启行电报，即往郑县同他相会。至维钧大约于一星期后启行，子言则俟到西安交涉妥协后，电来再往。散会后已一点余。昨日彦堂④约往他家午餐，又少收拾行李，往时已两点余。至则彦堂等因等不及，已餐后出。回到后门家中⑤，少检什物，将门封起。慕陵⑥、维钧等知余尚未午餐，预备面食，得饱餐。归院，再理行装。本意上带

---

① 周国亭，字晓初，山东恩县（今归武城）人。北平师范大学毕业，曾师从徐旭生，后入北平研究院史学研究会，并继任教于国立西北联大历史系、国立西北大学历史系。1938 年 7 月至 9 月与何士骥、陆懋德共同主持陕西城固张骞墓考古发掘活动。著《发掘张骞墓前石刻报告书》（与何士骥合作）、《勉县考古记实》、《唐道教考之元始天尊》等。

② 维钧，即常维钧（1894—1985），原名常惠，字维钧，笔名常悲、为君，河北宛平（今北京丰台）人，时任北平研究院史学研究会考古组助理员。

③ 润章，即李润章（1889—1979），河北昌黎人。曾留学巴黎，获法国国家理学博士学位，回国后任中法大学代理校长、北平大学副校长、国民政府教育部部长、北平研究院副院长等职。著《原子论》《原子论浅说》《房山游记》《陕西游记》《造纸的传播及古纸的发现》《指南针与指南车》《普通物理学实验讲义》等。子言，即李至广，又作子延。1920 年入北京大学法文系。1924 年北京大学毕业后留校任助教，并兼任孔德学校教师，1922 年至 1925 年任北京大学《歌谣》周刊编辑。1927 年加入中国古物保管委员会。曾任北平研究院干事兼出版课课长，擅长绘图。

④ 即董彦堂（1895—1963），原名作宾，字彦堂，又作雁堂，号平庐。祖籍河南温县，因生于河南南阳，又以南阳为籍。1923—1924 年就读于北京大学国学研究所国学门。1925—1927 年先后在福建协和大学、河南中州大学和广州中山大学任讲师、副教授和教授。1928 年入中央研究院历史语言研究所工作，曾长期参与殷墟考古发掘。1948 年被选为中央研究院院士。1949 年后任台湾大学、香港大学等校教授。著述颇丰，《殷虚文字甲编》《殷虚文字乙编》最为著名。

⑤ 依 1934 年 12 月刊行考古学社社刊《考古》第 1 期载"社员名录"，时徐旭生家居"北平后门西皇城根十二号"，因有此谓。

⑥ 即庄慕陵（1899—1980），名尚严，后易名庄严，字慕陵，号六一翁，吉林长春人。1924 年毕业于北京大学哲学系，后又赴日本攻考古学。曾长期供职于故宫博物院，从事古物、书画鉴赏研究。曾任北大研究所国学门助教、"清室善后委员会"事务员、古物保管委员会秘书、国立北平故宫博物院古物馆第一科科长、安顺办事处主任、巴县办事处主任。去台后任台北"故宫古物馆"馆长、台北"故宫博物院"副院长等职。工书，擅瘦金体。著《海西访古录》《临沙博物馆考查记》《山堂清话》等。

行李四件，□□①书籍□②，竟装至七件之多。润章、圣章③来送行。以汽车赴车站。海帆④来送至车上，遇中央研究院修补古董工人李□□⑤，与之同行。

十二日，下午过彰德后，村落中时见碉楼。（徐注：或可云砲⑥楼、砲台。）至濬、淇⑦二县境内，碉楼极多，大村中有至十数者。此段瓦房甚多，且颇整齐，余房亦尚好，足证地方秩序不佳，但农村破产程度在此段内，似尚未尖锐也。过新乡则渐少。八点初过，即到郑县。因本夜无赴开封车，将到旅馆。有一高陞旅馆伙计，到站内接客，我因将铺盖放行李车上，到开封始能取出，恐小旅馆铺盖不洁，不愿往，彼坚称为头等大旅馆，乃姑随往，至则三等以下者；命取铺盖来看，果不洁，遂出到大金台⑧，宿焉。今日车中遇师大毕业或未毕业，而在外服务之学生数人。

十三日，早起到恒昇明⑨，问二哥⑩寓处，彼言宿楼上，甚诧异。往报下楼，则系继孺⑪。盖徒弟止听见姓，未听见名，致有此误。同他进城到东街租房内，见二哥。始知二哥来郑后，因受寒致下身瘫痪，不能起动，势颇剧，幸现已愈，但出门仍须扶杖也。二哥要将书籍一部分雇马车送到开封，今晚装车，故二哥同继孺明日始能同火车到开封，至马车则由曲凤鸣⑫压运。同继孺回旅馆，继孺送我上车。中牟附近，铁路北虽仍黄沙徧地，而柳秧到处皆是，沙因不随风走，地较前略平，似有变为耕地希望。到开封抵寓约两点。

在开封住九日。我离开封已十二年余，旧地重游，今昔多不相同，所可记者略有数事：（一）开封城内马路多已辟宽，在土街正南又开一小南门。但马路尚

---

① 此处褶皱难识，两字不能识。

② 原件此处书籍具体数据空缺。

③ 即李麟玉（1889—1975），字圣章，天津市人。李叔同侄。早年就读于天津。后赴法国留学，入巴黎大学，获理科硕士学位与昂西化学院化学技师称号。回国后历任中法大学居礼学院院长兼教授、北平大学理学院院长、北平研究院总务部代理部长兼化学研究所研究员、中法大学校长、中法教育基金委员会委员等职。1934年2月陕西考古会成立，以北平研究院代表身份出任委员一职。

④ 即王海帆。

⑤ 原件撕裂变形，仅约略辨识姓氏，名阙。

⑥ "炮"之异体字。本书保留日记原文用法，均不改。

⑦ 原件褶皱、扭曲，依现状与濬县（浚县）、淇县二县地望相连事实，辨识作"濬、淇"。

⑧ 彼时郑县著名高档旅馆省称，位郑县火车站东部大同路西头路北，1913年创办开业，是当时郑县最大的旅馆。

⑨ 郑县一客栈名。

⑩ 据徐旭生后裔徐桂伦先生言，徐旭生昆仲凡三人：长兄徐沛泽，清末县学生员，曾任陕西佛坪厅巡检；二兄徐沛恩，居家；徐旭生行三。此处言"二哥"者，即作者二兄徐沛恩。

⑪ 即徐继孺，作者故里族人。

⑫ 曲凤鸣为作者故里亲戚。

未修齐，商业亦似不振。（二）货币因行使当五十，一百，二百之铜元，物价昂贵。（三）龙廷①及铁塔附近均辟为公园。相国寺辟为商场。神像除千手千眼佛外已一扫而空。千手千眼佛亦止供人展览，外有书画展览。铁塔前铜佛尚在，新涂金，外有新建亭护之。尚有香客。（四）我到开封后，即同季芳②到博物馆，拟参观新郑出土古物。至则外悬牌言因整理内部，停止游览，为之惘然。后见子衡③，同往访伯益④，始知政府拟将北平故宫古物存于开封，为之预备地方，故将各古物收起。至新郑古物，则尚在陈列，因往参观。件数大而且多，花纹精巧，实为从前之所未见。王静安先生因盘文而定为楚令尹子重之器，实不足据。伯益王子颓之说，虽未知能成立否，而器属于周之一王子，似无疑义。⑤博物馆忙数日，复命中央，而古物又变卦不来，实属笑话。（五）开封□下□⑥避难之地主来者甚多，故颇拥挤；私立之中小学，亦因而发达。办理情形若何，未详知。（六）我来开封，除访子衡、伯益、可亭⑦外，未访他人。但因街上遇侯生⑧，致我此来

---

① 即龙庭。原为五代至北宋、金代宫廷一高台建筑基址遗存，后为明周王府沿用，清代于此设贡院、万寿宫，顶部建亭，又曰龙亭。今为龙亭公园所在。涵括龙亭在内的一带建筑遗存，今分别为全国与河南省两级文物保护单位管理。称"龙亭"者，1963年6月公布为河南省文物保护单位；称"北宋东京城遗址——皇城西墙遗址"者，1988年公布为全国文物保护单位。

② 即徐旭生夫人王季芳。

③ 即郭宝钧（1893—1971），字子衡，河南南阳人。1922年毕业于北平师范大学国文系。曾参与殷墟考古发掘，1949年后入中国科学院考古研究所，任中国史学会理事、北京大学研究生导师等。著《中国青铜器时代》《关于新郑莲鹤方壶的研究》《洛阳西郊汉代居住遗迹》《陶器与文化》《殷周车器研究》《殷周的青铜武器》《商周铜器群综合研究》等。

④ 即关伯益（1882—1956），又作关百益，名葆谦、益谦，字伯（百）益，号益斋。1907年京师大学堂毕业，曾师从罗振玉。后任河南省博物馆馆长、西北大学历史系教授等。著《河南金石志图》《益斋所得所见古陶图录》等。

⑤ 此处指1923年8月，河南新郑县城南街李家楼李锐凿井发现郑公大墓，出土青铜器组楚王子婴次炉器主、墓主诸问题之考释。参见王国维（静安）《王子婴次炉跋》，见王国维：《观堂集林》卷十八，北京：中华书局，1959年，第899—901页。依日记所载，徐氏所论与王国维氏相悖。

⑥ 此两字皱褶不清。

⑦ 即王可亭（1858—1937），号圈白，河南南阳人，晚清秀才。1903年至1932年与邑人张嘉谋（1874—1941）等在南阳创办敬业学堂、劝忠堂、端闱女学堂、国学专修馆等新式学校。

⑧ 即张侯生（1894—1985），字价庥，以字行，河南修武人。1920年毕业于北京大学史学系，先后任河南省立第一中学校长，河南省教育厅秘书主任，国民党河南省第三行政区行政警察署专员兼敌后第十三、十四挺进军司令。1930年后任武昌师范大学、安徽大学、北平女子师范大学、中国大学教授。1944年任国民党豫、鲁监察使署秘书长。抗战胜利后任河南大学教授、图书馆馆长、总务长等职。1946年当选国民党会参议员。1948年9月任河南省教育厅厅长。1949年5月上海解放前夕赴台湾，任"国民政府考试院"第一、二届考试委员。1959年任台湾师范大学历史系教授。著《魏晋南北朝政治史》《魏书地形志校释》《北朝三史校记》《汉书著述目录考》等。

为芸青、戢五①等所知。二十一日，芸青请在合陞号晚餐，遇齐性一②厅长，绳武、韶武③诸人。芸青约次日上午十点到高中④讲演。

（二月十四日至十九日日记阙而未记）

二十日，下午接维钧来电，言本日动身。往问中国旅行社，知彼于明日到郑时，到潼关车已过，因决定后日起身。

（二月二十一日日记阙而未记）

二十二日，早尚未起，戢武同全崧亭⑤来，约午后到北仓女中参观并向学生谈话。早餐后到高中，讲都市教育利弊。午到合陞号，应张候生之约午餐。毕到北仓女中，与学生谈二事：一为初中学生不宜全希望升学，二为求学到处均有机会，不必一定在学校。谈毕，匆促回寓。昨日在鼓楼前遇一师大毕业生赵（本日以下阙佚）……

二十三日，天明时已将至阌乡。铁路旁⑥黄河而行，颇有曲折。高地甚干，无麦。低处有水浇田，然麦亦有黄者，须雨颇急。村落民居不少空者，人民似甚凋残也。民屋多只半坡，左右两半坡对向，院落极窄。至潼关，将十点。车站在西关，旅馆皆新筑，有数家，然颇简陋。住处仍名大金台。饭后进城，尘土飞扬，黄云弥漫。至汽车站，访站长王文初君。王君为北平大学工学院毕业生。入市中，则颇繁盛，与我十二年⑦来时大不相同。有商场，（徐注：名民乐商场。）有澡堂，有较大旅馆。人颇扰攘，疑逢市集及庙会，问人言每日如是。但乞丐甚多。售烟

---

① 均作者挚友。芸青，即王芸青（1891—？），原名王警宇，河南舞阳人。1918年参与韩席卿、冯友兰、嵇文甫、魏烈丞、马戢武、王柄程、徐旭生、徐待峰等人在开封组织的《心声》杂志社，1920年毕业于北京大学，其后长期任河南省立第一中学、河南省立开封高级中学校长。戢五，即马戢武（1889—1958），参阅下文"二十二日，早尚未起，戢武同全崧亭来"一句，"戢五"或为"戢武"之误。原名马碧瑞，河南新野人。1909年投身武汉武备堂，入同盟会，1911年在汉阳参加反清起义。1914年入北京甲种工业专科学校化学科，1917年毕业后任开封甲种工业学校学监，翌年任校长。1928年任开封私立北仓女子中学校长。1944年任新野县临时参议会参议长，1949年后任北仓女子中学校长、名誉校长。
② 时任河南省教育厅厅长。
③ 绳武、韶武二人不详，或系昆仲。
④ 即河南省立开封高级中学。
⑤ 仝崧亭，其人不详。
⑥ 同"傍"。
⑦ 民国十二年（1923）省称。

膏者公然设肆，售烟具者到处皆是，足见吸者之多。余入旅馆时，即闻鸦片烟味，由帘隙窥室中，则一小兵官，正在吞云吐雾。城中不少壮丽之旧建筑，然均敝坏。屋多花脊，尤为此地及附近特色。军粮分局原为城隍庙地。檐端颇壮丽。门前有铁狮，铁旗竿。旗竿为嘉庆八年（1803）制，重万六千余斤。自北门登城头，自东门下。城尚整齐坚固，独门楼少破耳。甚倦，雇车回寓。

二十四日，旧时间六点过，即起，赴城西门内汽车站。汽车内实只可容十一二人，然卖票要卖到二十左右，用填鸭子法往里填，安有填不进去者！余表不错，然同车人谓快一点钟，后始知标准时已变换，新时间八点半开。路不甚平，然冬季无雨，故无泥坑，比我十二年①来时已强多多。风起，黄土飞空，数丈余即不相见，而今始知黄土威也。颇欲一望天外三峰②，然华岳渺不可见。两点至渭南少息，午餐。至新丰，汽车炸轮袋，耽误多半点钟。至华清池附近，多卖韭黄者。同车一人虽便装，似属混军界者。带一仆人，每吸烟卷，必令仆人先置口中点著③，亦一怪现象。并沿途骂仆人。至西安城门，汽车停下，即有军士检查，与之护照，持至室中，良久始出。仍要登车检查。见行李甚多，问维钧是否商人，维钧答以护照已呈验，彼始悦然，大谢对不起，并他人行李而亦不检查。至东木头市西京筹备委员会，住下。晤陈启明④君，连定一君。陈为秘书，连兼庶务会计。发润章电报一封，报告已至。

二十五日，下午同维钧到教育厅，晤周学昌厅长。周言有一教部⑤令知省政府方妥。并言此间中山中学，学生将校长用刀刺伤，甚重。此间学生共党颇多，

---

① 即民国十二年（1923）。此年7月，徐炳昶、陈百年、朱希祖、王星拱等人应陕西省省长刘镇华（雪亚，1883—1956）邀请来陕讲学，故有此说。旧历民国十二年（1923）五月二十四日张扶万《在山草堂日记》记："雪亚请到北京各大学教授来西安为暑期之讲演。有傅佩青（铜）、徐旭生（炳昶）、陈百年（大奇）、朱逷先（希祖）……诸人。今日在中学佩青讲进化论，逷先（希祖）讲文学之势力。"
② 华山主峰为南峰"落雁"、东峰"朝阳"、西峰"莲花"三峰，挺拔如云，称"天外三峰"。唐李白《西岳云台歌送丹丘子》："三峰却立如欲摧，翠崖丹谷高掌开。"唐崔颢《行经华阴》："岧峣太华俯咸京，天外三峰削不成。"
③ "着"的本字。
④ 即陈光尧（1906—1972），又作陈光垚，字启明，以字行，陕西汉中城固人。父陈毅，字晓耘，又字五峰，号如是庵主，晚年别署农亚陈晓耘，曾任孙中山秘书、大元帅府参议等。擅书，能诗。陈启明时任西京筹委会秘书，后任该会专门委员，为中国简化文字推行先驱。著《三十言志诗》（《简字丛书别集》）等。黄警顽誉其为"提倡简字运动最勇敢的，且成绩又最惊人的一位急先锋"。
⑤ 教育部省称。

极为棘手，云云。托他见杨主席①，约会见期。出，步行到碑林②。归寓，再发电报与润章，请其进行教部命令。

二十六日，闻本地因天旱断屠③。连定一约同游杜公祠④，以轿车往。出门则见市肆家家门口因祈雨置一水盆，水上置木版，版上插黄裱纸龙王神位及四小旗，旗上书"油然作云"⑤等类字。出城，先往荐福寺，寺有塔，俗名小雁塔。明正统末，塔中裂，然时裂时合。余十二年来时塔裂，由中空可见一线天。此次来则塔复合，仅见裂纹而已。塔门石质，上雕花纹工细雅丽，当为隋唐旧物，惜为自命风雅之伧父⑥刻字于上，令人作三日呕。寺中已无神像，殿中办一孤儿院。（山门下有四金刚像，此在兴善寺。但非如俗所塑之风调雨顺像。二金刚三面六臂，亦俗所无有。）出东南行到兴善寺，据碑言始建于晋。闻内藏有宋版龙藏，将入观。和尚出言殿中因祈雨正作法事，请勿入，乃立院中小谈，知宋藏不全。至近年在沪上所影印者则系藏城内图书馆中之一部，亦不全。问以如两边配合，是否可全，答言不知。（山门下金刚如俗所塑，此在牛头寺。）出，再进数里，见东南原上有石人石马之属，下车往观，见石人二对，石马二对，外有一对，如马有鳞。石狮及辟邪（？）⑦各一对，华表一对。无碑。后有多塚，似非一时一家所葬，未知此石兽为何塚前所立。坟年月无征，但雕像朴素壮健，以□□⑧后物。再前，将到韦曲，（徐注："韦"土音如"雨"。）道旁有鸦片烟苗，但枯槁欲毙。沿途麦苗均枯黄，间有用井灌者，然此杯水曷能徧救，且井颇深。韦曲颇多树木。再前，至樊川。坡上为牛头寺，左即杜工部祠堂。寺额曰福昌寺，为宋太平兴国中所改名，然俗沿唐旧名，名之曰牛头寺。杜公祠新由西京筹备委员会修葺。内颇有花木。至一堂中，出所带之烧饼腊肠，大嚼。未毕，维钧遇一同学郭增恺君，趋出，握手道故。同入室，后有一军人，则杨主席也。介绍相见，握手谈数语。

---

① 指杨虎城。因 1930 年 10 月 24 日国民政府国务会议已决定任命杨虎城为陕西省政府主席，因有"杨主席"一说。

② 指西安碑林。

③ 1930 年于右任鉴于陕西大灾，耕牛缺乏，提议禁止屠宰。旋经农矿两部会商，制定了五项措施。1933 年国民政府又颁发三项禁屠命令。各省随之颁发具体措施。陕西省当重灾省份，由系于右任故乡，禁屠耕牛措施更严。此日记所谓"闻本地因天旱断屠"之背景。

④ 在长安城南，因纪念唐代诗人杜甫祠堂而得名。

⑤ 典出《孟子·梁惠王上》："天油然作云，沛然下雨，则苗浡然兴之矣。"明王阳明《祈雨辞》："油然兴云兮，雨兹下土。彼罪遏遍兮，哀此穷苦。"

⑥ 伧父，指贫贱粗汉。明袁宏道《谢于楚历由草引》："古云：'诗能穷人。'又云：'诗非能穷，穷者而后工也。'夫使穷而后工，曹氏父子当为伧夫"。又清袁枚《随园诗话补遗》卷二："'……嫁得伧夫双足健，漫言夫婿善乘龙。'味其词，盖旗厮之走差者也。"

⑦ 此处问号依日记原件移录。

⑧ 此二字不识。

杨君执茶壶，自斟自饮，遂去。吾等至此，尚未往拜谒，遽遇于此，心颇不宁。闻杨主席言，来此为观下所新浚之自流井，乃亦下坡往观。井在坡际，上覆以土，不见井口，只见水左右流。樊川有水田，树木畅茂，闻夏日风景佳绝，为长安四郊最胜地。然道旁有烟苗，农夫正用水灌溉，主席过此，当易见之。归过韦曲，下车入道左一庙，前殿为龙王像，后殿祀佛。庙前有戏台，檐柱间木刻雕龙，势颇飞舞，但台顶花脊已倾圮矣。路由来途偏东，至宋园，为本地巨绅宋鞠武①氏别墅。门如村舍。内则有亭，有池，有小山，有曲径。腊梅未谢，时闻幽香。壁间刻石甚多。园未广而布置楚楚。但我国园林，常以狭地配置多景，令人气塞，与余意颇不合也。再前，为慈恩寺，即俗称之大雁塔。寺为奘师译经处，在我国文化史上自有重要位置。□□□②，庙貌零落，此次则由朱子樵③倡议修葺，已焕然一新。有碑纪事。但对于此庙与文化之关系，毫未提及。溥泉④题额，亦只曰"玄奘复兴"，未能表示其应有之重要。异日当与溥泉言，可由文化观点撰一文，另立一碑纪之。登塔，因系旧游，易视之，升降颇急，下后，觉心跳且热，然少顷即止。塔下有褚河南所书《圣教序》，石质坚硬，字画完好，铁钩银画，令人抚摩不欲去。塔门石上刻佛像，庄严妙好，传为吴道子笔。然上亦被伧夫刻字。至工部、嘉州⑤等五人之诗则无人谈及。余意此五大诗家，同时登临，歌咏流传天地间，自系极难得之盛事。亦当上石，置之塔顶层，以便游人歌诵流连。山门下之金刚亦异，然与兴善之金刚又不同。二持鞭，二持蛇，神彩威光，奕然赫然，丹青系新施，疑属旧塑也。定一为余及维钧拍一照。游毕，日已将落，遂归。荐福、慈恩为余旧游，余皆系新到。闻慈恩寺僧言，奘师、基公藏骨塔，均在城东

---

① 宋菊坞（1870—1951）之误。宋菊坞，名联奎，字菊坞，亦作聚五，晚号菊叟，陕西西安人。光绪己丑（1889）科陕西乡试举人。官忠州、资州知州及叙州、宁远、楚雄、永昌知府，并护理云南迤西道兵备道兼腾越关监督等。曾主持交涉片马划界等事宜。入民国回西安，任陕西都督府顾问、陕中道观察使、陕西民政长、陕西巡按使、陕西通志馆馆长等。于西安城南祖坟辟花园，时称"宋家花园"，即日记所谓"宋园"。著有《苏庵杂志》《苏庵公牍存略》《城南草堂文稿》《城南草堂诗稿》等。

② 此三字褶皱，不能释。

③ 系朱子桥（1874—1941）之误。

④ 即张溥泉（1882—1947），名继，原名溥，字溥泉，别署博泉、自然生，河北沧县人。1899年赴日本早稻田大学留学。1905年8月于东京入同盟会，任司法部判事。1911年武昌起义后回国，任同盟会本部交际部主任兼河北支部长、国民党参议员、国会第一届参议院议长。1924年1月当选国民党一大中央监察委员，1927年任国民党中央特别委员会委员。后历任国民党南京政府司法院副院长、北平政治分会主席、国民党三大至六大中央监委委员、国民党党史史料编纂委员会主任委员、国史馆馆长等。1932年3月7日国民党中央执行委员会第二次全体会议决议组织西京筹备委员会，被推为委员长，同年6月13日得林森主席委员长职位聘书，即赴西安任事。故日记有"溥泉题额"记载，下文且有"异日当与溥泉言"一事所谓。

⑤ 工部、嘉州分别系杜工部、岑嘉州省称。前指唐代诗人杜甫，因曾官检校工部员外郎，故被称为"杜工部"；后指唐代诗人岑参，以曾官嘉州刺史，故世称"岑嘉州"。

南四十里许之兴教寺，他日当往瞻仰也。晚餐后，定一又约往易俗社①观剧。台在一大广场，共二台。一系社中未毕业学生演所，一系已毕业学生演所。观众在露天处，上有席棚。前排有坐，后有立观者，有乘轿车观者。演《大婚姻谈》，系以自由婚姻反对权力及财产之婚姻者。定一及启明均谓此种新剧不佳，不如其所演之旧剧。余则谓观一剧团，当观足以表现其特殊之性质者。易俗社所编之戏，文艺上之位置虽不高，而亦自有其位置。此种新剧正易俗社之特色，比旧剧当较愈。演毕后，有烟火助兴。变化美丽，或有所不足，而雄奇兀突，骇人心目，颇足代表秦人之特殊性质。归，十点余。

二十七日，周厅长来谈，郭增恺来谈。下午有一《益世报》记者何君丽生②来谈。何系略阳人，对于关中人之垄断政权而赋税大部均由陕南人负担至为不平。今日接润章电一封，言已进行教部命令矣。晚同启明、定一同到大同园洗澡，维钧因身体不适，未能同往。

二十八日，……（此处十余字为墨笔涂盖）翻阅《咸宁县志》。志为董方立及其师陆劭文作，甚有法度。③到绥靖公署，回拜杨主席，因其将赴临潼，迎何成濬，少谈即出。到郭增恺室中，谈半点钟。晚到周厅长④公馆谈。周言学校中共党甚多，办理棘手。今日阅报，知热河战事已急。

---

① 陕西西安著名秦腔科班，创建于1912年，原名"陕西伶学社"。
② 1936年参与《新纂康县县志》编纂。《新纂康县县志·序》："聘吕（蒂林）君总笔，又聘略阳何丽生君助之……"
③ 董方立（1791—1823），初名曾臣，字方立，后易祐诚，江苏阳湖人。嘉庆举人。工骈文，通数理、舆地。嘉庆二十二年（1817）随其师陆劭文（1771—1836）应咸宁知县高廷法请，编纂《咸宁县志》等，嘉庆二十四年（1819）成书。声名噪。彼时西安府知府邓廷桢称其："简而不遗，括而不冗，信乎！"梁启超《中国近三百年学术史》更称："方志虽大半成于俗吏之手，然其间经名儒精心结撰或参订商榷者亦甚多。……又或为长官者既物色得人，则隆其礼貌，专其委任，拱手仰成，不予牵制，如永清之得章实斋、长安、咸宁之得董方立。三者有一于此，斯佳志可成。"著《割圆连比例图解》（三卷）、《椭圆求周术》（一卷）、《斜弧三边求角补术》（一卷）、《堆垛求积术》（一卷），身后由其兄辑作《董方立遗书》付梓刊行。陆劭文，名耀遹，字劭文，江苏阳湖人。工书法、文辞，嗜金石文字，道光初，举孝廉方正，授阜宁县教谕。著《金石续编》（四卷）、《双白燕堂诗文集》等。
④ 即时任陕西教育厅厅长之周学昌。

一九三三年三月
（三月一日至三月四日）

三月一日，阅报，知战事不利，汤玉麟已报告缩短战线。同维钧出到炭市①，观灾民卖零物者，内以故梁柱及他种木料为大宗。到绥靖公署，访秘书长耿寿伯②，问门房，始知其为省政府秘书，不在此间。乃出到省政府，见耿君。谈次，问余识郭厚庵③否，余答以识，彼即唤仆人请郭先生。余疑（以下阙佚）……

二日，……（以上阙佚）然久旱后，必有若干次试雨，始可沾④足，希望无大风，雨气不致冲散。移居后院。午后，长安县长申伯纯⑤来访。申君北⑥大旧学生，与维钧甚熟，亦曾听余受⑦课。晚餐后，翻阅《艺术丛编》⑧，接耿寿伯信一封，送来陕西地图一张。

---

① 炭市街简称。在西安城内东大街中段北侧，清中叶后此地曾交易煤炭、薪材，故名。
② 耿寿伯（？—1953），河北人，曾任国民二军胡景翼部交际处处长。1932年10月至1936年西安事变前，任陕西省政府秘书长，积极推行邵力子、杨虎城施政方略。1948年受傅作义指派，偕杜斌丞、李锡九等一起赴西柏坡与中共中央协商北平和平解放事宜。1949年后加入民盟，1950年11月9日政协河北省委员会第一次会议被选为常委。
③ 郭厚庵（1890—1934），名须静，字厚庵，河南唐县人。1907年入河南法政学堂。1909年入天津北洋政法专门学校。1920年得河南省政府资助赴法国巴黎凡尔赛园艺专门学校留学。1924年归国。先后于河南农专、河南大学、上海劳动大学任教，曾任上海劳动大学农学院院长。1933年秋任西北农林专科学校园艺场筹备员。
④ 河北元氏县存东汉光和六年（183）《白石神君碑》（《白石山碑》）："澍雨沾洽。"清蒲松龄《聊斋志异》："十八日，大雨沾足，乃种豆。"通"霑"。《康熙字典》："《齐语》：霑体涂足。《前汉·陈遵传》：候遵霑醉时。注：师古曰：霑，湿。扬雄《长杨赋》：仁霑而恩洽。扬子《方言》：沾渎谓之霑渍。《集韵》：通作沾。"
⑤ 申伯纯（1898—1979），河北宛平（今属北京）人。1925年毕业于北京大学经济系。1934—1949年任第十七路军政治处处长、绥靖公署交际处处长、第十八集团军总部秘书长、晋冀鲁豫边区参议会议长等职。参与西安事变。1949年后任政务院秘书厅主任、政务院机关事务管理局副局长、政协常委等职。著《西安事变纪实》。
⑥ "申君北"三字褶皱难辨，系斟酌前后文意确定。
⑦ 通"授"。
⑧ 邹安主编，民国五年（1916）上海仓圣明智大学珂罗本。

三日，今日不雨，然会①沉有雨意。翻阅甲骨文各书。写润章及家信各一封。晚与连定一、维钧谈。室中炭火过旺，颇觉不适。将火盆移出，始得安寝。

四日，早起尚有云，后竟杲杲日出！且起风！写海帆及云亭信各一封。下午郭增恺来谈。仍翻阅甲骨文各书。晚往访景莘农②，未遇。到曹家巷子，访柯莘农③，正在街上问他的门，他从后方过来，黑暗中未见面，且短衣，虽相招呼，且声音甚熟，未曾想到即系他本人，故亦未下车。至室中，始知，但他亦终未著长衣。此君收藏搨片甚富，佳品甚多。劝他早日印行流传，他尚谦让未遑。出，步行归。时北大街东边颇空旷，昏黄微月，散漫朔风，颇有走到蒙古沙漠之感。接润章信一封，张佩苍信一封。佩苍想让我在他所办的世界语书店中入股，恐怕不能应酬他了。④阅（以下残缺中断）……

（三月四日后日记阙佚）

---

① "会"字，古文献作"会"，今作"阴"。《说文解字》："陰（阴），暗也。水之南，山之北也。从阜，会声。"

② 景莘农（1884—1964），字志伊，名莘农，号恶翁、柏叶庵主，陕西富平人。早年先后入三原宏道书院、京师大学堂进士馆法政学堂，1903年赴汴（开封）会试不第，后入协和医学堂。精岐黄，擅书法。杨虎城主陕时任省政府秘书处主任秘书。1949年后任陕西省文史研究馆馆长、西安市中医医院院长、陕西省中医药研究所副所长等职。著《吐纳练气法》《伤寒论概说》《伤寒论读法》等。

③ 柯莘农（1883—1945），原名士衡，字莘农，以字行，号逸园、半园、叶语草堂主人等。祖籍山东胶州，后居西安。精鉴赏，富收藏。藏品以金石书画为著。著《叶语草堂金石文字存考》（稿本，未刊）。

④ 张佩苍曾任国民参政会第二届参政员。其办世界语书店邀请同好入股事，1933年7月30日出版的《世界语周刊》第95期，披露同年7月3日包头世界语者李孚育致广州世界语学会张亚雄信称："近北平张佩苍同志曾集股创办中国世界语书社，北方同志购书报，便利多了……"此信与《徐旭生陕西考古日记》所载联系，知张佩苍筹办世界语书店事，至少持续了半年之久。1935年9月，张佩苍又与葛启扬等编辑《国内地理界消息》。

一九三三年四月

（四月二十九日至四月三十日）

（四月一日至二十八日日记阙佚）

二十九日，……（以上残缺）寿伯①来信，言鄠县有"鱼洞仙音"，为该县八景之一。距县城三十五里，洞水涓涓流出。每年届谷雨节前后五六日间，涌出小鱼千万尾，日夜不绝，殊为奇观。附近人民均极爱赏，相沿称为谷雨鱼，因平时并无鱼也，云云。并望余能研究，然余固非博物君子，奈何？奈何？接电报局通知，言电上李副院长②，无住址，无法投递，报存局。非常诧异。本院曾在电报局挂号，即为住址，且吾等已如此发电多次，均已接到，何此次独无法投递耶？乃与修五③同到电报局去问，彼允打电，往问。同到东县门北街，访枫阶④，少谈归。

三十日，早餐后，同修五往访杨家城。出北门，即向西北行。过贺家巷子，见西北有高地，并断岩，乃往视。上有濠沟在周围，大约为近年内战时遗迹！然因此濠沟，得知高地为版筑。上多陶片，然无绳纹者。间有纹路，乃系较深横纹。此地或系唐代禁苑中一高台遗址。向西下至路，转南行。西边原上有大塚，未及往视。路旁西边断崖甚高，内多坟墓，但均系近世。至红庙坡。红庙即昊天观。内办有学校，有万历元年（1573）立金龙四大王殿碑。嘉靖三十三年（1554）玄帝殿像记碑内载"按地志，贞观初晋王宅，显庆元年（656）太宗追福，立为观。高宗御世，其额坊属保宁"，下字为人所剔去，即上边文理亦未通顺，不过意已明显。内有一洞，祀药王，作医病龙像。然左右室中均为穷人挤住。正殿祀祖师，正殿、偏殿塑像均佳，而庙则零落已甚。出到村中，见破院中有石，上有字，往观，则人家墓前石牌坊倒柱，无甚相干。有妇人言彼后面有石，让余等进观，余等姑随入一观，则见有回文字碑、残石两块，心中甚喜，乃以一元半之代价购之，

---

① 即耿寿伯。

② 指北平研究院副院长李书华（润章）。

③ 即夏修五（1896—1987），名纬瑛，河北柏乡人。1916 年考入北京农业专门学校，师从钱崇澍。1929 年协助刘慎谔筹建北平研究院植物学研究所，任助理员。抗战中随谔北平研究院植物学研究所内迁陕西武功，任西北工作站主任。后任河南大学、西北农学院副教授、教授。1949 年后任中国科学院自然科学研究所研究员。著《管子地员篇校释》《〈诗经〉中有关农事章句的解释》《夏小正经文校释》等。

④ 即王枫阶，陕西鄠县（今西安鄠邑区）人。清末曾留学日本。归国后曾参与陕西辛亥革命。

令其明日送至城内。出至前院，又寻得两块，亦命其送寓内。物主王姓。此村房屋已拆至百分之八九十！幸尚有窑洞可住。再前进，至大白杨。时天甚热，觉渴，乃进堡。东门内路北有一庙，入观，则祀关帝及送子娘娘。院中有人除草，即请其烧茶。庙中前有学塾，现未开。庙亦零落。至全村则破败程度，似较红庙坡少愈。出堡向北走，不远即至杨家城东南角。角上有一砖台，高丈余，北边有积破砖瓦处两片，似系倒毁之庙前、后殿，未知何年建筑。但观砖台似非古，大约为明清时代物。角东有路通内外，有土人就城基作砖瓦窑。循角北行，城墙及城壕均尚清楚。约行二里许，有缺口，知为城门。下观，则版筑迹俨然。城他段未见版筑迹。即门旁下层亦非版筑。高丈许以上，痕迹极清楚。靠北面有人住过之窑洞三四，入内研究版筑最便。当日大约以径三寸许之圆木筑成，痕迹异常清白。外墙上有圆孔，排列甚整齐，大约当年搭架子之所留遗。问土人此处何名，答言万城门，即杨家城当年之城门。其所言与嘉庆《长安志》合，即汉之霸城门也。向西北有一路，行沟中，或即图中之旧渠遗迹。向西里许有村，问一土人，答言村名樊圪塔子，然据一铁钟上文则为樊家寨，村人亦多言樊家寨者。堡东门外有二庙，一破一新。破庙仅余一关帝像，一铁钟，一照壁。土人于殿毁后，照像大小，建一小室覆像。像大室小，颇为可哂。然像上丹青如新，精采奕奕，亦至足异。新庙题万城庵，土人名三仙庙。庙中有山门，有亭，有过庭，有正殿，盖成不过数年，亦自楚楚可观。且近年来，民生凋残，新庙极不易见，或可即此证明本村及附近村落（徐注：因此庙非一村所修）之民力尚非甚急迫欤。入庙，出吾辈所带之馒头咸菜，请人烧开水，在殿中大嚼。殿中甚凉爽。休息后出，仍甚倦。过破庙照壁前，见上囗①一石，石上有字，无多兴趣俯观。然一瞥间，见有"元和"字样，乃蹲下详读。知为元和十四年（819），知"翰林学士院事宣德郎内侍省内寺伯赐绯鱼袋李常晖"所书之《般若波罗蜜心经》。唐刻毫无疑义。此石不见于著录，以此知前人著录尚疏略也。问人有出土之破砖瓦否，答言无有。穿堡过，捡得破片数事，又返问村人，村人见余等捡此等破片，乃争到家中搜寻。未多时，挐来许多，破瓦，破砖，破铜器，古钱，几不胜收。当时无法捡择，乃挐出三块多钱的铜元票，完全搜得，又用七角钱雇得两辆二把手车，送还城中。过城角豁口时，见西边城墙中间有瓦筒，两边有两小筒，异日有暇，当来发出以供研究。归时，走颇快，甚疲倦。接润章电报一封，言请我先一人出考查，俟决定开工时，必令维钧前来。看后，甚不乐。因余从考查丰镐得经验，知一人万无法进行，乃发电叫人。如能进行，余岂愿烦劳别人乎？乃复一电，言明情形，并言如维钧不能来，只好另找别人。晚天气甚热，室中二十六七度。

---

① 此字作者仅写偏旁部首，不能识。

一九三三年五月

（五月一日至五月三十一日）

五月一日，夜中十二点多钟，大风起，有雷。起关窗门，且雨。然风未几止。早起，地上尚有积水，似下的不很小。天气仍燥。九十点钟，有雷。复倾盆大雨，但不甚久。昨日行原上，觉已需雨，此雨固属喜雨。虽少嫌骤，不能全浸入地中，然麦已有开花者，即雨即晴，较积雨胜也。（以下全行除末尾三字均为墨笔涂盖）……下午接家信一封。往大同园，剃头洗澡。下午天气甚凉爽。

二日，早晨甚寒，温度达十一度半。天阴。王枫阶来少谈去。枫阶言陕西办理实业数次，无不失败，故人以办实业为畏途：第一，西潼铁路，当时汴洛尚未开车，故集款未成即中止。第二，在北山集资办牧场，牛羊集多，瘟疫传染，毙亡甚多，且无销路，大为赔累。三，延长石油，集股未办中止。四，至民国后，办制革厂，款存于一发起人李姓生意中，每股五十元，交款时，官银号票子与现洋通用，故大家交款均用票子，后二年，票子大跌，发还股款，每股止折银十余两。五，官办一面粉公司，股款一二十万。乃办理人张姓，为陕西狂嫖乱赌之一大流氓。购买机器时，已受人骗，将旧机上油，冒充新机。后亦开工，结果旧面房纷纷倒闭，而他所出面粉，生产过膁，无法运出，不久亦倒闭。六，一从美国新回国之留学生，倡办黄渭轮船公司，由官拨款四五万，购小轮船一只，乃在黄河中试航，即行搁浅，亦中止。屡次失败，兼之民生凋敝，故实业遂成畏途云云。王姓来送阿拉伯文残石。据言彼村破毁，在民国十五年（1926）。初为杨虎臣①之兵所抢，抢毕，将赃物运往渭河北。至屋则为刘镇华军队所拆烧。红庙东南有很多的回回坟云云。下午天晴，天少转暖。接璋信一封。观修五等试揭阿拉伯文残碑，很成功。

三日，天晴，转暖。上午学揭碑，学照像。因昨日王姓言他还有同样的碑两块，下午带著照像匣子，拟先往红庙坡，后有暇即往杨家城角照像。至又搜得阿

---

① 即杨虎城。

拉伯文碑一块(在马姓家),在各家搜得有字汉砖一二十块。字大约为工人姓名。瓦当三块,中有一新类。方砖一块。购毕,王姓来言他还有碑数块在井上,请我往观。有两三块不很相干,有一块颇大,仍为阿拉伯文者!此地似阿拉伯文碑很有几通,至少当有三通,因余共见五六块,已有三种不同大之文字也。嘱他明日送来。即归,未往照像。归后,修五言下午省政府有孙科员来,言隔壁保卫委员会,想要财政训练班旧址的大讲堂,问我们是否可以给他。修五言须与我商量决定,他的意思觉得给他颇不方便,问我的意见如何。我说明天我们一同去见耿寿伯,把我们的原计画告诉他说,请他斟酌办理,至于拒绝,却使不得。接乐夫①信一封,润章信一封,电报一封,言维钧三日内动身。

四日,王姓将阿拉伯文残碑送来,后面刻有汉字,观其字体,大约为清代物。然昨日所得之一块,至少也在明代。同修五、蔚青②同往见耿寿伯,谈二人到陕北采集植物,请求护照事。并谈保卫委员会借房事。邀寿伯与段少岩③同来,看我们在丰镐一带,搜获物品。并决定将训练班旧址后院东房让与保卫委员会。写家信一封,璋信一封,星甫信一封,④石青⑤信一封,赵春仁⑥信一封,总办事处

---

① 即何乐夫(1893—1984),名士骥,号乐夫,浙江诸暨人。1925年入清华大学国学研究院,毕业后历任北平孔德中学、北平大学、中法大学、北平师范大学等校讲师,北平师范大学研究院编辑,国语大辞典编纂处特约编纂,北平研究院史学研究会助理员等。参与陕西考古会三次斗鸡台考古发掘,抗战爆发后于国立西北联大、国立西北师范学院、兰州大学等校任教。1958年任甘肃省博物馆馆长。著《部曲考》《唐大明兴庆及太极宫图残石发掘报告》《金文汇编索引》《西北考古记略》等。

② 即王蔚青(1906—2012),原名王云章,字蔚青,河南内黄人。1927年入北平大学农学院农业生物系,1931年毕业后至国立北平研究院植物学研究所任助理员。1936年入比利时卢万大学卡努瓦研究所细胞学和植物学实验室攻读博士学位。1938年获中华教育文化基金会资助赴加拿大温尼伯市的自治领锈病研究室做博士后研究工作。1939年回国,历任国立浙江大学、国立四川大学、西北农学院、国立西北大学、河南大学等校教授,北平研究院植物学研究所研究员。1949年后长期在中国科学院植物研究所、真菌植物病理研究室、应用真菌研究所、微生物研究所任研究员。成就斐然,真菌学与植物病理学尤为著名,被选为国际植物分类学会真菌地衣委员会委员。

③ 即段绍岩(1889—1964),又名民达,陕西岐山凤鸣镇凤凰村人。北京法政专门学堂肄业。曾任秦省第一届临时参议会议员、国立西北大学讲师、农商部顾问、陕西省长公署秘书科长、长安县知事、兴平县县长及国立北平研究院与陕西省政府合组陕西考古会名誉顾问等。1949年后任西安市监察委员会秘书、西安文史馆馆员。工书。父段维(1867—1926,字冈北,光绪癸卯进士,官法部主事)。著《自强斋文钞》,主编《西安胜迹志略》《段冈北先生年谱》等。

④ 璋、星甫,事迹不详。

⑤ 即胡石青(1881—1941),原名胡汝麟,字石青,以字行,河南通许人。清末秀才。1906年京师大学堂肄业后任河南高等学堂教务长、河南省谘议局书记长。1912年当选国会众议院议员。北洋政府时期任全国烟酒专卖总办、教育部次长。后任吴淞中国公学、华北大学等校校长,河南大学、华北大学、东北大学、天津法商学院等校教授,焦作中原煤矿公司总经理、河南通志总纂、国民参政会参政员等。著《乐臣楼日记》《三十八国游记》等。

⑥ 赵春仁,其人不详。依作者本月24日日记有"接赵春仁信一封,仍是希望我写信给胡石青给他介绍作官"之记载,推测此次作者寄"赵春仁信一封",或亦与24日日记记载相关。

信一封。终（以下阙）……

（五月五日至八日日记阙）

九日，接厚庵①信，嘱为孙韫生②向周学昌厅长推毂③。郑士彦④同孙同容⑤君来谈。孙君近任西京筹备委员会秘书。陈启明君未返，或不来矣。读完《戬寿堂所藏殷虚文字》并《考释》⑥，又读《铁云藏龟》。与乐夫写信一封。

十日，写周学昌一封，为孙君推毂。⑦续读《铁云藏龟》并《铁云藏龟之余》毕之。接家信一封。维钧昨日即当来到，而今日仍不到，颇为焦急。

十一日，因阅旧志及郑图，言城东有韩信塚（徐注：郑图作韩森塚）。实为秦庄襄王陵（徐注：郑图将庄襄王陵记于韩森塚下）。乃于早餐后出城往观。今日天气甚热。出东烧关，已望见大塚，问知即韩森塚，以为不远，乃走时颇有三四里。先过一小村，名金花落。村南不远，有一堡子，不甚整齐，名康家堡子。金花落西头，有两石狮，后边破砖瓦不少，大约为一破庙。从村北高处向东行。临崖处有二三大塚，均被破去一半，似非古墓也。再东多半里许，有一大塚，登上一观，无何异征。再向东半里许，即至韩森塚，塚极大。塚足有土人所挖之濠及洞。详察，无版筑痕迹。瓦片亦不多，无特殊者。登上一观，可谓无所得。上有一女娃，一男娃，正在割草。男娃九岁，姓宋；女娃姓白，年十四。女娃衣履尚整整，并未缠脚，谈话亦忼爽，余遂与之谈。她土话颇多，余不很懂。大约她只有一妈妈，种人家地五六亩。现在家中没有喫的，依靠赈济。那一天得到就喫，得不到就饿著！问他：西种⑧余所登塚何名？答叫杨家塚。北边二三荒塚何名？答叫半格塚⑨。（徐注：是否应如此写？）遂从东南下，不远有一大村，即名韩森塚。房屋尚整齐。余甚渴，有卖茶及醪糟者，遂喝醪糟一碗。问他：村中多少人家？答二百家左右。有多少家有喫的？答二三十家！此地颇旱，棉花种上

---

① 即郭厚庵。
② 孙韫生，其人不详。
③ 推毂，荐举、援引之意。《史记·魏其武安侯列传》："魏其、武安俱好儒术，推毂赵绾为御史大夫。" 明归有光《与徐子与书》："实赖吾丈雅故推毂之。"
④ 郑士彦，四川人，时任西京筹备委员会专门委员。
⑤ 即后文涉及作者本年6月16日记所记早年曾任职故宫文献馆之孙尚容。
⑥ 甲骨文著述，王国维编。石印，收入《艺术丛编》第3集，同时有单行本，装2册，共录甲骨653片
⑦ 与9日日记"接厚庵信，嘱为孙韫生向周学昌厅长推毂"事呼应。
⑧ 原作"种"字费解，联袂"西种"与下句文意，或系"西塚"之误。
⑨ 作者调查中倏忽误记，陕西方言实应作"半个塚"，即墓葬封土残留一半所谓。

未能出，望雨颇急。村中庙颇有五六处：一玄帝行宫；一无量祖师庙；一观音堂，未入观；一问人言菩萨庙，但神像有长胡子，从来未见这样的菩萨！一观其对联，似系瘟神庙，未入观。远望村之东南近处，有一塔，乃前往观。至有一庙，门前题公仓，遂入观。前殿无塑像，仅有挂轴关公像。殿后有乾隆二十五年（1760）碑。据此碑现名万寿寺，在唐为章敬寺，有沙门怀恽禅师主持此寺。寺东有塔，高六层，不可登，略如慈恩寺塔而小。上题藏经塔。遇一黄君，言从前塔旁有碑，现已无存。问黄君：仓中至何时始无米？答言彼年三十余，自记事时起，已不见有米。返过金花落。村东有大庙。东院为药材会馆，实为一庙，尚整齐。正殿为倚山一洞，门紧闭，不得入。洞上有楼，外有梯可上。楼檐甚低，俯首始可入。正面供伏羲、神农、轩辕三皇像。左右有十像配享。牌位已不全。据其牌位，则为扁鹊、淳于意、仓公、张仲景、华佗、王叔和等。尚有数名，为予所不知，因亦未记。西院门内有道光二十一年（1841）碑。据言此为丹阳万寿宫，"李唐之旧家庙"也。至元二年（1265）有牛皮祖师得道于此。因其冬夏均被牛皮，故得此名。洞因之亦名牛皮洞。洞口有太常引词一首，为仙迹遗留，字隐约可见，云云。内倚岩凿三洞：最东者，名三元洞。石扁①上有"秦府"字样。少西为真阳古洞，内有人居。正殿之洞在最西，顾曰玄元幽居。门旁均有明季刻石，然因犬甚厉，且石受烟熏黑，不可读。玄元幽居内神前有崇祯癸酉年（1633）碑，已断。院中各处，有新题之中厕，女中厕等，似将有所住。归后阅报，始知将以安置乞丐。然长安城内乞丐，查明五千余。此地最大亦不过能容百余人，报上亦未言他地收容，未知将如何办理。进城，因时已过午，乃到西安饭店午餐，并饮烧酒二两。归寓，少息，读宋敏求《长安志》及《嘉庆长安志》，始知唐城比今城较西。郑图将唐城东界志于韩森塚，西界志于崇仁寺及庄严寺，均少误。郑图以今城为处唐城东西正中，是其致误之由。最易见者：今荐福寺塔，略当城之西南，然按《宋志》则在唐城中线朱雀门大街之东开化坊。大兴善寺亦在此线上之靖善坊。兴庆宫在唐城最东，现在东关内。又据《两京道里记》言尖塚"在通化门东二里"，实即现在之韩森塚。可见此塚距城门二里。又庄严寺虽在城极西南隅之永阳坊，但在"半以东"。唐皇城东西各坊宽六百五十步，则城当在庄严寺西里许。又《嘉庆志》言"崇圣寺西半里许，唐西城故址宛然"，均可证唐城偏西。异日当往寻遗址一观。接维钧本日自洛阳来电，言路遇溥泉，请其到洛调（以下残缺）……

（五日十二日、十三日日记阙）

---

① "匾"的本字。

十四日，接长兄信一封，言家中事已作一结束。但分开后大家全很寒薄，不知将来是否能支持，亦仍可虑也。雇一轿车，同来庭①出城，寻找唐城遗迹。先到崇仁寺。寺内现办一灾童收容所，收养灾童五百余人。和尚为吾近同乡，镇平人。叙起乡谊，谈笑颇洽。据言东北一二里，有一大寺，名皇哀寺（徐注：字未可知，姑书其音）。现已完全无存，然据土人言，仍在城内。问其是否尚有碑志？他说或者有。问他看见有唐城遗迹否？答言未见。徧问他人，均未知。有一老人，言有一点。问他方向，答言在此地东南。知其非是。乃出寻皇哀寺遗址，并冀在途中，或能见唐城遗址。少西，路南有马家寨子，上题丰盛堡。再西北一里许，村名土门，有东西二村。西村堡门题永宁堡。再西北里余，道左即寺遗址。址并不很大，徧寻，毫无碑志之属。后仅賸一土墙。墙分两节。每节离地四五尺许，相距五六尺，各有一大孔。共四孔，未知当日何用。据土人言，寺毁于回乱，是否回乱时，曾加守御，为炮眼之用，欲问其事而父老已尽，终未可知。地下有大石一块，似物之坐，而颇不轨则，未知何用。绳纹瓦片甚多。拾其一二。土人言，原来寺基甚大，和尚骑马关山门。又言西关铁塔寺（徐注：按即千佛寺）亦然。其言不近情理。且所谓骑马关山门者，似已成广大之象征语，非果有此事也。再向西北望，有一村，名枣园。未往，即由原路返过马家寨子，即转正南，向木塔寨去。路中极目，绝无城垣痕迹。路转南后，过一村名桃园。村北路西有黄土断崖。内有灰土，上覆黄土，厚约二尺。灰土层，砖瓦片极多。察系唐制，取其一片以备参考。此地当系唐代城内人居。上二尺许之黄土，则为城废后千年所积。过桃园南里许，路向西南行。有一村，名赵家坡。此节凡遇断崖，下均有砖瓦片层，上覆黄土，均旧日人居也。至赵家坡，因向前无法过渠，又返向东北行，过龙渠小桥，乃向南行，又向西南行，过蒋家寨子，大村也。又前过甘家寨子南。再前即至木塔寺。寺有土围，颇类草堂寺。叩门入，徧寻碑志，无在康熙前者。据碑言木塔毁于元末大乱。寺至明万历中曾加修葺云云。问和尚木塔遗址何在，据言徧访不得。寺前殿已全毁于回乱。后仅余大洞三间，左右房各数间而已。大洞亦曾加修葺，但门窗各雕刻，尚系康熙年旧物。洞中佛像亦系民国后新塑。然则旧物几丝毫无存矣！是否确系唐木塔寺遗址，亦尚有问题也。徧寻寺内，虽间有绳纹瓦片，然亦不多，不能据此下任何判断也。时已过午，乃出所带馒头咸菜，

---

① 即王来庭（1882—1938），名凤仪，字来庭，以字行，陕西鄠县人。清末秀才，曾留学德国、法国、瑞士，获巴黎大学法学硕士、瑞士法学博士。1924年回国后，先后任西北大学政治经济科教授、主任、西北大学教务长、代理校长，1928年始任北平大学区高等教育处处长、北平中法大学孚尔德学院院长等。曾短期参与徐炳昶等人的考古调查，见徐炳昶、常惠：《陕西调查古迹报告》（国立北平研究院调查报告第三种），载《国立北平研究院院务汇报》1933年第4卷第6期，第15页。擅书法。代表作有1915年为徐旭生书元萨都剌《满江红·金陵怀古》（鲁迅博物馆藏），1936年书赵端甫公墓表等。

嚼之。出，西南里许，即木塔寨。寨颇小，入寨一观，从东门入，西头有一观音堂，像设去年新"挂袍"。后墙画壁新绘，山墙仍旧绘。新绘离旧绘，相差颇远，艺术何堕落如是！问土人，无知唐城遗址者。又向西南少行，极目一望，曾无城垣痕迹！今日所寻可无毫无所得！乃返。寨东门外有药王庙，甚整齐。入观，内有一私塾。学生读《三字经》，《四书》，《小学韵语》等。教师系住持兼职。（以下阙）……

（五月十五日日记阙）

十六日，……（以上阙）三教祖师及其他各神！至圣母则幽处幔中，必从神龛一端开门，始有少见其丽容。殿后有洞，据道士言为药王洞，然木扁后砖刻字尚可见，则题"古今神洞"。道士为本城满洲人之遗留者。出村见东北有二高邱若阙，疑为丹凤门遗址，乃往观。未至遇一土人，与谈。据言过二邱，有一村，名含元殿，即为唐殿遗址，彼即是村人。村有堡，乃陈树藩①于民国七年（1918）为防郭坚新修者。民十五刘镇华围城时②，亦即住此村。盖因此村地势甚高，对省城有居高临下之势故也。断崖侧之土洞，亦即镇嵩军作战时所挖。问以村中多破砖烂瓦否？答以无。问有庙否？答言均被镇嵩军围城时拆去矣。因随往村中一观。出村登二土邱。旁有砖瓦片甚多，审视，知确为唐物。余近日对于汉唐砖瓦，因见多，颇能辨之。取回二块以备参考。土邱版筑迹，虽不如霸城门之清楚，然亦宛然可见。且通上彻下，不似霸城门之在丈许以上也。四望各方，参以旧志，知确为丹凤门遗址。数日寻唐城遗址，杳无所得，今乃得之，为之一快。然悟前所见之"敬德练马台"，亦即唐城遗址，当时因知不清，故未注意。下邱，南到午门村。询知共五六村，均名午门村。村因宫门名。村中有一菩萨三官庙，尚整齐。进内少息。时已近城东北角，见离角不远，有大塚，疑为古塚，问土人，乃

---

① 陈树藩（1885—1949），字柏森，陕西安康人。1910年毕业于保定陆军速成学堂，参与陕西辛亥革命起义，事定任独立混成第四旅旅长。1916年5月任陕西护国军总司令。旋附皖系，任陕西督军兼省长。遭于右任、郭坚、耿直诸人坚决反对，陕西靖国军成立，驱陈靖国战役发生。日记所谓"陈树藩于民国七年（1918）为防郭坚"修筑堡垒，即指其事。1921年被北京政府免职，由直系第二十师师长阎相文替代其陕西督军一任。

② 指民国十五年（1926）刘镇华（1883—1956）围困西安城之事。按刘镇华，字雪亚。河南巩县（今属巩义）人。晚清秀才，后入保定北洋优级师范学堂、保定法政专门学堂监狱科学习，毕业后任开封中州公学庶务长。辛亥革命中借刀客王天纵力量，起兵反清，得袁世凯赏识，获镇嵩军协统兼豫西观察使及豫西剿匪总司令、陆军中将职衔。袁世凯死后附皖系，1918年3月任陕西省长。1922年任代理陕西督军、陕西督军。1933年任安徽省主席。1926年，为控制陕西，率镇嵩军10万围困西安，遭到陕军杨虎城、李虎臣部坚决抵抗，时达八个月，城内饿死军民达5万多人，酿成震惊海内的西安围城事件。作者日记载镇嵩军工事遗迹诸事，即指这一时代背景。

知为镇嵩军攻城时所筑之砲台。当时比城高，冯军入城后，用砲轰平一节，乃膡此基。含元殿及此午门村，水均咸。去东二里许，即有甜水。归，途次见菜园村南，有大庙，颇整齐，乃往观。门首颜第一工厂。然似未办，遂入观，知已改为灾民收容所，收容五百余人。并闻共办六七处。闻内有碑，遂入观，灾民以妇人小孩为多，正在喫饭。碑为宣统二年（1910）立，内言此为唐内家庙旧地云云。后闻有火神像，未往观。归，接赵春仁信一封。（以下数十字为墨笔涂盖）……晚天微雨。

　　十七日，天阴，云颇高，以为不雨，遂雇车同维钧往游杨家城。本意至覆盎门，将上次所见之瓦水道①（？）照下，或并作一个发掘牠的计画。以后对于杨家城，再继续上次的探讨。乃未出城，雾丝已线线霏落。以为虽难晴，大约可无大雨，仍出。乃未至红庙坡，雨已较大，乃命车夫加上油布及篷子，继续前行。至覆盎门，雨未止，不能照像，止下车冒雨踏泥至前一察视。中一大筒，两侧各一小筒。外露一节，已被压破。上离地面尚有八九尺，如欲施工，尚颇费事也。前行至万城门，维钧因雨不愿下，强之下察视版筑遗迹。继续前进，至一村，名玉女门，村旁即南北玉女门。乃下与村人少谈。前几天报上言乡间下黑霜，此间已少感觉到，但不甚利害。村人多无食，重利竭借，麦后未知能膡若干，为之悽然。上车，出门，门仅有豁口，不似万城门之显著。门外有一村，名贾家村。未过之，仍转左，傍城墙北行。过一村，名朱红堡。村外有一老爷庙，下车往视，无特别处。内有一人，正在弹棉花。又前进，路左有一庙，时雨正急，然亦下车往视。车夫言名"铜瓦寺"，实"敦煌寺"之讹变。内有二弘治碑，外清碑数通。据言晋惠帝永康年间，有敦煌菩萨译《法华经》于此寺。隋时重修。金皇统五年（1145），住僧政公重建。大定二年（1162），赐额曰胜严禅院。明正统间继修。成化十一年（1475）增修。后有张禅，字廷瑞，为横渠先生之裔孙"助缘舍地"。嘉庆初年，道光六年（1826）均曾修补云云。现在庙虽不很破烂而房屋甚少。正殿内止佛像一尊，并无画壁。时殿中有数泾阳人用竹篓担鲜玫瑰花，进省城卖。正休息于此，将花摊于地下晾水气。据言每担价高可至五六元，低或三四元。殿后旁有一塔，因雨甚未近观。此地名青门口，已近杨家城东北角。《嘉庆长安志》定北玉女门为汉之宣平门，南玉女门为汉之清明门，"但相去过近为可疑"。余疑玉女门只一，因有二缺口，误分为二，乃汉之清明门。至青门口始为宣平，乃合情理。由口入城，时已一点余，雨颇大。乃进一村，至一家大门下喂牲口。并请主人烧开水，将带来之馒头、罐头取食。去时留钱一吊，乃主人坚不肯受，盛意足感。主人蒋

---

① 实为汉代陶水道，多作五角形。考古学称之为"汉代五角形水道"。

姓，颇患重听，年已六十一岁，但精神尚似五十许人。村名卢沟台①。时已三点余，乃命归。去时余坐车右，方向尚背雨。返时，正受雨，下身尽湿。入城时四点已过。换衣后，与涤洲同出到盐店街口一小四川馆晚餐。维钧因少显发热，未能同来。餐有鱼有酒，酒饮不多，但少急，很感觉到。

十八日，今日天渐晴。致一电与润章，报告维钧到，及缓西行。并请其将余所存于院中庶务处之箱，送交海帆。下午连定一来谈。

十九日，下午会甚，雷声不绝，然终不雨。写家信。下午厚庵来谈。与同寓诸公约厚庵仍到四川馆晚餐。终日读金文书。

二十日，接到润章复电，言箱已送去。终日翻阅《左传》。近日颇觉古人"以字为谥"，谥即生前之字。至会阳互行之说，孕育于春秋中叶霸业成立以后，而大盛于襄、昭之间。乃翻阅《左传》，求其证据。归结觉所见无大误。

二十一日，近日精神不佳，故未大工作。……（以上两半行、两整行为墨笔涂盖）接泽普信一封，菜信一封。②一人找事！二人仍是找事！事乎！事乎！从那里找到许多以厌天下人之望乎！下午再出北门。路上购得《春秋三传》全部，残缺之《说铃》③数本，《求志居诗文集》④一部。出城，东出烧关外，北行。见田中有碑两通，均系回教中人墓碑。一碑半为阿拉伯文。再北有一大塚，上观，则壕沟纵横，一周均有土洞，想系十五年（1926）围城藏兵之所。然此大塚当系唐旧，并非新筑。稍西，过烧关，又有一大塚，与前全类。此二塚较丹凤门偏南，似非旧城址。再西，见黄土断岩中，白骨垒垒，均属前人藏躯之所，而今已滩塌⑤出！再西有烧砖瓦窑。下视。工人均系洛阳人。据言每窑一次出砖万五六千。工资以数量计，不论月。如生意好活多，即可多挣。每年工作八九月，约可賸六七十元。每一窑一次，资本家可嬴洋一二十元云云。制砖用面土，沙土不佳。制瓦则宜用卢土（徐注：卢土色较黑，粘性较大）⑥，沙土绝不能用。云云。黄土断崖中时常挖出唐朝旧砖

---

① "楼阁台"之误，今属西安市未央区汉城街道。
② 泽普、菜二人事迹均不详。
③ 清吴震方辑，台北新兴书局依清嘉庆四年（1799）刊本影印。
④ 清夏寅官（1866—1943）著，凡36卷。
⑤ 现应作"坍塌"。
⑥ 疑为"垆土"之误，指黑色坚硬而质粗不黏的土壤。《淮南子·墜形训》："是故坚土人刚，弱土人肥，垆土人大，沙土人细。"北魏贾思勰《齐民要术·耕田》："春，地气通，可耕坚硬强地黑垆土。"

不少。归，孔毅亭①君到，外尚有一王君，年甚幼。晚涤洲叫来几个唱迷胡②者，实在所唱仍与秦腔大同小异也。

二十二日，写信与泽普，并给他写一介绍信。写给润章信一封。晚餐后到莲湖公园一游。同游者三王君，一孔君③。池中水较多，且正在放水。如能全夏保有这样多的水，风景即为佳胜。

二十三日，接乔振亚④信一封。接乐夫信一封。随便看点金石书。

二十四日，接赵春仁信一封，仍是希望我写信给胡石青给他介绍作官，何想作官者之多耶！晚饭后，同涤洲、维钧到南院门一游。后又同涤洲到三意社⑤听戏。据说该社为比较纯粹之秦腔。今晚重要戏为《烈女奇案》，乃系以《双烈女》⑥为底本而（以下阙）……

（五月二十五日日记阙）

二十六日，……（以上阙）催熟青干，陕西何多灾多难如是耶！下午风渐止，雨渐大，天气变凉。四点前后，外边温度不及十三度。接刘士林⑦信一封介绍其

---

① 孔毅亭（1897—1984），名宪武，字毅亭，河北高邑人。1921年毕业于北京高等师范学校博物系。后又在母校深造。1925年后，历任北京师范大学生物系助理员、河北大学教授，北平研究院植物研究所助理员、副研究员，西北农学院教授，西北师范学院博物系教授。

② 又称"郿鄠"（眉户）、"曲子"、"曲子戏"等。主体流传于陕西关中地区，衍传可至陕、晋、甘、宁等地区的一种地方剧种。称"郿鄠"（眉户）者，或以声腔婉转醉人迷糊，生"迷糊"谐音与"郿鄠"比同，或因其主要流传于关中地区郿县、鄠县一带等故。盖属发端宗教，具教化功能意义之曲子系统。因白涤洲此行计划调查研究关中方音，故有"叫来几个唱迷胡者"之记载。

③ 孔君者，疑为21日日记所述之"孔毅亭君"。

④ 其人事迹不详。

⑤ 西安著名秦腔班社。创建于1895年，前身为民间班社"长庆班"，1915年更名"长庆社"，1919年更名"三意社"。后易名西安市秦腔二团。

⑥ 以1916年3月直隶省南皮县（今属河北省）张氏姊妹在天津被逼殉节而亡诸事为素材改写而成，鞭挞当时社会的黑暗与腐朽。初在天津剧场演出，盛况空前。后为全国各大剧社争相排演。

⑦ 即刘慎谔（1897—1975），字士林，山东牟平人。1918年考入保定留法高等工业学校预备班。1920年赴法留学，入郎西大学农学院及蒙彼利埃农业专科学校学习。1926年毕业于克来蒙大学理学院，获理科硕士学位。后转入里昂大学理学院和巴黎大学理学院学习。1929年获法国理学博士学位。归国后任北平研究院植物学研究所研究员兼主任，1934年起，先后在北洋大学、中法大学、北平大学农学院、北平中国大学等校讲授植物学。陕西考古会成立后，任该会委员，其间考察关中名胜古迹，收集文献资料，并计划调查关中地区古树名木。1945年后任辅仁大学、东方大学农学院教授。1949年后任东北农学院东北植物调查所所长，中国科学院林业土壤研究所副所长兼植物研究室主任，中国植物学会副理事长，国家科委森林组副组长，松江人民政府委员，民盟沈阳市主任委员，辽宁省政协常委，沈阳市副市长，第一、二、三届全国人大代表等职。著《动态植物学》《东北植物检索表》《东北木本植物图志》《东北药用植物志》《东北资源植物手册》《东北草本植物志》《中国北部植物图志》《历史植物地理学》等。

友人赵仙槎君（徐注：名骞源）所著的《著述论》①，寄来一本请我批评。略翻阅一下，知道他要作一种著作的方法论，这在古代已经是很难的事，况在现代，尤困难数十百倍而未有已。赵君仅对于中国书翻阅若干，对于新科学并未能涉其藩篱，就来对于这样的大问题发表意见，这工夫岂不是白费！

二十七日，天晴。同涤洲到省政府，访耿寿伯，告以三两日内决定西发考查，请其办理护照各事。后孔毅亭、王蔚青亦往，亦为出发办护照事。归后，独到西京筹备委员会，晤孙□②、连定一，将长安、鄠县各志还他们，又借到咸阳、兴平、武功各志。归时过书店，购到《宝鸡县志》。晚往访景莘农，亦晤张抚万③。因为森玉④曾听莘农说武功尚有唐凌烟功臣画像，森玉颇怀疑其说，余故往细问。据莘农言在西门外一二里之报恩寺，言之凿凿，似非臆说，去时定亲往勘察。如真能见唐人画像，真可为惊世之国宝也！

廿八日，今日为废历端午节，寓中亦循例过节。同维钧往访柯莘农，观其所新得之动物残瓦当，致为精品。但莘农谓其时在汉以上，似属未确也。薛⑤言武功凌烟功臣画像，恐系宋元人补绘，参以康海《武功志》所言之明初补绘，已大约可得其近似时期。晚同涤洲出买鞋一对，乡人所戴之大草帽一。又同到大同园洗澡。

---

① 《著述论》一书，1932年夏著成，1933年3月经高等考试专门资格审查委员会审查通过，由兄弟印书馆印刷，友竹堂发行。书前附高等考试专门资格审查委员会审查评语："有系统，有主张，有见解，其所附各种表解，尤使读者一目瞭然。"但依日记，徐旭生对此书并不赞同。

② "孙"后名空缺未书，疑系作者同年5月9日日记记述"孙同容"其人。

③ "张扶万"（1867—1943）笔误。名鹏一，字扶万，号一叟、树叟、一翁、又一翁、在山草堂主人等，陕西富平人。光绪二十三年（1897）丁酉科陕西乡试举人，翌年赴京会试，参与保国会题名，识康有为，以康为师。历任山西长治知县、山西大学堂庶务长、中国银行秘书长、陕西吏治研究所所长、陕西孔教会会长等职。1934年2月陕西省政府与北平研究院合组陕西考古会成立，任委员长。1937年6月发起成立西北史地学会，被推为理事长。1938年5月任西安碑林管理委员会主任。1939年任陕西省临时参议会参议员。通内典，擅长金石考古与文物收藏。《西北革命史征稿》誉其为关中"淹博士"。著述宏富，于金石考古一门，以《吕刻唐长安故城图考证》《唐长安城金石考》等最为著名。其《在山草堂日记》《在山草堂诗抄》《在山草堂文集》等，述陕西近代人文历史、政坛秘闻、文物胜迹等密集翔实，尤具重要史料价值。

④ 即徐森玉（1881—1971），名鸿宝，字森玉，以字行，浙江吴兴（今属浙江湖州）人。清末举人。精文物鉴定，富古籍版本收藏。曾任山西大学堂监督。入民国任北京大学图书馆馆长、故宫博物院古物馆馆长等职。1949年后任华东军政委员会文化部文物处处长兼上海市文物保管委员会主任、上海博物馆馆长等职。

⑤ 即薛定夫，亦作定父、定甫，号定叟，陕西三原人。晚清诸生。精金石书画鉴赏，富收藏。著《金化经》，未刊。

二十九日，写给溥泉信一封，长兄信一封，家信一封。收拾行李。晚出买牙粉。回同维钧登记残瓦石各类物。

三十日，三点多钟即醒。四点余即起。今日本寓有两起出发：孔毅亭、王来庭赴南五台，先出发；余与维钧、涤洲赴凤翔，七点余出发。所乘汽车为货车，无棚。真正可乘人数，当为十人，而堆积垛积，终至十八九人，一儿童，二婴孩！八点余出城，将出北门时，因检查行李，颇耽误时间，然吾等车上客人，因护照甚多，仅匆匆一阅，未倾箱倒箧，犹幸事也！雨数点，旋止。车上虽颇拥挤，然余常笑（以下数十字为墨笔涂盖）……余者亦多怨气，则余今日固不能有他语！且此车固较堆积四五人之骡车较舒服，在享受上，人固不应不知足也。麦已间有收者。路旁罂粟，正在发华！专就色彩言，牡丹、芍药，固未能远踰耳！前日闻景莘农言：今年罂粟生一种虫，环根绕一周，虽可开花，不能出浆（以下数十字为墨笔涂盖）……至咸阳，渡渭水，麦渐不佳。过兴平。兴平大县，城内牌楼戏楼尚极巍奂。以吾近日所见，陕西牌楼建筑，实甲全国，北京虽牌楼，实未能有其匹也。过马嵬驿，杨妃墓上房屋，已拆除净尽。至武功，此后，路数次上下极长之大坡。此时路间备极荒凉。麦苗已极坏，且种不及半！余田均荒！途中多时不见一行人！吾等至此，疑是否尚可言灾！民既无有，尚何灾情之可言。过扶风，入岐山界，麦苗虽仍不佳，而麦田尚多，余秋苗已出地，已大觉风景异人！五点余至凤翔，宿于东关一客栈中。至一新开之馆晚餐，菜虽不甚佳，尚不贵，且后有稀粥甚佳。进城，到县政府。则强县长①在省尚未返，代理之科长亦不在署，乃留一片子而返。

三十一日，一夜眠甚酣。早起闻常、白二公言，昨夜有唱戏者，颇为吵闹，然余固不闻！进城，观数庙，均已残毁，而残垣断壁上，均多现当日画壁颜色，可异也。至第二中学，晤校长李实之君，教务主任姬德邻君，教员栾口君。②李校长约余等到校来住，余等因在客栈中太闹，不能工作，亦遂允许。回栈算账，

---

① 指时任凤翔县长的强云程，字宏远，华阴人。历任鄠县、凤翔、渭南、蒲城等县县长，政声颇好。性刚直，被誉为"犟县长"。
② 李实之，陕西乾县人。1930年以来长期在关中凤翔、乾县、华县等县从事教育工作，曾任凤翔第二中学校长、乾县中学教务主任等职。姬德邻，陕西华县崖坡人。北京师范大学毕业，先后供职于华县咸林中学、凤翔第二中学等校，任华县咸林中学教务长兼师范部主任、凤翔第二中学教务主任等。栾君名，空缺未书。依徐旭生同年6月9日记："昨晚定今日绝早往考查西古城，姬德邻、田和生、滦本朴均愿同往。""栾君"应与"滦本朴"同一人。"滦本朴"或为"栾本朴"之误，字丁生（1906—？），子洲县马蹄沟区栾家渠人。1924年就读绥德省立第四师范。1928年入北平大学边政系。1938年始任《陕北日报》编辑、绥德师范教师等。

往□（此处空缺未填写）馆早餐。进城，来校，则已将校长室，教务主任室，给余等腾出，隆情厚谊，至足感荷，然太令余等不安矣。又晤田和生君。田采集植物标本颇多，并购有石斧数事，亦以见赠。午餐后少息，同常、白、李、姬、栾、田诸公同出，先往观秦穆公塚。塚离学校东不远。墓前有毕秋帆所建碑。再前不远即城垣。城垣随处可上。垣腰有土洞（以下十余字为墨笔涂盖）……登城一望。城外望三良塚不远。塚比穆公塚似略偏东。然方向并未用指南针定，亦未敢碻指。凤翔城颇大，但为颇不轨则之三角形。土人言凤头在西北隅，凤尾在东南隅，故东南城外有凤尾桥云。城东南角曾被围城时地雷所轰毁①，现虽已修补，然垣堞不整。自东门下。出城，南行，有水涓涓南流，旁多澣②妇。闻水出城西北凤凰泉。东南归东湖，灌田颇多。近数年大荒旱，城附近恃此水，救人不少。沿路多柳，风景甚殊。不久即至东湖。湖为宋苏东坡签判凤军时所浚。历经修缮。当年湖中莲藕全满。惜当围城时，军人将藕掘净，湖底土较松，兼之连年荒旱，遂无滴水！幸树木尚未砍伐。湖上有苏公祠，现建设局在焉。内清人石刻甚多，兼有石刻坡老书画数种。大约除一石上书一诗大约可靠外，余均可怀疑。坡老像前现置一桠上生菌类，大径逾尺。菌类大至如此，亦殊鲜见。维钧为拍一照，涤洲抱之，亦以便比较大小也。东院有亭，后人题喜雨亭。后尚有一台，上有亭，内有碑，上题凌虚台，为郭坚所书，尚屹立。台下郭书颇多，均被曳倒。③郭书虽未工，而意态雄峻，颇具风格。今早在照像馆中，见郭氏像，面长颧峻，意自雄杰。郭氏本文人，如有人能善用之，亦实一有用才。今竟人民受其荼毒，身败名裂，郭氏自身固未能逃责任，而时势迫人为恶，亦殊堪悲耳。出祠，少东，有土垣，闻垣基即为秦穆公旧城。旧城在今城东，此东湖闻原名西湖。然当日是否有湖，亦尚可疑。湖东有一经幢卧地，无人留意。余视其字体，讶为唐物。年月不易见，大家协力转动，遂得见经幢立年。时为大中。其下年月空白未刻。李校长言当雇一车，运至学校中保存。到湖内亭上一立，风景殊胜，如能有水，亦各处不多见之胜地也！园东垣甚高，间有小门可登。将登垣外望，入门，见墙上镶一石，一望知其非明清物。细视，系二诗，款题"迁翁"。诗具坡老风格。疑为坡老自书，

---

① 指1928年8月25日，宋哲元部围攻凤翔城时引爆于此地下预先埋藏4000公斤炸药所致。参见张宣武：《宋哲元杀戮陕军俘虏五千人目击记》，见中国人民政治协商会议全国委员会文史资料研究委员会编：《文史资料选辑》第51辑，北京：文史资料出版社，1962年，第162页。

② 同"浣"。《邶风·柏舟》："心之忧矣，如匪澣衣。"明冯梦龙《东周列国志》："展转流离，遂入秦国，以澣衣为活。"日记于秦国旧都雍城言"澣妇"，出典与文献记载契合。

③ 郭坚经略凤翔时，颇有书法刻石留存其地。其中凤翔名胜凌虚台存留最多。如《登凌虚台》（《雍城怀古》）刻石诗："禾黍高低野战场，眼中风物尽荒凉。秦山渭水应如昨，漫拟章邯作雍王。"又如其妻杨玉梅葬凌虚台下，郭亦书《挽爱妾杨玉梅》联刻石："凌虚台下悲埋玉，喜雨亭前怨落梅"（横额"杨花飞去"）。郭死，凌虚台下刻石多被曳倒。

且系当日上石，虽尚未能明，然为宋人书迹，绝无疑问。此石因置地甚僻，无多人注意。余无意中得见此石及唐经幢，心甚快。明日当寻工拓下，详为考订。从园西南出，过凤尾桥，往寻三良塚。里余即至。三塚横列，前有毕秋帆所立碑。墓附近颇有绳纹瓦砖残片。并有云文瓦当残片。西行，将入南门，路旁见有一小塔，土墙围之。东墙有门，现已用土封。寻至西南隅，得一豁口，盖儿童时从此逾越，因亦越过。内尚存数碑，庙已全毁。有明景泰四年（1453）碑，言寺创建于三年（1452），因时征回逆，有一番僧有功，因为之立此寺。寺名"巀嶭"，其字甚奇，未知何意。① 此碑甚关重要，当令人拓出以供研究。破殿后有断碑，上系一诗。虽不完全，然玩其诗意，似当日寺中有梅花一株。归至南门，守城武装同志，讯问颇严厉。城门上有迫击炮支好外向，虽上著衣而已足令人神噤。将入校，因与文庙隔壁，便道入观。西北角门（以下数十字为墨笔涂盖）……入内则门窗已全毁，神位已完全无存。大成殿夹墙，又破坏狼籍。西庑完全拆掉，东庑尚存，亦狼籍不堪。吾见破庙不少，未有有伤心如此者！今日闻人言：房子拆卖，未必为人民自己拆。常有官家催逼款项，而人民已脂膏竭尽，一文不名，官家遂拆卖其房屋以充官款！呜呼！天下竟有如此之官家！这样的凶过强盗，而亦自称为官家！

入谒横渠先生祠②，祠内有学房。晤先生后裔伯绳、仲绳二先生，均古味盎然，不失矩矱。据言此地族人均住距城一二十里之齐村，原有四十余家，近因连年荒旱，已余二十余家！滦州、郿县均尚有若干家。祠堂内全书板尚在。外尚有明板廿二史，但不全。

一九三三年五月

---

① 巀嶭，山之高峻貌。《汉书·司马相如传》："于是乎崇山矗矗，巃嵸崔巍，深林巨木，崭岩参差。九嵏巀嶭，南山峨峨，……"以人之功绩作为寺名，盖以之彰显其品性高洁，功绩俊伟矣。唯于田野调查仓促之间，作者一时不能查阅资料，故有"其字甚奇，未知何意"之感触。

② 此处谓凤翔县城大观庙巷张载（1020—1077）祠。张载，陕西郿县（今陕西眉县）横渠镇人，北宋著名思想家、教育家，理学创始人之一。世谓"横渠先生"，其祠因被称为"横渠先生祠"。任官著作佐郎、崇文院校书等。曾讲学关中，桃李芬芳，其学派称为"关学"，影响深远。

一九三三年六月

（六月一日至六月二十六日）

六月一日，同涤洲、维钧到县公署，晤秘书张葆玄君。一言省城寄钱，请他代收交来。二问他是否有县志或府志可借看。三同他们说，如果我们出城考查，请他派武装者跟随保护。四将令人到东湖拓字，请他派人知会他们一声。第一，第三，第四各条均圆满答复。独县志则无有。又言李慎庵①老先生品学兼优，主修县志，家中藏书甚多，或可借到，并可同李先生晤谈。遂请李之少君在县署作科长者李紫若君一见。吾等愿往谒李老先生，其少先生坚辞，约今晚五点钟来学校谈。出到教育局。局为旧武庙地。局现已撤消，仅留一人看门。门前有牌楼，甚巍奂。内有元至正年间加孔子夫人封号刻石。石何以存于武庙，故颇难解。文中误孔二太太之姓为"并官"，亦一笑话。不过事颇有趣，当令人拓出。入庙中一观，塑像只一关公，神牌则有关、岳二人。外关平、周仓均坐像。神案上内书报狼籍，竟有汲古阁本十七史不少本！如无人问，大约要同字纸或卖掉或烧掉了！中国人作事，如此如此！下午同田和生君同出，过东关，在故摊上购得勾兵残片，鬼灶数事。再前进，考察所谓秦穆公旧城。沿途瓦片甚多，详察，只见唐制。出城门，外有石桥，上桥栏柱雕刻颇佳，惜不少均被人敲毁！入城向西北行，出一门，尚有版筑痕迹。（以下大段残缺）……

二日……（以上阙）列。细查，无灰土，无版筑痕迹，瓦片亦少，无特殊者，殊未能揣想此台之何以成。台西有二小丘。近察北邱，亦无何异点。为之废然。又北察土崖，看二有碑坟，均无发现。闻袁应泰②墓离此不远，然未见。原上田苗已切待雨。再东北，至一村，名大柳树。问村人，大约地方尚平靖，不似城南

---

① 李慎庵，名李悝，陕西凤翔人。清诸生。民国十九年（1930）任凤翔县孔庙奉祀官，曾与邑人窦应昌（1871—1951，字瑞卿，号敬斋。光绪丁酉科举人，入民国当选参议院议员）等倡修凤翔县志，任总纂。1934年2月后被聘为陕西考古会名誉顾问。

② 袁应泰（？—1621），字大来，陕西凤翔人。万历二十三年（1595）进士，官临漳知县、工部主事、河南右参政、兵部侍郎、右佥都御史，巡抚辽东。天启元年（1621）三月，与努尔哈赤战于辽阳，兵败举火自焚死，明廷追赠兵部尚书，清廷谥"忠节"。

之每夕鸣枪守卫。村人三四十家，近年逃亡散失者，不过四五家，已属幸事！村内房屋，还算整齐。有一三元宫，重修于光绪季年。尚整齐。画壁极可观览。彩色红者尚极红，蓝者尚极蓝，以故若新！思及颐和园之修，比此村庙，不过早十余年，而颜色已黯淡，益叹陕西画师调色能力之过人！再东南，到一村，名凤凰头①，小息乡人门外树下。时颇渴。远见一十岁许之女娃，立于门口，栾君以手招之，女娃去，以为害羞固女娃常态。未几女娃复来，手捧碗水饮余辈。虽凉水未敢多饮，然女娃离余辈甚远，何以知余之渴！奇已！女娃貌亦佳，且未缠足。村东有凤鸣寺，重修于民国成立后，然现已全毁，仅余数碑。沿河岸走，至一菜园，想买水萝卜止渴，问主人，主人言太小。问他几个钱一把，他说太小不值钱。请他拣几个大的，归结拔十数颗，其实亦不甚小，留铜子四枚，主人尚觉不值那样多钱，不肯受！强为留之！（以下两行各半行三十余字为墨笔涂盖）……归甚热。下午未出。本意再留凤翔一日，然维钧对此地饮食，未能习惯，每顿均少食而已！如逗留日过多，将因饿成病，遂定于明日即赴宝鸡。此地饮食固未甘旨，然何至不能下咽！（以下三十余字为墨笔涂盖）……晚餐后，同田、栾二君及涤洲往访李慎庵老先生，过旧日府署遗址。府署已于辛亥年一炬全空，仅余数碑矗立。李老先生年七十二，耳颇重听，今日颇患晕。据他说：此地之斗鸡台，有人传为筑城未成，有人言袁应泰葬时，因风水而起此岭。以余揣想，似以后说为近。他又说：东关城人言为秦穆公城，但亦或为唐旧凤翔城。此意与余相合。又言城西南陈村镇附近，有秦诸公墓。余从宝鸡归，当亲往考查。又言东湖内小门洞内之石，为元人所书，石原在府署内，因府署被焚，故移于此。其说甚近情理，当可靠。归途中，过府署旧址，见一碑，为崇祯年所立，系……②告示，略言秦人之最难处者，厥惟宗室与生君二途。下胪陈他们的劣迹，后令……③用特别簿子，纪载他们的劣迹，随时报告，以便会同王府及学官办法。此碑极关史料，且有兴趣，当令人拓出。后同至高小，拜王校长，参观其学校。校址尚宽畅，但经费甚拮屈④。今年因荒旱，学生止百余人。归，车已雇好，决定明日往宝鸡。三四日归凤翔，即往陈村考查，毕即当往岐山矣。睡甚晚。

三日，早起，七点余出城。余及维钧共乘一车。有保卫团丁四人保护，为之雇一车，使他们轮流休息。出城二里，过一村，名豆腐村，有教堂。离城五六⑤许，

---

① "凤凰头"村名之误。
② 空缺未书。
③ 空缺未书。
④ "拮据"之误。
⑤ 遗漏"里"字。

一九三三年六月

一村名赖（或拉）古城①。闻城名，察其地势，似可为一古城旧址，因比四周围均较高也。察地上，则弃置绳纹瓦片甚多。出村南里许，路旁土崖中，灰土及绳纹瓦片及各种陶片甚多。上覆黄土尺余，为古代住人地，毫无疑义。路左土崖积骨极多，厚数尺，长数步，层累叠积，均骨也。初以为人骨，疑系俗所称之万人坑。后维钧因牙知非人骨，又详察之，或无人骨。但未知古代何积骨如此多。察瓦片及陶片，似无唐代及以后者。秦穆公故城或在此，亦未可知。再进不远，为ㄅㄚㄒㄧ屯②，村绵延颇长。双塚在大路右，往一观，二塚相连，有陶片，无他异征。附近小塚颇多，然均似新塚。双塚东北有大村一，名纪家庄，离城十三里。穴曲（徐注：车夫读音如此，穴去声）离城二十里。过后，下一大沟颇长。出沟至连村，有二堡。村甚长，因人均沿沟居也。下原后，过王家村（徐注：王音万）。未至时，荒地甚多。黄花徧地发华，均野花植物。此地人事胜天行者已数千年，如此境继续不久，天行殆将战胜人事矣！原上随处有罂粟苗，然均系春种，虽已开花，而苗甚小，恐未能收烟。再前过于家崖，少前名王冠头。路右有庙，下观，门前颜"宝鸡第三学区区立第十八初等小学校"。然守者言：今年大家没饭喫，所以没娃！庙祀圣母、老爷，因光绪三年（1877）正月所铸钟上有此词，非祀圣母与老爷也。内有朝阳洞，洞内有三泉。据碑言三泉味各不同，以瓦酌水试之，右边者颇涩重，余二分别未著。左有石刻龙像，右石刻一娃，均受供奉，未知此娃何神。过汧水，两岸无麦，罂粟甚多，然尚不佳。近底店镇，麦颇好。然罂粟与麦苗争秀！镇用四川、甘肃所铸"大板"，面值二百文，实仅值当十铜元七枚！每元换大板七十。车停下，人马均食。道旁有一关帝庙，入观，因柏树阴佳（以下十数字为墨笔涂盖）……读碑知此地附近，旧产淡巴菰，贩运过此，受种种剥削。后经长官稍加整理，剥削较轻，商家即立碑以颂功德！庙前有戏楼，楼前空地，有多人负大捆柴来卖，均系从山中砍来者。砍柴处离此地四五十里。柴价百斤大板四十。见（以下四字褶皱不能辨识）□□□□芙蓉，因往问之，据言：本年每亩可收三十余两，两价六毛余，每亩须出烟款二十元！则交款后所余已无几矣！又言去年每亩交款四十元！多不够本！吾至宝鸡后，问程县长，则言每亩止出款十元，未知何虚何实！见西边原腰有庙，颇据风景之胜，因约维钧同上。庙名武城观，前临渭川，一望麦田、稻田、罂粟田，风景佳胜。坡下两株柳，轮囷高耸。有数奇石矗立，然本原似不出石。坡上有柏不少。观内有碑，石理坚致，光可照人，但文理貌颇古奥而未通顺。坡上有泉，上寻其源，愈上，境愈佳。乃

---

① 应为"南古城"，盖作者据凤翔土语所记，故有"赖（或拉）古城"之说。
② 注音字母"ㄅㄚㄒㄧ"，释作"ba xi"，关中西府方言之谓，写作"八旗"。"ㄅㄚㄒㄧ屯"，全称"八旗屯"，地在雍水南岸，北距凤翔城约5公里。

脱袜酌泉水洗脚，酌泉者，因恐泉下供人饮料，不敢污此泉也。数日未洗，洗毕畅然。乃赤脚再上，百余步，乃得其源。源出水颇旺。上下有二，下可灌田。下右转入睡佛寺。寺内亦有小学，然本年亦因无食故无娃矣！前殿有睡佛像，佛目微闭未瞑。一尊者摩其脚，一尊者似将抚其头，然手已坠。再后有佛殿及十八罗汉像。壁有悬山。再后有"观世音老爷"像。旁有老母洞，内帷幄深闭，搴帷视之，睡像也。庙内有泉，有大树，来此避暑，即当佳绝，有二道士正在喫面条，问此地平安否，一道士摇首，一道士答"没啥"。再问之，全言"没啥"，问其摇首之故，亦不言也！庙内有一无发和尚，然此佛寺，实由道士住持。再前至宝鸡之三十里，均循渭川正西行。南望秦岭苍翠。后倚贾村原。原腰时出清泉。麦苗大约均佳，能收过石者不少。间有稻田。风景佳绝，令人气爽。唯毒草似艺植过多，又未免令人皱眉耳！前五六里，路左有庙，曰卧龙寺，内树木甚茂，亦种罂粟！据碑言，唐玄宗幸蜀时，曾过宿此。再前有路右三元宫，门闭。旁有屋，屋内有土炕，炕后有窗可通庙。屋主人已往收麦。维钧从窗俯进。余欲随之，将炕踏破，终因身长未能进！维钧出，言据庙碑已西距斗鸡台不远。闻车夫言隔岸有大村，名马营。前有土匪王海山①率一团之众蟠据于此。前有军队逐之逃走。现军队已去，未知又回来否。再进至斗鸡台，即问"党跛（徐注：音坡）挖宝"②之处，路旁人言在原半空。倩一人引上。则从原上有一水沟直下。沟东旁有百余步，离崖数步，已较平，即为党跛挖宝地。原崖临沟，挖宝时，将土弃至沟中，故较平。现崖上尚有灰土不少，人居痕迹尚有全被发掘。地下弃置各种古陶片，瓦片，并有红色带黑花之破陶片，若仰韶陶器，惜片颇小。上车前行，路旁见破石堆中有似石器者，从车跳下，审视，果石器。拣得数片。沿途石器几到处皆是！此地离水近，原高无水患，土厚且系"立土"，易作穴，固宜太古时即有人居。如欲真正考古，即当弃车循原畔步行，每日随便走一二十里、三二十里，仔细考查，一定成效卓著。惜余无此暇豫，此次仍属走马观花耳！再前路旁有大墓，前

---

① 王海山（1902—1934），原名胖娃，又名习生，曾改名王仁山，陕西宝鸡八鱼原姚家沟人。幼家贫，后为匪，借宝鸡第七区地方民团名义危害乡里，造成恶劣影响。1930 年任西北民军刘德才部团长。1934 年在省地武装围剿中溃败，被击毙于甘肃灵台县唐家山。

② 党跛，即党跛子，原名党毓崐（1871—1928），又作党毓崑、党毓昆等，陕西富平美原镇党里堡人。《西北革命史征稿·党毓崐传》称其："初力农，居乡好为侠义，尝藏匪民党于家，供其食宿"。后因"陕督陆建章指目为匪，派兵围捕之，毓崐率子弟与抗，飞弹伤右股"，致一足行走不良，自此江湖盖呼"党跛子"。任国民联军南路第三军第一师师长。早年受同乡武观石影响，喜古玩，通鉴赏。党睛梵《华云杂记》称："君受其同乡赏鉴家武观石之熏陶，能识别铜器，真赝无不立辨"。1927 年至 1928 年，驱众数千在宝鸡斗鸡台等地大肆盗掘古文化遗址，获西周青铜器等珍贵文物颇多，造成闻名一时的"党跛子挖宝事件"。"十七年宋哲元攻凤翔，毓崐与战月余，城破出走，为乱兵所杀"（《西北革命史征稿·党毓崐传》），其物为宋哲元所得。

石人马羊华表均存。人言"四郎"墓。下视，知为明弘治、正德年侍郎张抚①之墓，疑何以称四郎。后数日始恍然悟陕西方音"ㄕ""ㄙ"②二母不分，四郎即侍郎也。以如此单简之事，而余竟怀疑数日，则余脑筋之奇笨可知！再前原更高，名蟠龙山，人言党阁老故宅所在。查《宝鸡志》，知为明末□□（"末"字后两字为墨笔涂盖）党崇雅③所居。再前有北来大川，闻系金陵河川，然河止余涓涓细流。再前过东关，入城，直至县公署。县长程君云蓬，字海岑，武昌高师毕业，华县人。相见颇欢，即宿于其署中。晚餐后，天尚未昏，程县长言东关金台观风景极佳，可陪余辈往游。路颇远，至时已黄昏，然月色极佳。月下望南山，端默静穆，意态幽绝。观在原腰，上时出汗颇多。观前常悬一红灯，远数十里可见，真可为"歧路灯"矣。观前铁旗杆上悬铃铎颇多。微风飘荡，响声四彻，令人神醉。观为张三丰修道处，即祀三丰。像东南向，不正视，望武当也。有三丰所用瓦罐，耳在内。因三丰食后，用舌舔之，人言汝何不翻过，三丰即将其翻过云！又有三丰所穿履。履帮已敝，底却未著土，或仙人真乘虚而行乎！闻庙中雕刻甚佳，因天黑未能详视，异日当再来。闻此雕刻工人尚生存，只四十余岁，以此知陕之巧工多也。饮茶一杯。出庙，庙前小立，留恋不欲去。归后甚渴，同维钧二人大约饮五六壶，乃解渴。

　　四日，夜中并未起小便，足征昨日之渴。同程县长、维钧再往斗鸡台。由村长引导，详细考查。寻出石器多片。闻此沟名戴家沟。沟内看毕，登原上一观。上原处，土崖颇深处有数砖，雇村人取出。但砖色颇新，无特殊点，未带回，亦终未知作何用。原上有近日洛阳私掘人偷掘痕迹。此数人尚未掘得东西，现仍押在县署。原上田层层上升。余察其二三断崖。每一断崖均有灰土陶片及石器等物。则此地古代居民颇为稠密。闻秦穆公之羽阳宫，后倚高原，前临渭川。此其羽阳宫及其附近之遗址耶？下至人家前之大树下少息，并饮开水。维钧因从未入窑洞内部，观其位置及组织，约余同去，余因不惟见过，并且在内住过多时，以为各处一定大同小异，遂不往。然维钧观两家后，归言内均有磨！并与牲畜同居一洞中！则与余所见大异。陕西人民将庙盖得那样好，而自己居屋竟那样简陋，亦属社会病态。买得出土绳纹瓦罐三。归。至东关，过东岳庙前，因入观。庙有明代碑颇多，然未悉何年创立，已稍颓坏，但建筑均佳胜。正殿内二山墙上画壁人物

---

① 张抚，字世安，明宝鸡县人。成化五年（1469）进士。历官刑部主事、云南布政使、南京太仆寺卿、左副都御史等。任间清廉耿介，时人呼为"张青菜"。
② 注音字母"ㄕ""ㄙ"，释作"sh""s"。
③ 党崇雅（1584—1666），字于姜，明末清初宝鸡县蟠龙人。明天启五年（1625）进士。官至户部侍郎。清顺治元年（1644）降大顺，同年6月降清。官至刑部尚书、太子太保，授翰林国史院大学士，加太保兼太子太傅。世称"党阁老"。

端肃静穆,自是名绘。惜当日住军队,在画像上钉了无数钉子!东墙上面孔并有一部分被纸糊!令人观之,不觉气丧!以此等名迹,竟任人随便毁坏,中国国家尚成何等国家耶!神像下磁坐,一望而知其非近世物,乃道士强作解人,谓时尚匪远,并指一处言有年月可稽。及细察之,则固弘治年间作品也!西边高台上,有月光殿,登石磴三四十级,始至巅。房稍破坏。如稍事修缮,真属避暑胜境。然此地兵匪时扰,何人敢来避暑耶!西院即李公祠。祠为李□①建,李于□②年回匪乱时,救凤翔有功。但前数年全被军队拆去!仅余内为戏楼外为大门之一建筑耳!如闭大门,由外观之,固尚巍奂也。东岳庙大门内画壁亦佳,与正殿或由一人所绘。归,途中遇一武装乘马者,与县长相招呼。末问一事县长知道否,县长答知道。过后,县长自言:瘟神到了,我安有不知道的呢!余问其何事,答言:"有一营兵在此经过,又将骚扰不堪!来此三月,他们过来过去,已过十次!亦不知其何作!有人言其往来贩烟,亦未知底细。省上言无命令,不准支应,然县长安敢不支应?将来报消③,又报消不出去!真属不得了之事!"(以下两半行二十余字为墨笔涂盖)……归已饿,以为即将午餐,然此地固二餐。乃少眠。将五点,喫饭,则以盛筵相款。盛意优渥,至深感谢。餐时,兵差支应,纷纭无□(此字残缺)。当此时间,固未如便饭相款之甘旨也!餐后,又同维钧坐车出游,过火神庙前,入观,庙已残破。后部尚完整。考碑知最后一次修于光绪二年(1876)。二门上金龙蟠绕,正殿雕榱工细。卷棚两墙丹雘若新!观此等设色,更信颐和园、三海等处之彩画,不值一文!出东门入东岳庙。维钧将戏楼照像一张。大殿壁画将照像,因光暗中止。又将十殿神像及大门内壁画摄照。出将往金台观,然途中望偏西北有庙有塔,遂中途变方向。西北行,未几有泉,有碑,碑题空洞泉。泉上有龙王庙,有戏楼。再上,至空洞寺。寺地址不大,内有义学,今为学校。现无学童。寺内有一小塔,颜"文笔塔"。庙中佛像壁画平常。然有一大柏,几可回抱。寺由道士住持。道士言有"一柏一坐庙"之谚。恐天晚城门闭,乃归。至城内,让车先归,与维钧同由南门登城,至西门下。城东西长,南北甚窄。只有东西南三门。位置在原根,前临渭川。过河即入大散关、和尚原道,城扼其口,形势利便。然如有兵事,不守城北广原,城颇难守也。西街路北有城隍庙,牌楼甚好,明日当来照像。晚与程县长决定,明早请他派人导余至渭河对面之姜城堡考查。至维钧则在城内照像。下午即去此,往东距此五十里之虢(徐注:土音读如ㄍㄨㄧ④)镇。姜城堡旧志名姜氏城,言为神农生长之地,其言固绝不足信,

一九三三年六月

---

① 空缺未书。
② 空缺未书,具体年载不详。
③ 现为"报销"。
④ 注音字母"ㄍㄨㄧ",释作"gui",普通话汉语拼音作"guó",写作"虢"。

然姜姓之历史，实属古史上一极有兴趣的问题。地既名姜，当与姜姓或羌族均有关系，故余必往一考查。至虢镇则因闻人言党跛子曾在斗鸡台东南三十里许发掘古物。如属东南，即当在渭河南岸，然余意渭河南岸，未几即入山，古迹或不如北岸多，其地或在东少偏南。以距离地望准之，当在虢镇附近。故余亦拟一往考查。至大散关，和尚原，（以下十余字为墨笔涂盖）……然此次时间迫促，未能往游也。程言邑人李紫垣①先生，学问甚好，现管理图书馆。请他来谈，或者可以知道党跛子发掘的其他区域。他随派人去请。等至将十二点钟，尚未来，将就寝不再等矣，李先生来。遂谈，谈颇久。李先生人尚博雅。问党跛子发掘各地，彼答斗鸡台，他处未闻。又言城东路旁之"陈仓汉址"碑立处，亦殊难靠。陈仓真正故址，当在偏东卧龙寺附近。相传唐玄宗幸蜀，曾宿于卧龙寺。如非城镇，何能居住？或陈仓汉城，至唐仍留，故玄宗得宿此。羽阳宫址，即在今城，不在斗鸡台。民国初年，西关曾出古鼎，仍存于省城图书馆中。谈至后半，余精神甚困，几不能支。客去后，寝时已将两点。余等来后，程县长很高兴地同我们一块儿考查。然今年军队一来，顿呈手忙足乱之概。军队系马队一营，索五日给养，每马索料七斤。后未知如何支吾过去。然闻程令言，他们只是软缠，尚不大蛮横。程令人颇能干，却非强项，将来一切，还不是老百姓倒痗②！到凤翔后，气候甚凉爽。宝鸡处盆地底，故甚闷热。今日更热。

五日，天将明时大雨。气候顿凉，为之一爽。起将九点，催维钧起。早餐后，程县长仍约李紫垣陪余往姜城堡。彼个人初颇踌躇，后亦同往。步行出南门，关不甚长。关尽处，道左有一龙王庙，规模颇大，已破坏，未入观。未几即至渭水，有数水岔，脱脚即可渡，然余等命人负而过。正流有船可渡。过正流，仍有支流，仍负渡。再前不远，有小河，曰姜水。仍负渡。过后，路旁颇多顽石。未几即至姜城堡。村有寨，寨濠甚深。寨外有不少人家。余望濠内似有石器，下视果石器，且甚多，大喜。遂检出，令差役代挈。余循东濠转南濠详视，冀见灰土，然绝无有。内瓦片，各种陶片虽甚多，然绝无古者。然则此地所传之神农，虽不足信，而远古时代已有人居，却已证明。又周秦汉唐，或无居民，至近时乃更居住耳。差役来请余饮茶，余往，则在寨外一小药铺中。晤一老人，亦徐姓。名冲霄，号

---

① 李紫垣（1874—1939），名景星，字紫垣，号阳平，以字行，陕西宝鸡阳平镇集贤村人。光绪末廪生。后肄业于陕西高等学堂。历任宝鸡县高等学堂堂长、凤邠师范学校教员、宝鸡县临时议会议长、陕西省议会候补议员、宝鸡县第一图书馆主任等。擅诗文，著《阳平集》《咏花园菖蒲》等。

② "倒霉"的异形词。

扶九，邑名士也。① 年已七十余而鹤发童颜。前清进士，曾在广西任知县多年，并曾护理镇安府知府，在清末年，早已衣锦荣归。现在短衣赤足，不问未知其为乡绅。药铺为其公子所经营。少谈出，余即欲归，因恐耽误行程。然大家均言不远有神农庙，宜往观。乃出村向东南行。远望原上地名诸葛营。有沟，名诸葛槽。相传地为武侯屯兵处，故名。陈仓在望，武侯屯兵于此间，事固可信。出村多半里，途间绳纹瓦片，又甚多，拾数片以备参考。庙近瓦峪寺村，离姜城堡一二里。庙北向，近年重修，甚新。神像衮冕，非衣皮叶者。两壁画壁，左为尝百草像，则仍腰围树叶；右斗一野兽，未悉何故事，则衣黑色长衣。画壁虽仍在水平线上，固未甚工。左角二神像，据言神农之父母。右角二神像，男抱日，女抱月，据言太阳、太阴神也。前殿祀他神。下有浴圣九眼泉，现为一池，据言下有九泉，神农浴三于此，故名。出庙，将归，问人村名瓦峪寺，果有寺否，答言有，乃又返观。先过一戏楼前，详视。楼虽未巍奂，而两壁有颇佳之壁画；后面木楣，雕工颇细；上有天花板，图案均佳。此等戏台，此地乡间固自非乏，然残损者多，此村则尚整齐。瓦峪寺不过四五十家之一小村，而有整齐之戏楼，如此足征从前民力裕，文化高也。戏楼离寺尚远，盖山中迁就地势耳。寺西向。殿宇外有数洞，供奉娘娘。至碑上所言极深邃可避乱之洞，现已无有。尚有一洞，现已填塞，闻因从前所供之娘娘，给人送子后，总未能成功，乡人号之曰"炮（徐注：或泡）娘娘"，恨之，乃填塞其洞云。寺亦由道士住持。据顺治丙申年（1656）碑言寺"为古之弥罗院。唐垂拱三年（687）重修。至宋，有异僧广智，形躯为童子而识行弘通。太平兴国四年（979），封为太师，命葬寺之北，改院为大兴善寺"云云。此碑所言，固未全可靠，而寺属唐旧，事颇可信。此碑文不著录于县②，现石已泐蚀。此碑一毁，寺之历史无可考见矣！劝程县长如有机会，可命人将碑文揭出，或设法保存碑。时已过一点，急归。今日新晴，南山苍翠欲滴，鸡峰插云霄，令人迷恋不忍去！过渭河，有山口南行，即为散关道，由汉中通秦之大路。五十里为益门镇。再前不远即大散关。悬想如能游此，一定步步有奇景，可引人入胜，惜乎余此行仓卒，未能饱我眼福也！途中程县长告李紫垣言，余有意迁居于宝鸡。余答："诚然！如此风景，真令人神醉欲死！但恐住此，一旦'八太爷'③来，

---

① 徐冲霄（1856—1938），字扶九，陕西宝鸡益门镇姜城堡人。光绪辛卯（1891）科陕西乡试举人，光绪甲午（1894）恩科会试中式三甲第128名进士。官天保、灌阳、怀远等县知县，及奉议州知州护理、镇安府知府等。宣统间辞官归里。民国十一年（1922）《宝鸡县志》录其传。

② 疑脱一"志"字。

③ 古来称"兵"曰"丘八"，盖前者为后者合体，后者为前者分体。后蜀何光远《鉴戒录·轻薄鉴》："太祖问击榆之戏创自谁人。大夫对曰：'丘八所置。'"明代无名氏《风云会》第三折："头一考在丘八房，第二考在户房内。"据此引申，有"丘八爷""丘八诗""八太爷"诸类词语，多含贬义。如茅盾《子夜》："商会说没有，那些八太爷就自己出来动手拉。"

你这大老爷就手忙足乱,毫无办法,我们小百姓更想不出办法了!"归途沿姜水行。水可灌田,亦可运磨。入磨房一观。渡渭,登坡,入西门。坡次见两旁断崖,下积破砖瓦甚多,以为必多石器,然因仓卒,未及下视。入署,见车夫,问今日还能抵虢镇否。彼答言可。抵室,则维钧已将行李收拾好。即命催车夫套车,然车夫又来言恐走不到,终止不行。决定明日极早起,至虢镇一考查,晚还凤翔。少息,翻阅《宝鸡县志》,见载有徐君诗数首,兼有一小传。徐君为预修县志之一人,虽传中尚无游词夸美,究与体例未合。① 晚餐后,同维钧出,先到图书馆,访李紫垣,询其西关出古鼎处所,据言在坡下向西之纸房头。过三四十门即到。地原为裴姓居,现为一空院,云云。乃出往纸房头勘查。下坡,向前,人家均依崖而居。门前树木甚茂,有泉东西流。虽无广远之观,而幽绝趣绝,住此当如法文所言之 intime② 者。如有福作太平人民,在此终老,则西湖附近山中之软美地方,当被蔑视矣!其出古鼎之约略处所,已考查明白。渭水岸上最便居住之黄土断岩,固当为最早人类住居地。至碚为何院,则因村中门前少男子,未能详问,然亦不须问。回经坡次,下两旁细察,以为可得不少石器。然石器固有,并不见多。岩中亦无灰土,仅有残砖烂瓦,疑古人葬地也。入西门,过城隍庙前,问土人内有住持否?可入观否?答言内已破毁,无足观览,亦无住持。问:有何法能进去?据言东边巷内,墙有一豁口,可由彼进去。乃入巷,巷内拦路有戏楼,后有庙,似尚整齐,然庙门深锁,未能入。转西城隍庙北墙,果有豁口,甚窄,乃侧身而进。又跳短墙一二,始达正庙。庙规模甚大,破坏殆尽。墙上体面之标语甚多,而破坏能力,竟如此大!神像已几无余。城隍老爷之故头,大约一度为破坏偶像人取去。现虽有头,且金塑,然一望而知其非故头也!神座仍为弘治年制,与东岳庙同时。两廊神像已完,壁画已破坏不少,而余者妙相奇趣,非名手不办!瞻仰徘徊,神魂颠倒!以此等艺术创作,竟能任其日加破坏,毫无留遗耶!戏楼建筑弘伟,雕刻精工,然亦破烂。出庙时不胜感慨悲怆。晚见程县长,谢其招待盛意,兼辞行,并请其速筹画保护此即将破坏净尽之艺术杰作。彼虽亦以为然,然颇疑保护城隍庙,有提倡迷信之嫌疑,为人所指摘。余谓余个人城隍神,毫无信仰,即在宗教中,亦为顶次等者。如果他的像塑得好,我可以欣赏艺术的作品;不好,我个人并不难把牠擤著扔在茅厕坑里!但艺术名作,是文化的一种结晶,

---

① 此处言"徐君",即本日日记前所谓"徐冲霄"者。徐氏能书,善诗。1922 年与邑人强振志(振川,1857—1930)、谭善述等合撰《宝鸡县志》。著《民国丙子吴氏族谱叙》《知味斋诗集》等。其《知味斋诗集》赋陈宝诗其一:"仙鸡不愿秦皇封,愿作终南第一峰。天外昂头如鹤立,云罗冲破几千重。"其二:"祥光五邑常拥护,冠领巍峨笼笼不住。飞来陈宝似画图,俯视众山皆烟雾。"传诵一时。与徐旭生日记记载吻合。

② intime,法语,形容词,意为"内心的,深刻的,亲密的,亲近的"。

是另外一件事，万不可不保存。归结想出请溥泉先生用古物保管的名义，来一公事，则"喫党饭"者即不敢再乱说。彼此皆亦为然。别时言明早极早即行，请其千万不必起送。时晴月皎洁，空气澄清，徘徊久之，为之眠迟。在宝鸡据旧志言，有唐冯十一娘墓志，存在县署内。问程县长，程不知。召询一老吏，据云闻在当日大厨房院中放著，但他也并未见过。往旧日大厨房院内徧寻不见，盖早已失去矣。

六日，醒，天将明，拟天定明即起。未几即闻厨房院人行，又即闻程县长在外问人，一点没有动静，是否已经走了？盖程早起相送，因未闻动静，故有此疑，实在我辈尚未离床也。即起，呼维钧起，食数合泡鸡子，即动身行。程县长数日招待殷勤，殊足铭感。抵底店镇，少休息，且进食。食后未行时，少在店前问立，见门上贴有禁烟局二告示。一开始即言"照得烟苗，早报肃清"。后言对于"毒汁"怎么样"罚款"，已觉可怪。二言"胆敢留烟偷割"，又言"重罚勿谓太苛"。哈哈，已经"早报肃清"矣，又何劳君等之"重罚"耶？如有人将此告示与附近烟苗，一同照出，联合起来，即可见君等之绝妙好词也！底店附近，雨似较大，但过底店不远，即无雨。北原即为周原，比贾村原较低，沿原风景已较逊矣。有一二里内，罂粟丽花，几占可种地百分之七八十！光艳悦目！惊心动魄矣！过冯家嘴、水莲村诸村。水莲村有庙，入观，问村人所供何神，则"玉皇菩萨"也。未几至虢镇。虢镇古虢县治。中有城，外有三堡。车停于西堡一店内。闻虢镇有常宁宫，为唐代古刹，势在必游。又昨晚与程海岑谈城隍庙壁画事，程言虢镇城隍庙建筑极伟丽，万不可不观，亦必游。又读旧志知东尚有朝阳寺，北尚有真武洞，以为如有时间，或可全游。问店家，据言不远，觅一老汉作乡导，而余等意固偏重常宁宫，城隍庙，然乡导意不如是。出门即向北行，随之往。有顷，觉路不合，问其何行，则向北坡上真武洞去。一望尚有一二里远，且须登陟，且天气极热，一往此地，他处当皆废，遂止不往。问朝阳寺，则言甚近，随之往，实亦不甚近。过北庄（徐注：音ㄓㄤ①）子，至寺，则一破庙，门为坏封。门外尚有数株古柏。由庙左墙豁内窥，一览无余。佛像尚存，已膡泥塑。墙上亦泥糊，毫无可观览，为之废然。村中又有关帝庙，府君庙，均尚整齐，但门深锁，执钥者不在村内，无法入观。南绕至东阳堡，见路左有一庙，俗称铁牛庙，入观。门颜清泰宫。西南隅有一高台，上伏铁牛以镇渭河，故名。东偏有禹玉宫，在高阁上。出庙，路南有一间小庙，亦入观。有画壁亦如他庙。地下有数乞丐，正在犬伏抱灯吸烟！入镇城，则商务比宝鸡较繁盛。今日又逢市集，人尤多。见路南有一大殿背，知为大庙。转至前门，则门封锁，守庙人大约往收麦，故无入门者，只好

---

① 注音字母"ㄓㄤ"，释作"zhang"，关中西府"庄"之谓也，普通话汉语拼音则谓"庄"作"zhuāng"。

退出。庙名圣恩寺。再前未远，路北即为城隍庙，入内一观，大为失望！庙重新修，规模尚大。虽神像壁画应有尽有，而笔墨粗陋。又值余等连日多观名画后，更觉不堪入目！最使余等印像深刻者，则每偏店之中，总有不少三分像人，七分像鬼之人正在抱灯以吸！此人世耶？鬼界耶？余固未能辨之！（以下二十余字为墨笔涂盖）……时天已不早，而余等游虢镇毫无所得，颇为懊丧。问乡导常宁宫何在？彼辞不知。告以在南关外，彼言大约为玉皇庙。疑为土名，乃随之往。镇有南门。然因天早已封闭数年，转至西门出，循墙东行。寨濠颇深。未几见一大庙，前有戏楼，戏楼牌楼均颇巍奂，而门不开，未能入观。东隔大路，即玉皇庙，门开入内一视，果为常宁宫，宋天圣碑，元至元帖，大喜。庙内无人，然破毁程度尚不太甚。神像壁画，亦比城隍庙高明许多。虢镇之不虚行，顿有此耳。旧志谓"相传秦时建"，固不足据。然据天圣碑，则唐有庙，固无疑义。出到西庙，窥门内仅以一石抵之，乃命随从团勇以枪托掀开。进观，则一火神庙，神像壁画均佳。返店内，喫点东西，遂起身返凤翔。在店内时，见凤翔东关店掌柜许姓，知涤洲已于今晨东行。——路初向西北行，过高家ㄌㄥ①，雅子等村。车上原，坡甚多，甚劳瘁。原上均无雨。过高丽村，第一村及其他各村。村名均据车夫说。彼又不识字，所记字仅录其音，亦未全记。过纪家庄，路与来时路合。过赖古城，再察断崖内瓦片，知村北已有。至城门时，太阳将入山矣。俟察护照，留甚久。至校已天黑，校中厨子已去。李校长派人到西北饭店买喫。余等因既往外买喫，不如自往较为简便。然实之校长，坚执同往，归结闹成他请客的局面。我们弄巧成拙，心甚不安。

七日，本计今日到陈村视察秦先公墓，后闻秦墓之说未尽可信，遂中止。决定今日在城内继续考查古庙，明日东行。与维钧及滦本朴君同出，到北街游八角开元寺。寺在路东。据碑言为唐开元时所建。当日有王摩诘画壁，东坡诗所谓"东墙摩诘留手痕"②即此。因"寺门为楼观状，重檐四注，覆以八角"（道光二十一年碑），故名八角开元寺云。寺内破坏颇甚，即所存留之一部分，工程亦未佳。惟八角亭为一极特别之建筑，大体尚完好，有保存之价值。亭内有画壁，备极庄严，然钉刺烟熏，不久将完全损毁！里面"住几个乞儿饿莩"，寺中亦无住持，绝无

---

① 注音字母"ㄌㄥ"，释作"leng"，今关中方言"lái"与之类同，普通话汉语拼音则"yá"，写作"崖"。

② 按东坡诗名《王维吴道子画》，参见王文诰辑注、孔凡礼点校：《苏轼诗集》，北京：中华书局，1982年，第108页。开首两句："何处访吴画？普门与开元。开元有东塔，摩诘留手痕。"以凤翔昔有普门、开元两寺，皆有吴道子所绘佛画，开元寺东塔更有王维（摩诘）绘画手迹故。作者倏忽中忆此诗，将两句并作一句，因有此记。

人管理也。亭内有隆庆六年（1572）所立琉璃砖铭，字极古朴。此亭即重修于是时。此庙如不早设法保存，恐不久完全无余矣！维钧照像数张。出再北，路西有破庙已全毁，尚有残碑。碑为道光及光绪各年所立。庙名北极宫。回至西北饭店早餐。共价一元二角。问其价，则菜价虽贵，尚差不远，吾等三人，竟喫了六角钱之家常饼，实令人大喫一惊！餐毕，同出东门。路北有县城隍庙，——至府城隍庙，则在城内西北隅，规模甚大，因内驻军队，未能入观。——入观。庙内设有苦儿院。庙中神像之属大部分已无存。正殿内有数苦儿，正在织席。再入内，则有一部分城隍神像尚存，并尚有香烧。有一苦儿，年十余岁，余抚其首，问其ㄚㄜㄚ①人，答言城南人。问其家中有啥人，似答尚有母亲。再问，则儿目中苞泪，不能再答！余已目中苞泪，不能再往下问矣！出，直走至东关东头，再向南转，见一庙，外颜敬诚会馆，乃山西商人所建之会馆及关帝庙。入观，庙甚新。殿宇戏楼工程，虽未能与宝鸡之城隍、东岳等庙相比而尚极巍奂。到处画壁，笔墨不恶。陕西画壁不似他处。墙上多画屏扇，其上或左右，少有空隙，仍以他画补足。檐际斗牙间隙地，亦满绘画，而配置妥协，不嫌堆挤，其艺术胜也！后面有台，可望远。时天甚热，大家全很渴。维钧照像时，向年七十余且耳重之道士乞饮，取出，则昏浊甚，然渴甚，只得少饮。出向西行，见有一庙颇大，滦君②言数过其前，门不开，盖不能入，然余颇欲入内一观。且即不能入，而可避街道直抵濠边，行柳荟下，似当较胜，遂穿田垄往。至前则旁门固开，遂入。有道士在内割麦。庙名晋圣祠，亦祠关帝。亦为山西商人所建。庙有数碑。此庙较敬诚会馆规模颇逊，然较古。大约彼间建筑后，此间稍弃置矣。但神像壁画亦仍整齐。维钧照像，余从道士乞饮。彼新从井汲出，色清味甘，虽冷饮，而清凉已入人肺腑。出余意颇欲偏南行，至东湖公园，因今晨命工人往搨唐经幢，欲往视之。但维钧已疲甚，不愿再远行，乃端西行，见墙豁，蹦之，则赫然东湖公园也！经幢即在目前！然工人不在。公园前今日有牲口市，尚多买卖者！转北，虽多柳树，然路不在阴中。见沟中流水涓涓，数日不洗脚，不快异常，见水即欲下洗。二人止余，不可。二人先归，余独下洗。虽无武城山水之清洁，而一除积垢，心中畅然。归少息。晚无事，观教职员在西廊下斗象棋，猛一回首，则见十（以下较大篇幅中断缺失）……

八日，……（前大段阙）其懒惰遁辞，乃亲督之往搨，姬德邻亦往。及上纸，碑果尚稍热，然尚能搨。搨第一张，全用纸条对付。再欲令搨，已无纸，乃督其

---

① 注音字母"ㄚㄜㄚ"，释作"a ta"，关中西府方音疑问代词读音。西安、渭北一带方言作"à dá""nà dá"。目前汉字表达关中此一系统字词，以"阿达""那达"等为最。

② 即文中"滦本朴"。

往买纸,秉烛夜搨。余等先归。与书记巨君谈。巨君为岐山县岐阳附近人。据言岐阳有周三王庙。岐阳东数里齐村附近有沟,沟东断崖内常出古物。曾出一古鼎,无字,为一军人用五百元购去。又曾出一乐器,状如犁铧,周围有小孔,发音各不同云云。① 余今日翻府志②,知岐阳为太王初迁地,至岐山后,必当往游。

归途中,姬君言宜走正街,因校旁空地,颇有狼穴。前晚曾伤一娃!城内窟狼,竟无人管,亦自异事!

九日,昨晚定今日绝早往考查西古城,姬德邻、田和生、滦本朴均愿同往。余答以同行固所欢迎,但很可能毫无所得。今日五钟起,同步行往,一勤务为导。初出时,太阳未上,天气颇清凉。出南门后,向西行,二里余,即望见西古城村。村东田中有土埂东西横列,亦有断续。询之土人,谓系回乱时所筑。考地势及陶片,均与古城无涉。村分东西。东村有残堡,濠颇浅。细查,毫无踪迹。问土人,附近有土濠否?有破砖瓦堆否?均答无有。极目望之,地颇平坦,亦似无有。向西北行,不远,即西村。有一庙,内有居人,入视,除普通神像外,毫无所有。出在村附近徧查,毫无所得,仅极小一段,稍有绳纹瓦片而已!无意寻南古城,而所得甚佳,专来考西古城而毫无所得,真所谓"无心插柳柳成阴,有心栽③花花不发"也。向北望,有数碑,有小塔,似一废庙。问土人,据言为旧什方院,乃袁经略(应泰)之子出家之所。趋至,对康熙年碑,约略一视,言此处为日心禅师墓,未言袁经略子事。然袁殉难于辽阳,其子入清出家,事固近理。土人之言,当非臆造。时已将七钟,疾归,则维钧已将行李一切检好。并闻有车,少吃一点东西,即往汽车站。田和生及一口④君同行。学校教职员,很有几位到汽车站送,力辞不获。八点启行。在凤翔住数日,虽古建筑多破坏,市面凋残,民生颠沛,四郊似尚不甚靖,——每晚闻城外枪声甚近,驻军无论如何,不敢出城,因恐弟兄们带枪械走掉!——然人民淳良,山川雄胜,周秦二民族发祥之地,余深信其必尚有无限的将来。以后必当再来,必来仔细工作也!出东关未远,闻一枪声,大家颇惊,然固无虞。至岐山,别大家下车。汽车站长张君,开封人。将行李暂寄在他那里,先到县署。县长闻出放赈,不在署。问秘书或科长可负责者,乃无人在署。令其派人往寻县长,久候不至。余颇焦急。适有一老妇和一少年,吵嚷

---

① 此处所言"状如犁铧,周围有小孔,发音各不同"之"乐器",依其后1960年、1963年先后于扶风县齐村南、村东发现西周青铜器几父壶、柞钟、中义钟、中友父簋、白邦父甫及日己方尊、日己方彝、日己觥等,推测可能为西周编磬。
② 指《凤翔府志》。明正德十四年(1519)由凤翔知府王江发起编修,进士王麒、状元康海等名儒赞襄编纂,正德十六年(1521)志成。凡8卷。
③ "栽"字之别。
④ 姓名空缺未书。

而至，大约系收麦时打架来告状者。此等小口角无伤之案，固当善辞劝其归去。乃差役等逐之去，彼等不听，一收发中人，即高声喝打。差人即以鞭抽之，彼等乃出。余观状大忿。问此收发人有何权利可任便鞭告状人，彼答不知。又谓，农忙时期，民事诉讼不准。余问此系法典内何条？彼又答不懂。余斥其在此天高皇帝远之地，无法无天，彼亦未敢再辩也。后收发人，又出一人，俟较负责。问余等此来任务，约略答之。问彼省政府是否有公事来招呼，彼答无有。徧查，无只字。颇咎耿寿伯之作事糊涂，乃借县署长途电话致秘书长，请其赶紧来公事。一县一县的接，异常困难。乃叫通后，话听不清楚，命管电话人代言达意。将出午餐，餐后再来，乃传言县长已回，请见。县长姓田，名惟均，字子平，兴平人，人尚本色。据言民国初年，曾在北平民国大学上一短期学。后即到日本。归在法界作事，云云。① 问其接耿寿伯信或公事否，答未有。问岐阳方面情形如何？据言岐阳从前为岐山精华，现灾情极重，人民逃余，不过十分之一二。② 虽近来尚未出大乱子，而秩序不佳，如欲前往，未敢负责。又有一积匪，前有枪四十余支，后经累剿，只余枪数支，逃窜到西路去。近闻其又返，尚未出事，然大家全有戒心矣！谈及周公庙，据言因离城近，尚平靖能往。问以有何代步？答言，县中因灾重，无车。驴因正收麦，亦无有。彼前次往，即以步。来往三十里，尚不甚难也！又言本县从前人丁十三万余，现只余八万余！云云。决计住在汽车站店内，今日下午四点往游周公庙，请县长派人引导。岐阳虽重要，只好作罢。明日起身直往武功，因扶风无特别目的，且灾情极重，恐离城稍远，即不能往矣。出将午餐，问店家似城内饭馆儿全未开，只好出东门。途中牌楼矗立，庄严巍奂，与此凋残饥饿之古城，可成极端之对照。到东关，喫毕，再打听车驴，果不易得。归少眠，时天极热。起，将往游周公庙，乃先饮茶。时并不甚渴，维钧少饮即止，余竭力多饮，知天热，身中需水多也。雷声殷殷，有雨意，然亦未中止。刚出，即遇县署来人，邀至县署一过，派人同往。至西街，见路北破院前有石础，雕刻工细。问乡导：内是否废庙？答言此郭姓旧宅。郭为岐山县四大财东之一，家极殷实，人亦谨守，现因兵乱年荒，已拆房卖砖瓦矣！出西关，向西北行。过于家庄，薛家套，郭村，樊村，祝家巷，庙旺各村。行至半途，云散，然幸有风，不太热。树木尚多，且茂。周公庙在一山凹中。地方甚宽。大门内尚有护法塑像数事。盖庙数为儒者和道士所争，儒者终不胜道士，故庙亦受道士化矣。正殿祀周公，左殿祀太公，右殿祀召公。

---

① 田惟均（1891—1966），字子平，陕西兴平人。民初入北平民国大学，短期学习后赴日本留学，入明治大学法科。归国后初在法界做事，后两任岐山县县长（1933—1937、1941—1943），任间倡导禁烟，发展农桑，配置教学，1935年礼聘岐邑名士，设馆纂修《岐山县志》，政声颇好。

② 1935年8月田惟均重修岐山县志序所谓："癸酉春，余奉令长斯邑，时当饥馑连年，藿菽遍野，满目创痍……"与作者此处日记记载吻合。

石刻甚多。庙中有巨楸，三四合抱。庙左有姜嫄庙，又有润德泉。此泉时出时竭。最古者有唐大中二年（848）崔珙碑。道光三十年（1850）碑，叙其出竭历史颇详。据言"唐大中元年（847）赐名。崔珙奏谓'泉枯竭多年，忽因大风群泉涌出。'"来来，由泉流出入渠，山边随出皆泉。"其去也，则渠中及他处诸泉悉竭，而后砖甃之泉渐减至尽。""《玉海》记宋雍熙二年（985），'周公庙泉复涌澄'。嗣德祐（徐注：原如此'祐'当系'祐'误）二年（1276）涸。元世祖十七年（1280）复出。正德初涸。十四年（1519）复出。万历十六年（1588）复涸。天启四年（1624）出。崇祯十一年（1638）涸。""顺治六年（1649）复出，不知涸于何时。至乾隆五年（1740）水复洋溢。十三年（1748）又涸，十九年（1754）复出。三十三年（1768）复涸。自后隐现无常。"（宋金）鉴①生三十年中，凡见其来去三次。"耆旧相传卜岁之说，亦往往有验。"据元孔尚任碑"至正之厄"②，"防决波溃"，则似此年有泛滥。又（至正）廿又四年（1364）"秋九月，井水忽见"，云云。此次闻竭于民国十一年（1922），现点滴无存。土人以此泉之涌竭卜旱潦。余意关系或不如是简单，而与旱潦有相当之关系，当属可信。似此则泉之涌竭，颇有研究价值，故将见于碑文者详录之以备参考。庙中有大楸，三四合抱。姜嫄庙上坡，尚有庙，因天晚，恐城门早关，未及游。即归。去时见路旁有诏书寺，未及入观。因其名甚异，归途中乃入观。庙有嘉庆二十三年（1818）碑，言宋元祀周公，接诏书于此，故名。庙虽小，而神像及画壁，颇有佳者。归途中，维钧甚渴，余虽亦渴，然程度颇相差也。入城时尚早。路北有城隍庙，余欲往视，维钧已疲极，乃独带差人往。叩门则因道士不在，内虽有妇人小孩，坚不开门。命差人告之以自县署来，乃开门。庙近岁重修，据碑乃由民间捐千五百元所成者。灾情如此重大，尚有余钱修庙，陕民修庙之诚可知也。庙楅扇虽新设色，未尽叶和，而原来雕镂固极精工。殿中神像伟大，至画壁则天已黑，未能详视也。出过太平寺前，寺内有塔，因天已晚，拟明早来视。归则县署来请往谈。晚餐后往，谈颇畅。谈次，言及陕西牌楼之巍奂，画壁神像之精工，田令言："余在国内，也走过多省，日本也到过。比较我们原来陕西乡村，外国实在并不能比。因为陕西从前每年粮食喫不完，乡间房子，全很高大。外省，衙门房子比民间好，陕西则民间房子比衙门好。每村均有戏台，各处均有戏班。农间③时，附近一二十里内，总无日无戏，

---

① 宋金鉴（1821—1863），原名宋金玺，字瑞卿，陕西岐山人。依道光三十年（1850）四月至六月《清实录咸丰朝实录》，宋金鉴于此年成进士，选翰林院庶吉士。官内阁中书、刑部郎中。工书，擅诗文，富收藏。日记"（宋金）鉴生三十年中，凡见其来去三次"一句，疑与前文所谓"道光三十年碑"有某种内在联系。其收藏诸品，推西周康王时重器大盂鼎（廿三祀盂鼎）。

② 此处疑日记原文有误。按孔尚任（1648—1718）为清初诗人、戏曲作家，不当作"元孔尚任碑"，或因后文"至正之厄"而致笔误。

③ 疑系"闲"字笔误。

间①时即可看戏。乡间又有唱迷糊，及各种乐器。（以下十余字为墨笔涂盖）……各处，均有数百年，上千年的大树。试问那国的乡下能比？"据吾亲身所阅历，田令所述陕西从前的情形，并不夸张。归店。余等初到店时，将行李堆于一屋以便锁门，乃自周公庙回后，他屋已被别人占完，不得已，乃堆行李于炕之里面，余卧炕上，维钧则展行军床于炕前，斗室中已无隙地。乃十二点时，田县长又来回拜。余等门无法开，大窘。不得已，乃将床举置炕上，大家坐炕沿谈，殊足笑人。田令送乾隆《岐山志》来，余等愿备价，彼坚不受，只好感谢了。

十日，今日有从本城起身之汽车，七点即动身，故太平寺终亦未游！车装药材，上又卖人坐，堆集甚高。岐山城门又甚矮。过城门时，余侧伏箱上，而右臂尚一ちㄥ②而去，亦险矣哉。今日所行路，前三二日尚有匪截汽车，故同行者颇为戒惧。有人忽闻有匪，即急问：在丫古丫？丫古丫？（徐注：陕西土语，意为何处）态至足哂。然余心颇坦坦。稍一不慎，失一草帽及一蒲葵扇。自岐山至扶风，共上下四大沟。上下时费力费时，易为匪所乘，然终无虞。不过高坐惧坠，时时以手紧握绳，殊为费力。至武功下，住于汽车站旁隔壁。屋原为当铺，故尚宽敞。然因前曾住军队，故多无门！余等住后，要求，始新安门。最不佳者，其屋门前所挂之"油漆"风帘也！帘为白布制，然今浓黑矣！亦姑仍之。店主人言：武功百姓，饿死过半！逃去十分之一二！现存者不过十分之一二！其言虽或少过，然死者亡者已过半！证之土地荒芜情形，当可信也！然城内尚有饭馆几家！到一家午餐后，喫他们所喫的玉米ㄗㄣㄗㄦ③，甚佳。出到县署，则大堂上暖阁斜移，无人修理！灾情排列于大堂矣！收发处内烟灯横陈！云雾气尚缭绕！因带的盘费，不足回西安，故拟由长途电话，请民政厅金秘书④，转知涤洲，请其便宜设法，乃晤张县长后，谈及曾接耿寿伯信，可在此通融款项，大喜。虽电话已叫通，然中止汇款计画。张名道芷，字济湘，开封人。同借款项，请会计薛君来，谈次，知薛君不惟南阳人，且居近桐河，家居相距，不过十数里耳。甚喜。薛为周子信学生，早闻余名。谈及子含，知已作古人数年！"访旧半为鬼"⑤，为之一叹。谈次，知子含家已寄籍西安。人固极廉，而俸余因俭聚集，子孙尚有饭喫，为之一喜。张县长命薛君引余等游。先游城隍庙。游后出北门，北门内有一大槐，抱一径二三寸，长三四尺之石柱，离地尺许，颇称奇观。门外路西有塔，即报本寺。

---

① 仍疑此处为"闲"字笔误。
② 注音字母"ちㄥ"，释作"ceng"，普通话汉语拼音"cèng"与之同，写作"蹭"，释义"磨""擦"。
③ 注音字母"ㄗㄣㄗㄦ"，释作"zen zenr"。此处为关中农村对玉米粥之称谓。
④ 此处所谓"民政厅金秘书"，与作者1935年5月30日日记载"金震东秘书"为同一人。
⑤ 典出杜工部《赠卫八处士》诗有"访旧半为鬼，惊呼热中肠"句。

庙大部已废，仅余一塔及一前殿。后睡佛殿，则去年重修。从前殿已废，睡佛卧风日中，不知几何年。然因黄土性粘，虽日晒雨淋，而法身不坏，土人异之，乃复为之起殿。佛二丈许，不止丈六。现虽未施丹青，然像尚完整。庙据传为唐高祖别宅，详查残砖破瓦，唐制者繁繁，知古传不虚。北行不远，路东，即为鸿禧观。前为三清殿，后为唐太宗祠。祠左右壁上，即绘人所盛传之凌烟功臣像，余等之到武功必下车，观此画壁为其主因。然细察之后，殊为失望！祠三间东向，中一间无槅扇，光线尚佳。中太宗像胸为泥补，盖有挖宝者，故太宗之"心"，被"推""置入腹"中矣！像塑颇佳。二侍臣像较次，时亦似后也。左（北）壁像二十四，右（南）壁像十八。房玄龄及虞世南像，左右壁重复，而像貌不同。右壁第一人笏上书名，已为淋痕所毁，止留上"杜"字，未知是杜如晦，抑杜淹。如系如晦，则重复者当有三人。萧瑀、殷志玄像均在左壁。"萧"作"箫"，"玄"作"铉"。"铉"字与左壁房玄龄之"玄"字，均不缺末笔。右壁房玄龄之"玄"笔，则缺末笔！左壁像颇生动，右壁较次，亦足证其不同时。依此推断，左壁当可至明，右壁必为清绘，毫无疑义。余前读康对山①《武功志》，已知此绘之非出宋元，然对山明谓"洪武初，都督耿忠重修，而仍图凌烟功臣二十四人于左右壁，其上各书《唐书》本传"。现人数既不合，又无本传，则即左壁像，亦在对山后矣！元祐间游世雄②重建庙时之赵茂曾碑尚在。详察碑阴，知为磨唐碑而刻其后者。唐碑尚遗字若干，内颇有宗楚客③所造字，似为武氏时碑。有"天穟三𥿄壹"等字，查武氏建元有天授。"穟"是否即"授"字，颇属疑问。入城，闻有一故家藏书颇多，近亦出卖。薛君与之相识，叩门入，则本人不在。闻其像样书，全已带至省城。所余残缺之书，略为翻阅，无佳者，乃出。过文庙，内驻公安局，同入，无何特别处。惟大成殿中，孔子四配，十二哲，牌位均在一神台上分列，似从前即如是，与他庙不同。有一《大观圣作之碑》，碑已断，从新粘起。

---

① 即康海（1475—1540），字德涵，号对山、沜东渔父，陕西武功人。弘治十五年（1502）状元，任翰林院修撰。擅诗文，为明前七子俊杰其一。著《对山集》《中山狼》《沜东乐府》等。所著《武功志》被誉为"简而有体，质而弥文，辞直而事核"。唯章学诚《书〈武功志〉后》对该志大加贬斥，称："夫康氏以二万许言，成书三卷，作一县志，自以谓高简矣。今观其书，芜秽特甚。"

② "游师雄"之误。游师雄（1037—1097）者，字景叔，京兆府武功（今陕西武功）人。宋治平元年（1064）进士，累官仪州司户参军、德顺军判官、军器监丞、陕西转运判官、提点秦凤路刑狱、卫尉少卿、河中知府、直龙图阁兼秦州知府、秦凤路马步军都总管加飞骑尉、陕州知府等。好古，擅诗文。元祐四年（1089）于醴泉主持重刻《昭陵六骏碑》及于太宗陵庙塑造昭陵六骏像等事迹最为称道。

③ 宗楚客（？—710），字叔教，山西蒲州（今山西永济）人。唐高宗时举进士，武后时累迁户部侍郎、丞相。唐中宗复辟，封郢国公，官至中书令。景龙四年（710）李隆基率兵诛韦后，亦遭伏诛。工诗。

下字甚模糊，后刻有吴荣光①及他人敬观字样。又有一行曰："此北海②真迹也。"下略言得瞻仰此碑，眷恋不欲去云云，甚以为异。视其碑阴，则固宋徽宗御笔。始知大观碑刻在唐碑后。粘断碑时，又前后互易！为之一笑！所谓"北海真迹"，其李邕之所书乎？遂归少休息，县署请往喫便饭，乃往。虽云便饭，亦一酒筵也。借国币二十元，票子十元。出后，想游姜嫄庙，维钧已疲甚，乃独往。庙在靠西城墙之高坡上，因武功亦如扶风城，在山谷中，故各部分高下不平。路先向南，路欲尽，始转西。转西时，有一片瓦砾，中有碑。察之，乃乾隆年碑，前为白衣大士庵，今已废。登坡后，路转北，路左高坡上，有二庙，未入观。再前有天皇神堂，乃民国十七年（1928）新修。再前入庙。下为后稷庙，院中有兵，正在操练。闻为一机关枪连。因未入后稷庙。稍上，有吕纯阳殿，似香火尚盛。再上则为姜嫄庙。壁画尚佳，但毁损颇甚。大约姜嫄、后稷二庙，香烟不佳。不参之以吕纯阳，则道士即无法维持矣！庙前柏树不少，尚细，不过百年物。因地太高，水分缺少，柏亦不茂。庙前地势高，可观全城。如不问屋下何若，则房拆毁尚不算多；陕西房均覆瓦，外观尚整齐也！下，天皇神堂门闭，未入观。前为一药王洞，时天已将黄昏，未能详察。最前之庙，门闭，即名亦不知。天雨，急下，然雨未几止。回店时，东方有复虹，极为美观。今日店中贴出新招牌，字虽非甚佳，然尚无市井恶劣气。问店主人是否自写。答言为其友人所写。彼本欲自写，适其友人至，自告奋勇来写。又问字写佳否，余盛赞之。彼言己字稍不及其友人书，然"也还帮肩儿"③，以此知陕西人写字通常比别处讲究也。

十一日，此间甚早，即有汽车出发。车上（以下十余字为墨笔涂盖）……人，催出发甚急，而汽车夫同卖票者严重争论。据汽车夫言，车载重，至多可再多二人，而卖票者不问重量，乃另卖四人票！卖票者无理可答，只言票已卖去，无可如何！汽车夫无奈何，止好载走。然因重量已过，不敢疾走，且路亦较平，比昨日较舒服也！问女子何往，答言将到开封上学，三人上小学，一人上中学。彼等前考入第一师（以下三字为墨笔涂盖）……然彼等颇愿入普通学校，第一师乃每人每年津贴洋二百四十元云云。第一师何慷慨如此，是否尚有其他内幕，殊耐人深思。此等毫无经验而颇喜浮华之女娃，极易被骗。此三四可怜之弱女将来飘零

---

① 吴荣光（1773—1843），原名燎光，字殿垣，一字伯荣，号荷屋、可庵，别署拜经老人、白云山人，广东南海人。嘉庆四年（1799）进士，官至湖南巡抚。精金石书画鉴藏。著《辛丑销夏记》《吾学录初编》《白云山人文稿》《绿伽楠馆诗稿》《筠清馆金石录》《历代名人年谱》等。

② 指唐书法家李邕（678—747），因李邕曾任户部员外郎、括州刺史、北海太守等职，世称"李北海"，因有"北海"之谓。

③ 陕西方言，意为"差不多"。

何处，殊难预知耳！上中学者自言为常伯琦①之姨甥女，又问：一在女师大毕业，现在在汉中教她们书的先生余是否认识？答言：余记不得，但可能为我的学生。她闻我为教授，即言"我们也是你的学生。"余自思吾未教汝等，已自皱眉。因为中学学生而常识缺乏到可怜的程度：她似觉开封，郑州，北平，天津，均相离不远！又均吸纸烟！无取灯儿，即请路人代吸著再吸！吾等至兴平乃下。住于一铁姓所开前为饭馆，后为店之店内。在路上，闻此间温县长为人民所反对，躲著不敢见面，拟如无必要事或不去拜访他。至店中问人，则言新县长已到任一二日，细思，恐留一二日内，总不免有须借重之处，乃往拜访。兴平大县，市廛虽萧条，然比岐山、武功、扶风诸县较愈。至收发处，问新县长何姓，答言姓段，疑为段少岩。见面，果少岩，大喜。谈论甚畅。阅县志，知此地城隍庙建筑弘伟，戏台槅扇异常讲究，少岩乃陪我们同往观。途中遇县绅张雨生君，符瑞亭②君，均邀同往。门前牌楼铁旗杆，均极巍奂。门内已建筑为商场，即由符君监修，现尚无商人。再进为戏台，即《兴平县志》所言之"中一台层楼复阁，极高丽"。台下如普通台式，为过道。上有两层，颇伟丽。然已破坏，增加极不美之新墙，令人叹息！然规模全存，余除颐和园、慈寿宫之戏台外，尚未见有其比！如有小款，恢复旧观，尚非甚难。志称"正殿扉数扇，雕刻巧工，相传为刘瑾家物"者，今已完全无存！据言前驻军队，在大殿中制炮弹。丙寅年（十五年）③炮弹炸，大殿陪殿全飞去！幸不及戏台。现在大殿系由民间募七千元重修者，规模简陋殊甚。然非陕人之好修庙，际此巨灾，即此亦不举矣！尚有明建之石碑房等。出，少岩又来店中少坐。去后，稍眠。起，同维钧出，到塔巷，访南塔。南塔现在一学校中。学校放麦忙假，叩门无应者，不得入。塔为天启年间重修，尚整齐。维钧在外拍一照。返至宝宁寺访北塔。寺内办一学校，现亦放假。入观则大殿内三尊大佛像尚在，前用短墙隔之，再前为教室，寺中亦仅有此大殿。门外有咸平三年（1000）大钟，卧地上，即志所言"钟多铜质"者，盖铜铁合金所聚，刻字亦古雅。据乾隆丙午（1786）碑，寺原名清梵，太平兴国三年（978）改今名。又读宣统二年（1910）碑。碑刻李元音君一长诗。据诗言前有一石弥勒佛像，而"弥勒佛误刘瑾尸，谁

---

① 即常福元（1874—1939），字伯琦，南京人。晚清入天津水师学堂学驾驶，后任教天津储才馆、北京畿辅学堂、安徽高等学堂等。辛亥革命前任学部行走、主事。辛亥革命后入中央观象台技正兼历述科科长、代理台长等。晚年任教于北京大学、北京师范大学、辅仁大学。著《中星仪说》《中星对照恒星录》《天文仪器志略》等。

② 符瑞亭（1893—1969），名新厝、新勇，字瑞亭，以字行，陕西兴平陈良村人。宣统三年（1911）夏于西安实业中学读书时入同盟会，旋参与辛亥革命，以功任西路民团团长。陆建章主陕时，与邑人张子宜等参与"反袁逐陆"之"二次革命"。性直敢言，1929年关中大灾，以饥民代表身份赴省寻求赈济，勇敢拦车向省主席宋哲元请愿，获"符大胆"称誉。擅编剧，创办秦腔班社吾极社，在兴平、醴泉一带颇具影响。代表作有《湘君泪》《虎口团圝记》《渔民恨》《王灭黑告状》等。

③ 即民国十五年（1926）。

将石坐愤捶坏？"此神话如何，现尚未知。后又言他来"偶认龛围镌细字，大周保定五年（565）留。学使柯公试凤郡①，陪游马嵬古迹间。言及石龛摧残由，深以狂举事非韵"。后又言嘱彼揭出，带去，留备考订云云。乃又返寺内，将石坐将大殿廊下寻出，字在坐根，八面有字，现已賸六面余。颇欲揭出，而石热，非俟日落后不可，维钧遂拟秉烛夜揭！塔在大殿后，现賸七级。无限燕子乱飞，盖均巢于塔上，与报本寺塔同。因光线不合，未能拍照。又从塔巷转至三清殿。志称"建筑弘伟"，洵非虚语。但损坏颇甚。后殿内有老君像，系一种大理石所刻，与什公舍利塔同质。世俗以为玉，故有"铜圣贤，铁城隍，玉石老君"②之说。乃为拍照。殿中地上住妇③小孩多人，闻为两家，亦乞儿饿莩也！到南门内关帝庙，欲见所为"铜圣贤"者，门闭，不得见。又到文庙中一游，无所得，知内有孔教会而已。到县署，晤少岩，与之约定明日早同上南佐村，寻槐里及犬邱遗址。出在大堂西屋内，见天禧二年（1018）冉曾所书保宁寺浴室院钟楼碑，及钱玷所书祈雨碑。冉碑后有字，然有泥糊，未能见，请少岩令人将泥洗去。至东街，将游府君庙，乃庙已残毁。从一铺子进去，可隔墙一窥，已无可观览，惟前有一巨槐，从屋中直出房上，颇足称异，盖先有大树而后建屋也。仍欲出东门看东岳庙，维钧已疲，不愿往，乃归店。与店主人谈，知其为明忠臣铁铉之后。铁铉乃一回教徒，余今始知之。闻尚有多家，住于西安，来兴平经商，仅他一家。其实他家亦仍在西安。他说家尚有旧谱，我们想借看，答何时回西安即可。

十二日，起坐人力车到县署。同往者，余与维钧、少岩，外尚有一本村裴君为乡导，共四人。皆乘人力车。外尚有差役一二人。将出南门，闻城内驻军走失了人，阖城以搜，南门不门，乃出东门。经东堡、小寨儿各村，即到南佐村境。

---

① 此处所谓"学使柯公"，指晚清任职陕西学正的柯逢时（1845—1912），亦名益敏，字懋修，号钦臣、逊庵，湖北武昌金牛镇（今属大冶）人。光绪九年（1883）进士，历官翰林院编修、陕西学政、山东乡试副考官、代理江宁知府、江西按察使、湖南布政使、江西巡抚、户部右侍郎、广西巡抚、浙江巡抚兼总理各国事务大臣等。曾校刊《宋本玉篇》，先后参与纂修《湖北通志》《武昌县志》《应山县志》。以其任职陕西学政在光绪十四年（1888）至光绪十七年（1891），推知"学使柯公试凤郡"事，当在此间。

② 所谓兴平三宝是"铁城隍铜圣贤玉石老君"。其一"铁城隍"，即守卫城池之"城隍神"。铁质，高198厘米，坐姿，衣袍服冠带。据造像风格，似在明代中晚期。《续文献通考·群祀考》引明太祖言："朕设京师城隍，俾统各府州县之神，以监察民之善恶而祸福之，俾幽明举不得幸免。"此为明代倚重城隍神信仰时代背景之一，推之于兴平"铁城隍"，亦当吻合。其二"铜圣贤"，为明万历四十三年（1615）铸铜坐姿关圣帝君造像，高227厘米，宽134厘米。清顾张思《土风录》卷十八"关帝生日"条记明万历四十二年（1614），敕封关公"三界伏魔大帝威远镇天尊关圣帝君"，自是相沿有关帝之称。其三"玉石老君"，为汉白玉质老君造像，下有圆形须弥座，通高124厘米，宽80厘米，像背铭文："大明嘉靖元年（1522）四月吉旦重勒太上古像一尊。南街信士王泽、刘贵、刘爵；本观主持张崇德、王崇明。石工傅二。"

③ 遗"女"字。

南佐村离城约十里。将至，绳纹瓦片，已到处皆是。下车，向南行，裴君言有一井，相传为周秦遗井。往视，上有圆石井口，水已干，别无异处。再东南行，有小庙，门闭，未能入。再前，路旁，即俗所盛传之章邯上马石。顽石一块，裴君指上之足迹，言之凿凿，余以为此等古迹，颇易附会，固不重视也。再东行，有一庙，入庙一视。庙内有学校。庙近阜寨。阜寨共四村，约二百家。据钟铭，此地旧为灵宝乡百家宿仲里。察庙中檩铭，言庙"大唐年间创修，大元五年①重修，大明弘治五年（1492）重修，万历十四年（1586）重修"云云。唐元或属传闻，明年数明了，当足信也。中间檩铭，系□□二十四年岁在乙丑重修时所立，号年久熏黑，未能察出，以甲子计之，为康熙二十四年（1685）。余到处问土濠（徐注：断崖也）。出庙西南行，未远，即得一极长之土濠。向前一看，灰土，绳纹瓦片到处皆是，大喜。槐里、犬邱、废邱，必属此地，已有明证。亦有如在丰镐村，阿房宫之回文砖片。间有十穴，童子言系兔穴。裴君坚邀到村内喝点东西，余并不渴，然因意坚，只得随去。裴君盛张其地之御井及上马石，余颇不重视。余所极注意者，裴君又觉到"没啥"。喫喝招待我们，裴君极整重，余则勉强敷衍，故二人意颇相左。招待在裴君之族人家。有茶有饭。茶内加糖，余颇不耐，命之去糖；然每次必须申说，一次忘说，即又加糖矣！饭则余不饥，仅少尝。彼等或不谅余意，误以为余嫌饭不佳也。厅中囤麦，系新收者，取视，粒不甚足，然尚好。问每亩收若干，则言水浇地，可收至四斗，余则二斗许。主人种地六七十亩，房屋尚整齐，然数被土匪光顾矣！南佐村共三村：一东村，一西村，一高墙。此属东村。出见邻家门墙，土坯不整，盖外砖已被剥卖矣！村中前有六七十家，现只賸三四十家！此地似尚比县西好多，然已至此乎！归途过玉清观，原来规模不小，现已残破。中金石之最古者为正德五年（1510）铁炉。前见一小庙，颜三教同源，异之，下观，内称四圣庙，大约老君，佛，孔子像外，前殿尚有关羽也。入城，进南门。叫开关帝庙，观所谓铜圣贤，亦照一像。先到县署，少息，即出。署前有一妇人，头被击破，疑余等为县长，磕头呼冤不止，然余等并非县长也！返店中。昨日余问店伙南佐村是否平靖能往，彼因疑余为鸦片贩。后始知余等为"委员"。余今日归，持瓦片甚多，店伙趋观，余告之曰：汝昨以余为贩土者，现在可知不是！答言：我知道你不是贩土的，是委员。余又言：'委员'也有贩土的！你可告诉人说：这不是贩土的委员，是贩破砖烂瓦的委员，就对了！"午餐后少眠。起，又同维钧到保宁寺。途中遇少岩派人送来县志一部，自书纸扇一把。维钧照北塔后，即欲揭弥勒坐铭。石摩著不觉热，而纸贴上即干，用冷水洗

---

① "大元五年"究在何年，尚有疑问，至元八年（1271）元世祖忽必烈改国号为"大元"史实，或可为佐证之一。

之数次，乃少愈。余先独往县署。今日读志知隋贺若谊碑在大观圣教之碑碑阴，而大观碑在文庙。昨日游文庙，未留意碑阴，故未见。今日往寻，果得之，已不完好而儿童仍在上用砖石乱画，乃建议于少岩，请其将碑移至戟门内东廊下，用木栏围绕以资保护。少岩甚然余说。与少岩同到文庙一观。并令人开大成殿入观，牌位外尚有塑像，是其异点。像系旧塑，然冕旒金塑，大约系前清升大祀时所改。余本拟明日雇轿车游茂陵，晚住咸阳，后日回省。今早少岩言：报载张溥泉来西安，三两日即去。余颇欲见溥泉一谈，即请他打长途电话一问。下午少岩接回电，言三二日即去，请余早回，乃决定中止茂陵之行，明日即归省。即在县署中晚餐。同坐中有一李君，自岐山来，谈及吾辈宿岐山之夜，岐山南乡民团二十余人叛变，枪杀团总，入山为匪，田县长正派团往剿云云。后维钧亦来，餐后，又谈多时，少岩乃派人用灯送余等归。

十三日，余意颇欲雇人力车回西安，维钧不愿，遂中止。闻武功停有汽车，今早九点可到，乃将行李整理好，静待车来，然车不来。有车在门前过，闻声出观，则向对方去者。明知自凤翔来车，过此当在下午，然世界最令人倦厌事，大约无过于等待矣！又闻一点钟有车，耐心待之。刚过十二钟，闻车已来，即立时搬行李上车。汽车甚小，然仍"堆集"至十三四人！开车未久，车前有一二似作小官或学生之人，歪倒欲眠，致后面愈拥挤，力斥之，少愈。过咸阳，渡渭河，下车登船。水甚浅。吾辈登船之先，有一汽车先渡，然搁浅沙内。直至吾辈船抵岸，彼船尚在对岸也。至三桥镇，汽车因皮带坏，卸下修理。下车吃点醪糟鸡子。四五点钟进城。路上尘土甚大。□□□（此三字纸褶皱不可辨）后，往大同园洗澡，剃头，换衣，精神一爽。到西京筹备委员会，晤溥泉。在彼处遇景梅九①。还寓时，已将十二点。接到香亭、泽普、海帆、润章、春芳信各一封。春芳信去年年底发，乃今日始至。接来熏阁②信一封，言寄《殷虚③书契菁华》来，并讨欠债。

十四日，……（前半段阙佚）观壁画。至已太晚，看不清楚。仅见大殿中之壁画，已ㄑㄧㄠ④起来，块块落地，颇有损坏。如不早为修理，不久即可全毁！

---

① 景梅九（1882—1961），山西安邑城关（今山西运城盐湖区）人。1902年赴日留学，入同盟会。1911年于北京创办《国风日报》。辛亥革命后任山西军政部部长、山西稽勋局局长。1913年当选第一届国会众议院议员，全力反袁。1930年后长期居住西安。1940年后任陕西省文史研究馆馆员等。

② 北京琉璃厂著名书店。创设于清咸丰年间，初经营古琴，后因亏累改由陈姓，始业古旧图书。

③ 指朝歌。地望今河南省淇县一带。《史记·项羽本纪》："项羽乃与期洹水南殷虚上。"《左传·定公四年》："（康叔）封于殷虚。"杜预注："殷虚，朝歌也。"后作"殷墟"。

④ 注音字母"ㄑㄧㄠ"，释作"qiao"，普通话汉语拼音作"qiào"，汉字作"翘"，关中方言谓"翘"，有"翘曲"之意。

问住持言前数年城内有火药局爆裂，殿宇震动，以致如此。大殿建筑伟丽。尚有后殿。中亦有画壁。内现无神像，为一教室，盖校内设有一小学也。庙有弘治碑，言创建于宋政和年间。住持则言创建于隋，重修于宋。住持人颇漂亮能干，然其言固不足信。出涤洲欲往见溥泉，谢从前借寓之谊，因与他及维钧同往，不遇而出。到南院门，购草帽，对子，花露水等物。往囗①喫冰激冷。此处新开，往来时髦男女不少。我们随便一喫，即花七八毛钱，足值难民十余日之生活费矣！

十五日，早未起，王忠义②来言邵主席③派人来请往谈，大约昨日溥泉告诉他说了。起往省政府，门前多几个手提机关枪的卫队，气象固自不同。见面后，将会中各事少谈即出。早餐后，同维钧往东岳庙拍照，始得详观壁画。后殿左右壁最佳。据住持言，闻一画师言，所画为东华帝君梦游泰山云云。此画因军人钉钉，已有损毁，但尚不至如前殿之块块剥落。住持言有百余元，即可将剥落者粘补，不至再行剥落。但大殿槅扇已坏，如全换新，则须四五百元云云。（以下两行各有半行为墨笔涂盖）……将后殿照毕，时已过午，乃同到西来堂午餐。下午耿寿伯来谈。又同他及涤洲同往访李宜之④。宜之住文庙偏院内疗养。归，已晚，乃同涤洲到四如春晚餐。途中谈牛肉泡馍事，涤洲极厌此物，余颇以为美味，味觉之不可以强同也如是！归来，少谈。将呈行政院拟稿改作毕，已过十二点。天气甚热。

十六日，天将明，大雨。至七点余始止。近日天已患旱，如再十日不雨，又将无秋。此次可为"喜雨"。早餐后，出，泥颇大。到西京筹备委员会，晤溥泉，并晤郑士彦、孙尚容、陈启明⑤诸人。未几寿天章⑥来。溥泉约喫牛肉泡馍。坐寿君⑦车，三人同往。至西来堂，溥泉以为非是。闻系一马姓铺子，后亦寻得，

---

① 原件此处空缺，"冰激冷"（ice cream）店铺名，依作者1934年7月11日日记，似为"快活林"。
② 王忠义，河南安阳人。曾参加中央研究院殷墟考古发掘，技术熟练。擅拓印。1933年经徐旭生挑选进入北平研究院，司勤务并参与斗鸡台考古发掘。
③ 即邵力子（1882—1967），初名景奎，又名凤寿，字仲辉，笔名力子，浙江绍兴陶堰镇邵家溇村人。1902年乡试中举。1906年赴日留学，入同盟会。1907年归国，先后任上海大学副校长、代理校长，国民党二届中央监委，国民革命军总司令部秘书长等。1928年2月起主要任国民党中央政治会议委员、陆海空总司令部秘书长、国民党三届中央监委、甘肃省政府主席、陕西省政府主席等。
④ 即李仪祉（1882—1938），原名协，字宜之，陕西蒲城人。曾赴德国柏林皇家工程大学土木工程科留学。归国后任陕西省政府委员兼建设厅厅长、水利局局长等。
⑤ 孙尚容，即作者同年5月9日日记所谓的"孙同容"。陈启明其人，亦见前文注释。此三人者，皆与张溥泉熟稔。
⑥ 曾留学德国，任武功西北农林专科学校校长等职。
⑦ 即寿天章。

但彼因修理炉灶，未开张，只好又到西来堂。初以为西来堂虽未如他铺佳，然固一回回馆，总也有牛肉泡馍。乃问之，彼竟无有，只好喫普通菜。余问溥泉："亦喜牛肉泡馍乎？"答言："余认为第一美味，一入长安，即当垂涎三尺！"彼之嗜好，又加余一等矣。午眠甚酣，以为晚凉爽，可补到前数日日记。然晚间蚊子大利害，未能写，止好睡去。

十七日，写家信一封。假定二十五日起身东归，补作日记。下午又雨。仍属喜雨。因昨早雨虽不小，但太急，入地者尚不敷用。今日雨较缓，时雨时止，睡时将十一点，仍淅沥不绝，点点入地，可喜也。

十八日，晴。补作日记。贺□① 来谈。下午寿天章君在高级中学农林学校筹备处请客，余不欲往，然亦不辞。他如不来速客，余乃托辞忘却。然彼竟来速，只好前往。至则客全已入坐。（以下两行半行十余字、全行二十余字为墨笔涂盖）……散席时，与赵厅长② 约定明早九时往建设厅看为芝加哥博览会搜集的照片。③ 溥泉想见涤洲谈谈陕西方音与古音之关系，乃邀龚君④ 同来。入门时，涤洲、蔚青正赤背在院中乘凉。闻客至，大窘，均跳入涤洲室中，不知溥泉固专寻涤洲者。入涤洲室时，涤洲已披衫出迎，蔚青乃又乘隙跳出，归室著衣。窘迫之状，至可笑人。溥泉等谈颇久，乃去。

十九日，同维钧到建设厅，晤赵厅长。正拟往陈列室观照片，遇十八年⑤ 在卫生部所识之胡君，立谈数语。疑为新民政厅长，问招待之胡佩斋科长，果然。

---

① 空缺未书，未悉此贺姓何人。
② 此处所言"赵厅长"与以下19日、23日日记记载相关信息联系，为时任陕西省建设厅厅长的赵友琴（守珏）。山西人。曾任骑兵第五师师长，1934年任西京金石书画学会理事，1936年受国民政府委任，充护送班禅进藏专使。
③ 芝加哥博览会又称芝加哥百年进步博览会。按其条例，"为广征博采人类精神劳力之成果及全世界硕产之菁英，爰照会各国政府邀请参加"，故定续开。时中国政府应美国政府之邀请，乃于1931年3月17日经行政院第十六次会议议决参加，1931年6月15日成立筹备委员会，1933年2月18日于上海白利南路举行国内预展。与此同时，各地亦先后进入积极准备阶段。此处所谓"与赵厅长约定明早九时往建设厅看为芝加哥博览会搜集的照片"，正陕西省政府关乎此事之筹备。依据《中华民国参加芝加哥博览会出品协会参加一九三三年芝加哥百年进步博览会经过报告》，知陕西省政府参加展览者，为碑帖、古物照片等；负责此事者，为陕西省建设厅，至于"搜集的照片"，或指此前或同时其他相关部门拍摄、珍藏之照片。参见中国第二历史档案馆：《中国参加芝加哥世界博览会史料选辑》（三），载《民国档案》2009年第3期，第3—37页。
④ 即龚贤明（1893—1985），字欲成，后改名龙龚，浙江嵊州人。时任西京筹备委员会专门委员、主任秘书。
⑤ 即民国十八年（1929）。

余方疑新东道主之非熟人，或有不便，乃今日知为旧好，甚喜。照像虽不少，然均系在省中搜求，非实际调查。且其所标年月，实多未碻。返与胡毓威①厅长少谈。赵厅长以华山名胜集见赠。出，往访薛定甫②，谈颇久。托其打听老虎沟（此日日记以下阙佚）……

（六月二十日至二十二日日记阙佚）

二十三日，……（以上阙佚）往访耿寿伯，未遇。同维钧乘人力车出到大白杨③寻大夏石马。一出西门，余之车夫因买馍，让维钧车夫先走。买馍后即转向北，出烧关。望维钧车，不见，只得前行。过张家村，村人正打麦，余问其一亩打几斗？他们听了，异常有气，答言："还打几斗的！种都不够！不过几升！"吾尚以为他们过甚其辞。及至大白杨堡门，仍未见维钧车，问村人，亦未见；问石马，亦不知何在。乃入堡，见有挑担卖物者，前聚几人，乃往问。有人言，石马离这里还有七八里，在ㄘㄚ④寨子哩。余因他所说与寿天章所说之查家寨子合，乃详问之。他问这在杨家城里，进阁老门樊圪垯ㄉㄚ⑤北边。乃出堡，到南边高处望，仍未见。又遇打麦者，余又问之，此人颇幽默，言用小斗量，有好几斗。余问何小斗，答言乃升也。余详问之，彼答，麦正在上粒时，一场霜，以后又有一次罡风，遂完全坏掉。水浇顶好的地，间有至四五斗者，然三两村未见有一块！至于旱地，上斗就很不错！他言次，并将好穗麦粒示余，里面并没有仁！安能望多打！我来过杨家城几次，总以为浇田最好的可到八九斗，平常总能到二三斗，而今竟如此！陕民之多灾多难，竟至此极，真足令人酸鼻也！又问他石马事，他答言在查寨子北，查寨子在阁老门过去二三里。他说的里数虽不同，而村名方向全对。再极目望，仍不见车来。问打场人，彼言从早在此未离，未见有车过。异常焦急。迟之又久，车乃自西南方来。问之，则他们直出西关，又在那里等了半天，所以这样来迟。遂前进，入阁老门，将抵一村，以为樊圪垯也，至乃知非是。问人，知名阁老门，始知阁老门亦村名。大白杨村人所言之阁老门，乃指村，非指门。似此则二人所

---

① 胡毓威（？—1935），字叔威，陕西榆林人。1927年7月任甘肃省政府委员兼民政厅厅长。1928年4月任国民政府内务部民政司司长，8月任赈款委员会常务委员，10月任卫生部政务次长。1931年2月任内政部禁烟委员会委员兼总务处长。1933年6月任陕西省政府委员、陕西省民政厅厅长。邵力子主陕时，任陕西省政府秘书长。1935年因病卒于北京协和医院。

② 即薛定夫。

③ 指彼时长安县大白杨村（今属西安未央区）。

④ 注音字母"ㄘㄚ"，释作"ca"，汉字作"查"，普通话汉语拼音则作"chá"。今西安未央区查家寨之"查"，方言作"cá"，且土人往往在省"家"并附带儿化音，作"查寨子"。

⑤ 注音字母"ㄉㄚ"，释作"da"。此处即樊家圪瘩村，或樊家疙瘩村，原为长安县属，今属西安市未央区。

言，无大差异。堡东门外有庙，名曇华庵，叩门入观，实一颇整齐之村庙。神像不甚佳，而壁画则颇雅洁，乃请维钧将壁画照一张。旁殿小屋中祀孙猴子，壁上素描《西游记》故事，亦颇精神，未照。庙中有顺治十五年（1658）所铸之大钟、焚炉，康熙廿九年（1690）所铸之小钟。此村人共八九十家。庙中遇有邻村一老者，问之，答言，石马在西查寨子北，过唐家寨即到。乃遵其所指之路而行。路不甚好走，然归结达目的地。马在田中，离路尚有数十步。余前阅西京筹备委员会之照像，知下有字，乃埋于土中，遂用手扒。未几见字，维钧埋怨我先不说，致未带揭字器具，余始悔出时之匆忙也。时字见者尚不多，儿童已渐积，一儿陈姓为地主，乃请其找小镐及条帚、水来。儿童去，成人知可得酒钱也，乃疾来用镐助挖，嘱其慢挖，勿触石。陈姓娃不来，来一妇，言余等糟害她的地，余等问知为地主，许给以钱文。她问给多少钱。余答："毁你一升麦，包你一升麦；毁你二升麦，包你二升麦……"实则麦已收到，尚未犁种，彼固毫无损失也！她说："一年，种多少地，纳多少款！"余答："人家毁坏你的庄稼，你可去问人家要，我们管不着！"又有一老人来，大约是其族人，说公家不准人家私挖，气势汹汹。我说："我们就是公家！"他说："你们说是公家，我们不知道，就应该先叫村长来说。"我说："你可以叫村长来，我给他说。"他见我们来头不小，妇人也劝他说："他们说给钱，看他们给多少钱。"遂不再说。时字已全洗出。字共九行，每行五字，末行二字。前年月甚清楚，后损坏甚多，即有亦难辨。式如下：

大夏真兴六
年岁在甲子
夏五（？）月□□
□□三日□
□□□□□
□□□造兹
□□□石马（？）
□□□副（？）自（？）
□树（？）

维钧将下字分照二张，马前后左右分照四张。照毕，给地主票子两吊，三助力人，每人票子五百，乃各欣然去。此次余一文不给，乡人固无奈余等何。然不能奈何余等，将泄忿于石马矣！返过唐家寨，路旁有一圣贤庙（徐注：陕西称关帝庙如此）。入视，有前后左右各殿。前殿祀关公，后殿祀菩萨。右殿有药王骑虎疗龙像，颇佳。前殿壁画亦颇佳，但前为雨淋，现房已修葺矣。时已一点余，购食粽子三枚。归过红庙坡，时天微雨，然未及即止。昨日王姓来言彼井上掘见一古碑，遂便道往观，仍一阿拉伯字碑，乃一整碑，碑颇新，大约清时物。余知那边旧为回回坟地，恐地中尚多，无何等重要，不愿再买。维钧同他商议，先搨一张再瞧，他们不愿，乃归。别人很想卖给我们几个有字唐砖，余等因天已晚，未往视。至寓，王厨不在家，乃用白水咸菜加馍三个已果腹矣。……（以上一行末尾五六字、次行全部为墨笔涂盖）席中与赵友琴厅长邻坐。赵言彼前在山西修路，曾在中阳县军渡①附近，发现甲骨，曾以示叔平，据言与安阳所出者全同。此事颇有兴趣，异日当询叔平也。归时坐胡厅长汽车，与胡同归。晚郑士彦来谈，田和生来谈。今日接家信一封，甚喜。又发家信一封，言归期将少延迟。

二十四日，早晨风，温度大降。继即大雨，至下午三四点钟始晴。晚李委员志刚②来谈。

二十五日，连定一来谈。同涤洲、蔚青往拜胡厅长③。登录西路所带回瓦片等物。张一农来谈。柯莘农之弟诒谋君来谈。连、张、柯均为谢下午被邀或不能来事。王昭唐④来谈。王草一《陕西县政计画大纲》，实欲谋作县长，并请我见胡厅长为之道地。今日自告奋勇作县长者，恐难有作好县长者也！晚在玉顺楼请客。归买蚊香，紫阳毛尖茶等物。

二十六日，同涤洲、濯吾到老白家喫水盆羊肉。他二人一锅盔，一碗羊肉，未能毕之，余独喫一个半锅盔，一碗半羊肉，盖彼二人不爱喫，余则以为美味也。往西京筹备委员会，还从前所借书，并与郑士彦谈唐故城问题，并问往蓝田水陆寺⑤汽车是否能走问题。汽车夫不知水陆寺，只知竹林寺，言过蓝田尚有十数里汽车不通，且道路亦不平靖。遂决定将蓝田之游作罢。在委员会午餐后归。下午再登录瓦片等事，毕之。晚，田和生来约到三意社听剧。共演《庆顶珠》《斩秦英》《十王庙》三剧。《十王庙》系演《聊斋志异》中《陆判》事。

（六月二十七日至本年十一月日记阙佚）

---

① 今属山西柳林县薛村镇辖。
② 李志刚时任陕西省政府委员。
③ 指时任陕西省民政厅厅长胡毓威。
④ 此前任洛阳教育局局长。
⑤ 即水陆庵，西安以东蓝田县属著名胜迹，牛兆濂等《续修蓝田县志》卷十二"祠祀·四"："水陆庵，一名蓝渚庵，在县东南二十里。明秦藩奉为家佛祀，嘉靖四十二年（1563）肇启，隆庆元年（1567）重建，万历三十年（1602）、清道光二年（1822）均重修。"

1929年徐旭生（左）参加中瑞西北科学考察团期间与瑞典斯文·赫定（右）合影

凤翔东湖公园唐大中经幢（1933年5月31日常惠摄）

斗鸡台全景图 （张孝侯摄，采自《国立北平研究院院务汇报》1934年第5卷第4期）

宝鸡东十五里之斗鸡台（1933年6月3日常惠摄）

1934年4月26日斗鸡台废堡区考古发掘前留影，前排右起第一至四人依次为徐旭生、何乐夫、李希平、周隆季（张孝侯摄，采自《国立北平研究院院务汇报》1934年第5卷第4期）

斗鸡台戴家沟东乙坑第三号墓葬出土铜鼎（张孝侯摄，采自《国立北平研究院院务汇报》1934年第5卷第4期）

斗鸡台汉墓发掘的汉朱砂绘彩陶壶（采自苏秉琦《斗鸡台沟东区墓葬》一书插图）

虢镇火神庙之戏楼（1933年6月6日常惠摄）

宝鸡东岳庙右壁壁画（1933年6月4日常惠摄）

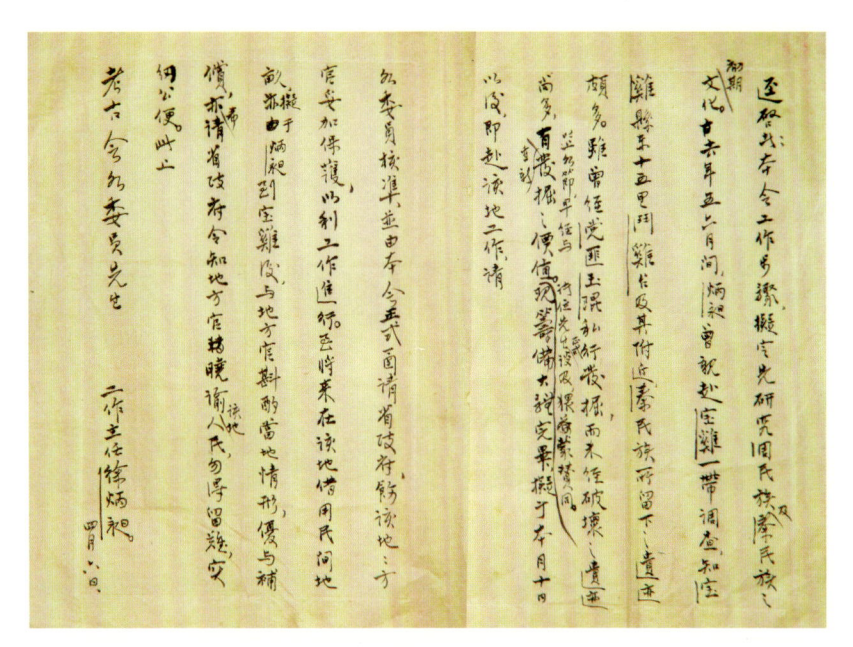

1934年4月6日徐旭生致考古会各委员信函原件

1934年4月斗鸡台戴家沟东发掘前摄影（张孝侯摄，采自《国立北平研究院院务汇报》1934年第5卷第4期）

北平中南海怀仁堂西四所北平研究院总办事处（采自《国立北平研究院院务汇报》1930年第1卷第1期）

长安西查寨大夏石马侧面（1933年6月23日常惠摄）

抗战胜利后北平研究院史学研究所人员在怀仁堂西四所旧地合影，摄于1947—1948年，前排左二苏秉琦、左三徐旭生、左四顾颉刚

1935年5月8日徐旭生等在大散关考察时于"古大散关"碑旁留影，右起第二人徐旭生、第三人苏秉琦、第五人何士骥

1918年徐旭生（中）与友人法国巴黎留影

1926年1月3日徐旭生与友人合影于北京北海公园

一九三三年十二月

（十二月十一日至十二月三十一日）

（十二月十一日前日记阙）

十一日，……（前阙）之大角摄影，并量尺寸。归，段老^①来，薛定夫来。午餐后同乐夫到段老铺中，观其所藏各器物及字画。内有明太祖半身像一张，据言为明孝陵旧物，虽未必可靠，而笔墨固属精品。归，到南院门打一转。晚写季芳及石头^②信各一通。

十二日，同乐夫、王忠义出北门，过红庙坡，大白杨至杨家城。入阁老门时，为城上瓦水道摄一影。在阁老门村西见一庙，门前题初级小学，实无学校。入门，则棚下有晒粮食者，看守者鼾声如雷，余之皮鞋底，ㄍㄨㄚㄗㄧ^③，ㄍㄨㄚㄗㄧ，在彼身旁过，然并不能傲先生之酣睡。庙内祀玄武，壁上画颇佳，且上金处，均属立粉，乃为摄一影。再西，前到李家濠，时已一点余，乃将所带食物取出，在人场中食之。食毕，又购云纹破瓦当三，价六百。西望一村，名叶家寨，未往。向东南行，出杨家城。过小白杨，再前，见田中有许多雁棲，遇人惊飞，然未几又止。又前过□□□^④未远，村名火烧碑（徐注：音ㄅㄧ）^⑤。神话言当时有妖精居碑中，后为人识破，用火烧碑，故名。村前有人在彼处传教。道旁有一庙，房已全毁，但神像三尊，尚巍然端坐。其衣褶红绿分明，至堪诧异。过千福寺，

---

① "段老"者，指清末民初西安碑林外府学巷口著名碑帖店翰墨堂法帖局经理段仲嘉。
② 石头为徐旭生长子徐桂恒（1923—1945）乳名，曾就读西北师范学院附中，以肺结核病早逝。
③ 注音字母"ㄍㄨㄚㄗㄧ"，释作"gua zi"，普通话汉语拼音作"gā zhī"，写作"嘎吱"，谓皮鞋触地发出之声响。
④ 原件空三字格，当系作者未谙实际地名，故而空格。
⑤ "碑"音"bēi"，关中方言作"bī"，作者注音字母作"ㄅㄧ"，释作"bi"，普通话汉语拼音则作"bī"。

入观。始注意到唐太和及大中之经幢。归寓，则孝侯①已到，甚喜。接龚贤明信一封，言已与溥泉言明，请陈先生早来云云。晚叔威厅长来谈。

十三日，早冠五②及其弟来。弟尚属一小孩，见人怯于说话。嘱其休息一二日，再来会工作。天会，雪花时飞。柯莘农及薛定夫来谈，段老来谈。将晚同孝侯出到城隍庙。至则天已黑，殿门已闭。孝侯用手电灯上照，颇惊牌楼及建筑之伟大及特异。晚餐后谈，寝时颇晚，然地下已白。

十四日，雪止，雪并不大。然午间房上雪溶，檐间溜落，坐室中听之颇有大雨意。将晚，同乐夫③、孝侯到南院门一转。路上颇有泥泞。

十五日，天晴。柯莘农来谈。同孝侯出。到新城，……（以上六七字为墨笔涂盖）④请其帮忙允许研究钟楼，鼓楼，各门楼，并驻军队之各庙。并请其保护东岳庙画壁，勿驻军队，均蒙允许。出到东岳庙。寝宫中之造纸者已移出。孝侯谓寝宫脊上之鸱尾，或为宋遗，门前之望柱，亦当在明以前。归途到开元寺，孝侯言殿前柱基为唐遗物，又在门外寻得唐故雕花望柱一截，立于土中，外一柱较高，雕花已剥落，或属同柱。然则今开元寺，虽非唐旧寺，——在唐，此地为皇城内，无寺院——而系一唐建筑旧址，当属可信。归午餐后，少休息，又同出访寿伯，谈及唐建筑，寿伯言旧藩库，相传为唐之承天库，规模木架，均极弘伟。脊梁铭言致和、至正重修。前二年始倾颓。因取其材建训政楼。如前三年来，还可见之云云。惜哉，中国之旧建筑也！归，乐夫加入，同游南院门，到书铺，购得夏曾佑之《中国历史》⑤第二册，价票子五百文。晚同孝侯访叔威厅长，彼言甘肃泾川县之大佛寺，依山筑半坡楼四层，可能为唐建筑。何西北宝藏之多耶？

---

① 名嘉懿。北平研究院职员。擅绘图、摄影及书画古建鉴定与测量、椎拓。富收藏。藏品以《圆明园估单文件》为著。

② 即赵冠五（1898—1979），名振州，字冠五，河南开封人。早年毕业于河南省立开封中学、国立北京大学预科。1924年赴法国巴黎大学法学院留学，入东方文化学会，1929年获博士学位。回国后任国民政府监察院科长，1934年12月任国民政府监察院秘书。1938年6月任河南大学教授兼教务长、总务长。后任制宪国大代表、立法委员。工书。

③ 即北平研究院职员何乐夫。

④ 此处谓墨笔涂盖者，联系上下文考量，疑系时任陕西省政府主席之杨虎城事。

⑤ 夏曾佑（1863—1924），字遂卿，又字穗卿，号别士、碎佛，笔名别士等，浙江杭县（今杭州）人。光绪十六年（1890）进士，官礼部主事。入民国，曾任教育部社会教育司司长、北平图书馆馆长等职。著《最新中学中国历史教科书》。鲁迅《而已集·谈大内档案》："我们不必看他另外的论文，只要看他所编的两本《中国历史教科书》，就知道他看中国人有怎样地清楚！"王家范《中国通史编纂百年回顾》赞誉此书为"20世纪新式中国通史的第一部成名作"。此处言"《中国历史》"，或为省称。

请其设法将开元寺前之望柱及北大街铺路之元碑，取出保存，亦蒙允许。请其替冠五帮忙，彼亦与子信相熟，并闻子涵之为人，或者能有希望乎？今日接浩如信一封，言在农校中，与葛君意见冲突，现已出校云云。

十六日，夜中四点醒，遂不寐。早汪兴齐来，言昨日寿伯与寇胜浮①言，寇言欲与余及乐夫见面谈一谈，遂约定于明日正午往访。与乐夫、孝侯同以轿车出，往游牛头寺。出门时九点钟，大雾迷漫。本意先游大兴善寺，再往牛头寺，后因天短，恐回不来，乃决定先不游大兴善寺，回时看时早晚，再作决定。五里过小寨，路旁有庙，曰普济庵，庵内祀观音娘娘，有壁画。门前有石羊一对，外旁有石虎一对，北边之虎已毁。羊虎雕刻古朴，而玲珑有意趣，孝侯均为摄影。再前过一过街楼，道左右有东西八里村。再前，离城十里，有吴家房，俗读"房"若"坟"。堡在道西。道旁有作小生意人家。又有二庙。东庙为菩萨庙，已倒塌。西庙尚整，俗名黑虎庙。门前有长延堡初级小学扁额。考《咸宁志》此村名长延堡，吴家房盖其异名。内无学生。呼门入，则有一妈妈守庙，庙甚整洁。院中有黄杨、腊梅。后殿脊梁铭言光绪九年（1883）重修。祀三娘娘，有画壁。前殿正位供关帝神牌，牌前有玄武像。左右神牌颇多。雾渐散。再前，道东远处，有村名南窑。踰一小原，得一过街楼，楼已破损，上有画壁。村名东三爻（徐注：音ㄋㄧㄛ）②。路西旁有北向小庙，祀三大士，有万历年铭。再西，庙较大，南向，门前题"元敕建杨武庄公祠"，内无碑，正殿中有神龛，门不能开，未知有神像否。再西有慈应祠（徐注：《咸宁志》此村有慈应寺，疑即此庙音误），南向，内有康熙二十年（1681）碑，已漫漶，未详读。正殿三神，未知何名，然确非佛像。前殿有布袋和尚像，上带磁釉。再西东向，为圣母殿，有嘉庆十七年（1812）铭，亦因时已将午，未读，遂出。道东又有一小庙，南向，未入观。东望似有一颇大庙。道西又有一杨武庄公祠，东向。出村西望，有一大庙，内树木甚茂。甚矣陕人之好修庙也！踰原，颇远，有二三起伏。下原，至韦曲，风景一换。有庙五六，有传道所，均未入观。抵牛首寺，已将一点。孝侯照万历十九年（1591）铸焚帛炉

---

① 寇遐（1884—1953），字胜浮，号玄疵，陕西蒲城人。光绪三十二年（1906）就读于陕西师范学堂附属优级选科理化班。宣统元年（1909）任同州丰登中学监学，仍积极致力反清革命活动。1912年4月当选为陕西临时议会副议长，12月被选为第一届陕西省议会议员。1913年复被选为第一届国会议员。1924年出任段祺瑞执政府农商总长。1930年应杨虎城邀请任陕西省政府委员。1933年被聘为陕西省政府顾问。1933年与张寒杉、党晴梵等发起成立西京金石书画学会，被推为理事长。1934年2月北平研究院与陕西省政府合组陕西考古会成立，任委员。擅书法。

② "爻"为易学术语，注音字母"ㄋㄧㄛ"，释作"nit"，今西安市长安区方言仍有所谓。《易·系辞上》："爻者，言乎变者也。""三爻"，一指六十四别卦、八经卦从下向上数第三爻；另一指三画，即一、二、三爻之符号。

一，正殿全景一，佛洞中释迦佛一，又照十地菩萨之一。因天已晚，不能再照，止好俟诸再来。牛头寺中有顺治丙戌年（1646）造钟，康熙六十一年（1722）碑。至隆庆五年（1571）碑则已缺右上角。后院有唐乾符经幢。时已二点半，遂归。樊川中仍多烟苗。至寓五点余。今日金秘书来，未遇。

十七日，天仍会。同孝侯出到卧龙寺一游。此寺在建筑上无何特点。十二点到寇胜浮家一谈。彼对考古会一切计画，详细一问。允三两日与诸老先生商议，云云。归，午餐。今日下午三点，田和生在西来堂请喫饭，往。初拟不吃，随便坐坐，然散席时，已五点余，也吃若干以当晚餐。（以下两行各半行为墨笔涂盖）……

十八日，天晴。同孝侯出到城隍庙，为牌楼照像。观众拥挤，摄影不易。归途到苏回回古董铺①一坐。归。周隆②来，嘱其明日来寓工作。柯莘农来谈。将晚到太平春洗澡。晚写季芳及糜岐③信各一张。今日接到润章信一封。李实之来访，未遇。

十九日，李实之来谈。周厅长来谈，言委员人选已大体规定，只差一人云云。柯莘农同苏子真来谈。苏为陕西古董行中之最老宿，与王文敏、陈簠斋、吴清卿诸君子，均系素识。南宫鼎及其他很多的古董，均曾由彼经手。彼今年七十八岁，而望之如六十许人。下午同乐夫、孝侯出，到碑林、文庙及文庙东院。在文庙中，见一琉璃兽头弃地，高二公尺〇六。宽一公尺六四。厚二七cm。孝侯为照一像。又到翰墨堂少坐。

廿日，同孝侯、周隆出北门，过菜园村。入观村东头庙，孝侯发现其橡端有橡头盘子，庙门盘子系一小儿，正殿盘子下尚有游坠。又有梁上用卢斗④，亦系古制。此庙余已入二次，但因对于建筑无研究，乃毫无所得。又东，至午门村北，始真得唐城遗址。非在原上，而此处约丈许，均较两边高；距含元殿基，约数百步，种种参较，当不致再误。下，到含元殿基，孝侯为翔凤阁基之版筑，及殿上之柱础摄影，并量其厚薄长短。前进到含元殿村西堡墙外濠内，孝侯又发现唐遗

---

① 疑指19日日记所谓西安回坊古玩行耆老"苏子真"，一作"苏子珍"。
② 即周隆季。陕西考古会职员。1938年7月殁于陕西省会医院。
③ 即徐旭生长女徐糜岐（1926—？），易名徐恒、徐力。先后就读北京前元恩寺小学、贝满女中、南阳女中，后入重庆中央大学附中。1946年考入南开大学物理系。1948年赴解放区，天津解放时任天津广播电台播音员，播送《元旦献词》。1949年后在中央广播电台、北京广播学院（现名中国传媒大学）工作。
④ "栌斗"之误。古建筑斗拱构件之最下层，亦即斗拱重量集中处最大之斗。宋时称"栌枓"。又作"坐斗""大斗"。

红土彩画之石灰片。到孙家凹，观太液池遗迹。池旁多巨石，当属可信。登药王洞上，得一有字唐砖，字文为"六王"，甚大；下有残缺。至坑底，登坑，见上颇有带字砖，字文不甚明，时因无法拏，亦遂置之。坑底儿童均识余，谓此（以下阙佚）……

廿一日，同乐夫、孝侯、周隆出，往杨家城。今日大霜铺地，天气甚寒。至午后一两点钟，霜尚未溶。脚步少停，即冷如冰块。吾辈抵陕两月，今日始感冬令。过郝家村，红庙城（坡），登坡北高塚一观。大约系唐禁苑中建筑物之遗留，非坟墓也。进至阁老门，孝侯再量"瓦水道"，发现汉人所用之花秸泥，取出数块，慎重包裹持归。顺城墙向北走。孝侯又在城里面，发现版筑，又照一像。上次余等注意外面，故未见。城附近有煤渣块，颇多，虽未敢臆断为汉人所遗，然因附近，并无砖瓦窑及民居，此物堆集，颇有问题，故亦取还一片以资研究。至万城门，观汉代版筑遗迹，乐夫、孝侯均异常高幸，乃摄影两张。又取下一块，量其夯锤大小。并将此块带归。本意过玉女门，看敦煌寺塔，始返，而时已一点余，乃到樊家寨庙中，命人煮水，取出所带东西，食之。庙中老妇人尚认识余。食毕，又到村中人家，量其院中所置瓦水道后，乃出万城门，归。途中遇一破庙，名万寿寺。殿前有断碑，大约系明清所立。略言此为梁太尉萧某故宅，梁人故宅未能在此，或后梁而入臣于隋者欤。窥其词意，大约系隋唐旧庙。中洞中供观音，有一老妇守之。再前过范家寨，村西小庙神台正面，有一带花方砖，颇整齐，不知系汉制，或唐制，然非近时制，则无疑义。何、张二君①爱之甚，颇欲将其取出，乃急呼之出。又过一寨，未知何名，再前，至大路。至寓，五点余矣。

廿二日，前闻粉巷对南门大街处，有一六朝所制之石狮，乃与孝侯同出寻之。既得，出诸附近商家，答："年载多了，好几十年了。"其言固不足信，此狮殊非近数百年物，然言六朝，亦殊无证据。欲照像，则光线位置，均不便，乃止。到民厅②，寻金秘书，请其领看库堂旧址。彼又寻得一范君子东③，亦民厅秘书。

---

① 指何乐夫、张孝侯二君。
② 民政厅省谓。
③ "范紫东"（1879—1954）之误，名凝绩，字紫东，以字行，清末乾州东乡西营寨人。清末入三原宏道学堂，辛亥革命后任武功知事，后当选为陕西省第一届议会议员、陕西民政厅秘书等。1912年与李桐轩、孙仁玉等发起创办易俗社，任编辑主任、评议长，致力秦腔剧本写作，作品计80余本，《三滴血》一剧尤誉满西北。剧本之外，另有《关西方言钩沉》《乐学通论》《关西周秦石刻摹本》《地球运转之研究》《乾县新志》《永寿县志》等。1949年后任西安文史研究馆馆长，后期著述主要有《西安城郊胜迹志略》等。

因范为此间旧人，多识往事也。谈及颜勤礼碑事①，彼言出土地，彼言在二门外路西。归，柯莘农先来，未遇。薛定夫来，又谈及颜勤礼碑出土地，彼言范为人颇有精神病，其言未足据。宋芝田②跋语，言在库堂后，其言当确云云。寇胜浮来谈。李实之来，（以下两行大半为墨笔涂盖）……

二十三日，与乐夫、孝侯、周隆同出，到荐福寺。孝侯将金明昌钟照出。又发现其天王殿颇古，似可至元。到塔前，赏玩门楣上之唐代花纹，孝侯叹为未曾见之美丽。出到大兴善寺。寺中之戒烟所已结束，改为贫儿院。戒烟所崭新之标语，现由儿童正在刷去，将来大约又将写出新的，我国人何不惮烦乃尔！孝侯言正殿两傍站立之二佛像，颇古，似可至唐，乃为摄一影。至后院，则早梅已开，馨香扑鼻。夫珠红豆，傲来霜中，为流连者久之。出，则乐夫寻出一残碑，后面为柱础。大家颇有柳诚悬③风。寻其文义，乃系一道院中碑。后有"□□原民户提领班国才□□魏氏都管……"等字，就此数字研究，或可定其时代。孝侯拓出一张。出到慈恩寺。时已一钟，日光甚佳，乃在院（后中断阙佚）……

……以作参考，然终未来。

（十二月二十四日至二十八日日记阙）

二十九日，写给寿伯信一封，请其于发出聘书后，即拟定开会日期，先征取委员同意，再行决定。给叔威厅④书信一封，建议将要寻出之古物四事，不保存于图书馆，先存放民厅中，俟考古会成立后，即托会保存，因恐图书馆中当局贵古贱今，对于可宝重之史料，且鄙夷视之也。柯莘农来，同往观颜勤礼碑出土地，

---

① 颜勤礼碑，大历十四年（779）颜真卿撰文并书丹。颜勤礼其人，为颜真卿曾祖父。碑述颜勤礼生平事迹与家族谱系，书体拙重雄健，原在长安城东南万年县宁安乡凤栖原颜勤礼墓前，北宋时移至长安城内府廨，后湮没。1922年10月何梦庚得之于西安旧藩廨库堂后土中，翌年醴泉宋伯鲁有跋记述颠末，一时海内传诵，索帖者颇众。作者来秦后，颇欲对颜勤礼碑发现地实施发掘清理，因有调查等事。详见作者日记以下各节记载。

② 即宋伯鲁（1854—1932），字芝栋，一字芝洞、芝田，亦作子钝、芝洞、芝钝、滋东等，晚号钝叟，别号九嵯山樵、瓶园老人、心太平轩老人等，陕西醴泉人。清光绪十二年（1886）进士，入翰林院授编修，后任顺天府乡试同考官、都察院山东道监察御史、掌印御史等。参与戊戌变法，入民国被聘为总统府高等顾问，且当选为国会众议院议员，后长期任陕西通志局总纂，擅诗文书画，书画尤为奇绝。著《新疆建置志》《新疆山脉志》《西辕琐记》《海棠仙馆诗集》《焚余草》《己亥谈时》《知唐桑艾录》等。

③ 指唐柳公权，字诚悬。

④ 遗漏"长"字。

则言在库堂后，与宋子仁①说又不同。据言当日系打ㄏㄨㄑㄧ（土坯）②始发现碑，打ㄏㄨㄑㄧ取土，不能正在门前。且他见碑，在库厅后，如在前出土，必无绕抬库堂后之理，云云。似此，则此事仍有疑问，尚须审慎将事也。下午接寿伯信一封，言开会定于新正十日。接院中信，请填百二十元之收条。

三十日，早同乐夫、孝侯到老白家喫羊肉泡馍。郑士彦请今日在南京大酒楼午餐，本答"敬陪"矣，乃因须陪孝侯出寻王曼坟及唐版筑，复作函辞之。命乐夫往问寿伯，院中委员，是否需吾等通知，且考古会址是否定在后院。同孝侯、凤山③出北门，先看菜园村南之大庙，乃已改为工场，神像几已全完，无可观览。到圣母庙，孝侯照橡头盘子，然当时抢（徐注：平声）光，不易成功。檐间画半用泥塑，孝侯言此名"半浑"作法，惜人头均被儿童打去矣。本意欲到含元殿村壕内找颜料，然因天已过十一点，恐来不及，遂不往。迳归大路，往十里铺。路南未发现任何材料。将至十里铺，见道西有村，村头有二庙，乃义路往。一庙一间西向，门已用泥封。一庙前后各三间，东向，系娘娘庙，内亦有橡头盘子，檐画亦半浑，乃摄二张。壁画颇俗，乃南壁上绘儿童玩狮子龙灯等戏，意态颇佳，亦摄一张。到十里铺，喫ㄌㄠㄗㄠㄦ④煮麻ㄏㄨㄦ⑤及挂面。再进，到王曼坟，坟大约方形，每边各六十余步。摄一影。途中未遇版筑，且天已晚，遂归。过高家寨，亦名高铦寨。村外有一圣贤庙。神像均已失头破腹！归途中无所见，仅烟苗数块而已！今日因无所得，二人心均不快，且余步行甚疲。乐夫言寿伯说需余等发电，第一次开会在省政府，后即设本会后院。乐夫又言见夏子欣⑥，询其知何人曾在坑中拓颜勤礼碑，彼答明日当同工人来。发致润章电一封，询在平委员

---

① "宋芝栋"之误。
② 注音字母"ㄏㄨㄑㄧ"，释作"hu ci"，疑系误听、误记，实读音应释作"hú jī"，关中西府一带或作"hú qī"。土坯，关中及甘宁东部一带普遍称为"胡墼""土墼"。《说文》："墼，瓴适也。一曰未烧也。从土毄声。古历切。"《尔雅·释宫》："瓴甋谓之甓。"《后汉书·周纡传》："纡廉洁无资，常筑墼以自给。肃宗闻而怜之，复以为郎，再迁召陵侯相。"
③ 即徐凤山，河南南阳人，作者族人。1934年参加陕西考古会斗鸡台发掘及相关考察活动，司勤务并充技术工。
④ 注音字母"ㄌㄠㄗㄠㄦ"，释作"lao zao er"，普通话汉语拼音为"láo zāor"，写作"醪糟"。明李实《蜀语》："不去滓酒曰醪糟，以熟糯米为之，故不去糟，即古之醪醴、投醪。"
⑤ 注音字母"ㄏㄨㄦ"，释作"hur"。此处疑系麻糊或"水饺"，陕西西部方言或作"煮馍"。
⑥ 夏子欣（1893—1956），西安人。早年在三原古玩店做学徒。擅碑帖椎拓、鉴定，汉剧票友。1931年，以所藏汉石经为基础，在西安碑林外府学巷路东设宝经堂夏经售金石书画处，请于右任题写牌匾。先任陕西省通志馆采访员，1932年西京筹备委员会成立后任该会调查员，1945年任西安汉剧业余研究会会长。其中与西京筹备委员会专门委员陈云路调查西京周围文物古迹、与教育部艺术文物考察团调查汉唐陵墓等工作最为著名。

是否能于十日前赶来。①

三十一日，写与润章信一封，请其购买各应用物及书籍。接省政府致院方委员函五封，则已决定于十日开会。夏子欣同一刘师付②来，刘系当日在坑中拓碑者，与同往观，则言马公碑出前院鱼池中③，略当宋子仁所指；至颜碑出土，则确在库堂后，坑子尚在今日墙外。登一碑头上，隔墙窥知其处。夏又言东关景龙池附近，有一汉墓现出，人皆疑为桥，彼在内拾得一半五铢钱，决为汉墓。乃定于午餐后同往。薛定夫来谈，约之同往，不愿。乃同夏君、乐夫、孝侯同往。墓在一花场中。场在一黄土坑内。场主河南安阳人。现弟兄已分开，厂分属两家。周围断崖间，唐之破砖瓦甚多。一处一层砖瓦，一层土，明系建筑物基址，而附（以下中断阙佚）……

---

① 因作者费力筹划的北平研究院与陕西省政府合组陕西考古会即将成立，委员由省、院两家分任，故有"发致润章电一封，询在平委员是否能于十日前赶来"记载。
② 依上下文意，"刘师付"其人，应为西安碑林外府学巷考古堂碑帖铺刘子如。按刘子如、夏子欣同巷居住，行业相同，且知颜勤礼碑发现内幕，同来见徐，自在情理之中。
③ 马公碑，即唐大历十四年（779）七月刻司徒马璘（721—776）碑，程浩撰，颜真卿正书。因碑为马璘去世两年后新修家庙时立，故称"赠司徒唐马新庙碑"。此碑立置后湮没，清光绪十七年（1891）陕西布政司署整修其库门时于土中发现，因残断五块，故又称"马残碑"。时陕西布政使陶模（方之）撰《陕西藩署增置颜柳碑记》（现藏西安碑林）载其事，称："碑横裂，佚其中段。上方存二百余字，大半漫灭，下方仅四十余字。碑额阙四字，撰书姓名及置碑年月均不可见，然其字体端毅严重，灼然鲁公笔也。"此外，欧阳修《集古录》卷八、赵明诚《金石录》卷八、陈思《宝刻丛编》等皆有著录。此处涉及刘子如言马公碑出清陕西布政署库堂"前院鱼池中"，与陶模撰《陕西藩署增置颜柳碑记》所谓吻合。

一九三四年一月

（一月二日至一月三日）

（一月一日日记阙）

二日，……（本日日记以上残缺）瓦棺及各器。借得一（以下残缺）……量天王殿。余独归。薛定夫来谈。余午餐（下半行残缺，次行半行为墨笔涂盖）……出到大同园浴。因其新修理毕，初开张，人特别拥挤，招呼不周。吴敬之[①]老先生来，未遇。

三日，早发一电催润章汇款来。早出访耿寿伯，则睡去未遇。到教育厅晤学昌厅长，借得陕西票子一百元。归，在砖瓦铺，购得出土瓦天马一，瓦灶一，均四五寸长，价二毛。余意为宋元明物，子怡[②]言，当不至明，系宋元物，二毛得之，可为便宜。下午耿寿伯来，告以润章暂时不能来，请改会期为下月一号，彼允转达主席。问以旧库（以下残缺）……

[①] 吴敬之（1865—1946），名廷锡，字敬之，以字行，号次皋，原籍江苏江宁（今南京），寄籍西安，遂为西安人。光绪己丑（1889）科陕西乡试举人。历任国史馆誊录及华阴、略阳等县知县，乾州知州，延安、汉中府知府等。1896年于西安创办《秦中书局汇报》。入民国任陕西都督府参谋、榆林道尹、清史馆撰修、陕西学务处提调、陕西高等学堂监督、陕西普通考试典试委员等。1934年2月后被聘为北平研究会与陕西省政府合组陕西考古会名誉顾问。同年兼任《续修陕西通志稿》编纂。1940年与景梅九等人组织国学社。工诗，能书，善著文。参与纂修编辑《咸阳县志》《周陵志》《太白山志》《史迁谱》，并辑印《关陇丛书》多种。

[②] 即陈子怡（1880—1945），名云路，字子怡，以字行，河南河阴（今属荥阳）人。光绪廪生。后入河南优级师范学校。历任高小校长、《河阴县志》分修兼总校、《河南通志》采访主任、北平女子师范大学图书馆馆长、西京筹备委员会专门委员等职。著《西京访古丛稿》《校正两京新记》等。

一九三四年三月
（三月三十日至三月三十一日）

（本年二月日记阙，三月一日至二十九日日记亦阙）

三十日，……（本日日记以上阙）校长张□①君。面貌颇熟，张君自言在河南第一师范时与吾认识，然余记忆力差，未能忆起。餐毕，同往古物保存所。晤所长裴晋卿君。裴君提议中央研究院，古物保存所，与盗掘人等合作，所得古物，三股均分，至为可笑。所保存天宁寺古名画一二十张，但绢质已碎。想改裱必须从北平请良工来彰德，种种费用，不下千元。现尚无力及此。观其三张较完整者。每张各一神像。从顶至踵，已不下丈，而笔力饱满酣畅，洵属名手。相传为吴道子笔，自不可靠。裴君因其神祇多沿《封神演义》，断为明中叶以后物。但演义中神祇，亦多沿前闻，未尽臆造。且所定神名或未尽确。如所观之观自在像，长须云履，即似不合。不过观其笔意，似非唐风。谓为明中叶重修庙时名手所绘，似为近之。②归办事处，晚餐后，因明早五六点钟即须上火车，故出城仍住德记旅馆。彦堂带行李同住旅馆，以便送余上车。出城时带团丁四名以备非常！至旅馆一问，则早晨无车，仍须乘下午特别快，为之废然。晚谈工作事甚详。

三十一日，许天民来送，并送罐头、茶叶种种。上午再独到后岗工次一看。同照邻到洹河北一观。河北土人私挖古物，所留痕迹极多。河北夜间工作，甚为积极。官厅士绅均有联络，不愿过问！至可浩叹！彦堂在此工作，亦在四面楚歌之中。昨日访得一河北新出甲骨地，今日往与专员交涉，前往工作矣。余始悟前闻孝侯所说小屯工人偷窃古物，中央研究院无法阻止之为虚传。外人以重价收买殷虚古物，固属事实；卖古董者告外人以从中央研究院坑内漏出，亦并非虚。但小屯后岗附近，为当日人居，不出铜器。一间亦偶出，如前日余看工后，在后

---

① 此处空缺未书。
② 此段皆言彰德（安阳）天宁寺藏画保存之事。天宁寺始建于隋文帝仁寿年间，经唐、宋、元、明、清各代增修，始成规模。

岗离地面不远地方，即得一觚，一爵，一戈头，昨日余亲见之，然此为例外。——出铜器者，则在都城附近河北地方，为中央院势力之所不及。然外人买古董者亦仅知小屯；不言小屯所得，苦无售主。种种机缘凑合，而中央院监工不慎之弊端，遂腾议于人口矣！余等过彼间时，一新开过之坑，旁边有数个半大儿童，见余等至，即逃去，其形迹固可疑也。返旅馆，新选工人何国祥①同办事处管事关囗②君来。何拟下午与余同往西安。午餐时，彦堂来。言与专员交涉，甚为满意。未几许天民亦来送。与何国祥同上车，坐三等。到黄河南岸，日已将入西山。宿于一小饭铺中。有床，且无杂人，固已出余意外。此地去年黄河水大，地被沙喷。问地方秩序，则言夜可不闭户也！

---

① 河南安阳人。曾参加中央研究院殷墟考古发掘，技术熟练。1934年3月经董作宾推荐、徐旭生挑选进入北平研究院，为考古发掘技术工人。彼时同往陕西。途中协助徐旭生考察河南广武城遗址等。

② 名空缺未书，其人不详。

一九三四年四月

（四月一日至四月三十日）

四月一日，雇驴往广武①。驴仅驮行李，余与国祥皆步行。登坡时，见村头有荆棘栅栏门，尚闭。赶驴童子，力辟始开。问之，则言去年年底，山上有匪人，故设此门。因此知此地情况，已不如理想中之佳胜矣！过午，到广武，方将寻一饭铺，午餐后，始往访子昂，乃于东街正遇之。虽相别已二十年，然彼接余近日信，知余将来，故尚能识别，叫曰："这不是旭生么？"彼虽已老，而声音余却记忆甚清，故直答曰："子昂先生。"握手相见，皆大喜。因随之到财务委员会。会址在旧日粮馆地。见其各同事，虽年皆较稚，不能认识，然谈及家庭，均相知也。问子昂年龄，则已六十，颇出余意外。但彼中年时，即觉年青，老仍如此，不足异也。最令余惊异者，问城内当日念书人，以为大半当作古人，而差不多皆健在！且均已过七十矣！问赵少甫先生，亦健在，派国祥往送茶叶二盒。稍休息，同子昂往前日学宫，观吾儿时游息之地。则规模大异，几不可认！当日之二堂，已倒塌，仅余破墙矗立！二堂后两旁草屋，吾儿时读书之所，已全拆毁，无踪迹可寻！只有后院大体仍旧。（以下七八字为墨笔涂盖）……至正室内稍坐。虽略有改变，而房子固尚仍旧！出到前日东渠书院及试院地，则前清已改成学校，现在大体无改变。惟文庙亦并归学校，神位已无！数百年之老柏，已砍伐将尽！明伦堂虽在，而改易几不可识！亦因儿时凡物皆觉大，今日反觉渺小。年龄日进，印象固未能相同也！最可痛者，民国初元，河阴初恢复，重修县志，经子昂、子怡等，将阖县之古金石，辛苦搜罗，保存于明伦堂后，又经胡巽甫大令刻石纪事，现在则党部之黄口小儿，或毁在台阶！或用在厕所垫脚！或碎于倒屋！横三竖四，伤心惨目！（以下十六字为墨笔涂盖）……劝子昂设法再搜罗保存，尚未知遗留几许也！归。后又与国祥同出，谒少甫先生。先生年已七十，而尚在授徒，学生

---

① 隋置县。治所在今荥阳市东北广武镇，以境内有广武山得名。隋开皇四年（584）析荥阳县置，属郑州，仁寿元年（601）改置为荥泽县。唐垂拱四年（688）至神龙元年（705）一度改汜水县置。此后一直到1931年荥泽、河阴两县合并后复名广武县，1935年易名成皋县，次年5月复名广武县，1949年并入成皋县，今属荥阳市辖地。

不少。步履亦尚健，但言多走几步，稍急即喘息不已，故未能远出也。未几，子昂亦来，同归。毛胡同及西街情形尚仍旧。晚宿于财务委员会。闻前日金山寺，现改为县立师范，隔壁为其宿舍，初寝时颇扰攘也！晚晤毛子贤，谈及房子事，言明早可同往观。

二日，早同子昂、子贤往看房子。房东杨姓，前作生意，近已不作，在家教一小学。宅基窄长。四间宽。进门，南房连过车门四间。前节空地，尚可建筑。后节有东房二间，暂作书房；又一间，大约为其厨房。正间号称五间，实四间连东头一过道。正房后又有空院，亦可建筑。正房内有暗楼。南房亦作暗楼之装置，但尚未上板。均系瓦房。四面邻居，闻亦甚佳。出又到少甫先生学房一坐，去时，先生正在讲书。返委员会，早餐后，雇驴与王抚吾、国祥同到北山，寻敖顶遗址。出北门，过车庄，车大沟。二村中间，道左有碑楼庙，进内一观，则系清官道所修。有厢房，有卷棚，独无正殿。在正殿处，仅有数碑楼，以颂其教中先师之功德。此教在此一带之重要人物，盖为前清秀才车超然君。车君之父即为此教师父。此教吐浊还清，以法为人治病，盖道士之支流余裔，其糅合儒佛，亦普通道教混合精神之所表现也。前进至下任庄，闻任跻甫居此村，往访之。相见甚欢。村东头有一寨，乃同登寨一观。寨依山以筑，下望风景甚佳，形势亦好。但内无居民和住室。即将别去，而跻甫坚留午餐，不肯放行。午餐为粗白面油饼，内加粉条之面汤二种，并无菜蔬。此等饭，吾二人固然是大饱特饱，毫无问题，可是我们到此，我敢相信跻甫之竭力胜设，然犹止此，足征乡间人之清苦也。餐毕，仍留住下，乃坚决辞出。跻甫送出村，始返。又行数里，遇田间农夫，同他们打听有破砖烂瓦之敖顶何在，他们说在㞢ㄛ①峪——文名寨子峪——坡上，说那边又叫龟盖，有破砖烂瓦甚多。并言从前面可乂②往北下坡云云。从其言北转，又遇农人，问之，则言在彳丨夂③沟——实陈沟——大坡上，宜往西行云云。告以他农人如此说，他说下去再上去，也未始不可云云。遂下大坡。甚曲折斗④峻。路旁即见红沙陶片。自出城至此，路旁极目，并无一古陶片，忽然遇此，不觉大喜。但亦无多片。再下，道旁有版筑，然无以证明其非出于近世。至沟底，问人敖ㄉㄧㄛ⑤何在，答言在前面西坡上。乃留驴夫同驴下候，余与抚吾、国祥上去。抚吾体胖，上颇喫力。上后徧寻，并无陶片灰土！即间有一陶片，亦系现代所遗！且地方狭小，绝

---

① 注音字母"㞢ㄛ"，释作"zho"。
② 疑应为"以"字。
③ 注音字母"彳丨夂"，释作"chi"。
④ 同"陡"。
⑤ 注音字母"ㄉㄧㄛ"，释作"dio"。

不似一都会遗留。转左徧寻，路途愈险。向山外下望，见有数人挟枪以游，心中不无疑虑。昨日闻子昂等言，离城稍远，也常有三五人夜聚明散，为非作歹，但白日则不敢出。然此时抚吾本地人，亦不无疑虑，遂从山内下坡。愈走愈无路，终临斗崖丈余。抚吾言：此类地当系有路，近日因时候不好，为居民除去云云。幸仅属黄土，且余等登山时，携带小镐，国祥乃渐下渐开接脚坑子，余等因此，遂下至明路。此时仍在半山，悟来时打听错误，过来人，不问敖ㄅㄧㄈ何在，只问何处有破砖烂瓦。答龟盖上有，宜从右转上坡。至驴可命其俟陈沟大坡上，云云。乃命国祥下，命驴夫俟于所言处。余与抚吾转右重上。登坡时，遇数农夫，正在锄地，抚吾邀其一人同登。至上，见陶片甚多，瓦鬲腿片均有。此处虽邻大沟，然地稍宽广。且大沟必系近数千年之侵蚀，商代未必如此。时天微雨，农夫指余等以向陈沟大坡路，遂下。余等已无意寻访，思寻途归，而灰土陶片，络绎不绝，而余等已精神疲倦，且天色已将晚，不敢多稽留。如余等早问居民以破砖烂瓦所在，当不至白耽误工夫如此。虽匆匆看一徧，然所见陶片，非必殷时，亦有汉代者，疑汉初敖仓，亦在此地。骑驴疾归，入城，天尚未黑。晚餐，系一盛宴。此地筵席，已比前二十年好多。晚子昂、子贤来（后十数字为墨笔涂盖）……

三日，早，同子昂到教育局，为城隍庙旧地。下午雇驴到汜水火车站。子昂送至城外。至木楼，稍息。至汜水车站时，正有车向西开，问之，则止开至洛阳。至潼关通车，则夜中两点钟始过此。乃止宿于一饭铺中。

四日，十二点半即起。上车者无几人。余虽购二等卧车下铺，然上车后，下铺不空，必须俟至孝义，始能空出，乃俟于头等坐车中，过四点，始得睡。晚抵潼关，宿于旅行社。在社中洗一个澡，为之一爽。（下两行各一段约二十字为墨笔涂盖）……偕国祥到东门外一游。

五日，昨晚起便时，天微雨，甚忧今日行程，然数点即止。今日早旅行社徐伙来言，有一坐车，可坐三人，如能出三十五元，则上午即可至西安，冯先生可同行，未知余乐意否。余斟酌片刻，答以可行。我方出车价及酒钱廿五元，冯君出十二元。车甚新，系一军中回头车，偷携客人。车走颇快，沿途麦苗佳，气象尚好。在渭南稍停即走。至华清池前，入民众第二图书馆参观。晤孟希夫君，又问卞文轩君，然时卞君已至前，同余招呼，而余有点遗忘面孔，甚矣，余记忆力之坏也！又至浴堂参观。内宋元刻石尚多，异日当令人拓一全份。至城内，约将两点，过灞桥后，泥颇多，因昨晚雨大也。至分会，除晤分会诸君外，又晤考古会新职员李、杨二君①。张午中②同一韩君来谈。（以下十余字为墨笔涂盖）……又有一新闻记者来与乐夫谈，忘其姓名。冯君携鲍君（以下二字为墨笔涂盖）……来谈。致一电与圣章，报告已到，并催汇款。（以下十余字为墨笔涂盖）……

六日，早扶万③来谈，午峰④来谈，子怡来谈，吴敬老⑤、冯孝伯⑥来谈。（以下五六字为墨笔涂盖）……下午有数新闻记者来。一河南大学教授饶孟侃君⑦来谈。饶君学英国文学，然对古物颇有兴趣。言兴善寺堆集佛像颇多，且慈恩寺塔前地下有蔡君谟书残石，请会中派人取回。写家信一封，中孚⑧信一封。晚子怡同西京筹备委员会一□⑨君来，言陇海路局约明日由委员会居间，将所得古物交陕西考古会，请派人于明早八点，同往接收。乃派人通知扶万先生转令李君往会

---

① 李君，为李希平（1900—1959），名瀟，字希平，一作西屏，一作西平，号学古斋主人等，陕西西安人。出身世家，20世纪30年代初曾长期在西安易俗社任事，不久任陕西孤儿教养院院长。擅书画、篆刻及金石考古与文物鉴定。1933年加入西京金石书画学会，任干事。1934年3月经寇胜浮介绍进入陕西考古会，任助理干事。1950年入西北历史文物陈列馆，历任干事、保管组征集主任等职。精绘事，擅书画鉴定。著《学古斋集藏古印》。杨君，为杨彬如（1895—？），陕西长安人。1934年2月以前任长安县教育会书记、长安特种税局书记等职。1934年2月任陕西考古会书记，大量文稿皆出其手。

② 张午中（1888—？），又名张丙昌，字午中，以字行，陕西富平人。清末附生。陕西名宿张扶万长子。1906年5月赴日本仙台高等工业学校土木工学科、经纬学堂普通科留学，1910年回国。历任延长石油官厂总理、醴泉县知事、西安市政工程处处长、富平县参议会议员等。编纂有《延长油矿沿革史》，译著有《道路工程学》（日君岛平八郎著）等。

③ 即张扶万。

④ 即梁午峰（1894—1971），字午峰，以字行，陕西渭南人。1914年入北京高等师范学校，毕业后历任陕西省立女子师范教务主任、校长，陕西省教育厅组织科长，三原县县长，陕西省民政厅第四科长，陕西省教育经费管理处处长，一度代理陕西省教育厅厅长。1934年2月任陕西考古会委员、秘书。1949年7月被陕甘宁边区政府任命为西安图书馆馆长。著《陕西乡贤事略》（与王儒卿、刘安国合作）、《女娲古史今译》、《觥器图说》、《陕西天气之揣测》等。

⑤ 即吴敬之。

⑥ 冯孝伯（1867—1948），名光裕，字孝伯，以字行，陕西兴平定周村人。光绪二十八年（1902）壬寅科举人。分省补用知县。入民国，受委任兴平县知事，辞而未就。善作文，曾参与重修咸阳县志。平生撰写碑版甚多，著《孙蔚如创建灞桥学校记》《赵端甫公墓表》等。1934年2月后被聘为陕西考古会名誉顾问。

⑦ 饶孟侃（1902—1967），别名子离，江西南昌人。1916年入清华学堂，1924年赴美国芝加哥大学留学。归国后历任复旦大学、暨南大学、安徽大学、河南大学、浙江大学、南京大学、西北联合大学、四川大学教授。参与编辑《新月》杂志。1949年后，任四川大学教授、中国人民大学外交系教授、外交学院教授等。擅长外国文学翻译研究并诗词、小说写作，作品主要有《泥人集》（诗集）、《梧桐雨》（小说），译著有《兰姑娘的悲剧》《巴黎的回音》等。

⑧ 即张中孚（1874—1941），名嘉谋，字中孚，晚年自号梅溪钓徒，河南南阳人。清末廪生、拔贡、举人。曾任陕州三门书院、淅川丹江书院讲席，官内阁中书。入民国任河南临时参议会议员、副议长，众议院议员。后任河南通志处编修、河南民族博物馆院长等。主编有《河南疆域志》。作者同乡、友人。《徐旭生西游日记》："（八月二十八日）……晚八点多钟，有一后藏格根从后藏进京过三德庙，听说赫定先生在此地，来拜访他。我在陪坐。这位格根穿中原衣服，样子也像中原人，头颅极似乡人之张中孚先生。"

⑨ 空缺未书，不详姓名。

同委员会接收。

七日……（以上一行为墨笔涂盖）任不在，乃改见周梵伯①秘书，少谈，（以下十余字为墨笔涂盖）……为饶君②介绍参观小碑林。归步行，天甚热。今日陇海路局将其所得古物点交，考古会李君③往，则李段长④言必有北平研究院人到方可，盖对于考古会方面，颇含不信任意。乃命乐夫同往。下午考古会开例会，张、王、寇、李各委员均到。散会后有数新闻记者来。

八日，往见叔威厅长。（以下四五字为墨笔涂盖）……下午饶孟侃君来谈。接研究院信，（以下四五字为墨笔涂盖）……下午雷声殷殷。写信与天增、桂棻、长兄、二哥。⑤

九日，今日雨，天寒。接孟和信一封，写寄黄自芳⑥信一封。扶万先生来，介绍其令亲钟德昌⑦君，往作工。钟君年十九，曾上国民小学，在乡下种田，许之同往。晚与孝侯、万玉⑧等谈。孝侯（以下阙）……

（四月十日日记阙）

---

① 周梵伯（1909—1993），陕西蒲城人。早年就读英国剑桥大学，归国后任杨虎城十七路军机要秘书。
② 应为前文所记饶孟侃其人。
③ 即李希平。
④ 李段长为时任陇海路局潼西段工程局第二总段段长李俨（1892—1963），原字禄骥，后改乐知，福建闽侯人。1912年入唐山路矿学堂。翌年入陇秦豫海铁路局。曾长期致力陇海铁路建设与中国数学史研究，陕西考古会成立后，受聘为顾问，厥功甚伟。1955年被选为中国科学院哲学社会科学部学部委员。著《中国算学史》《计算尺发展史》《铁道曲线表》等。
⑤ 天增，即刘天增，河南唐河人，作者外甥；桂棻，作者长兄徐沛泽子；二哥，即徐沛恩，作者二兄。
⑥ 黄自芳（1880—1951），字佩兰，河南叶县人。晚清附生，后入河南师范学堂，毕业后致力教育。曾参与辛亥革命。1913年当选国会众议院议员。历任安徽涡阳、泾县、颍上等县县长。1926年任河南省教育厅厅长。1933年5月后任刘镇华（雪亚）主持安徽省政府之秘书长。抗战爆发后任明德中学校长、宝鸡大新面粉厂董事等。工书画，醉心社会公益。著《涡阳县志》《大学中庸蠡测》《晚香草堂诗话》《沙河查勘记》《荀子学案》等。
⑦ 钟德昌（1916—?），陕西富平钟家堡人。富平国民小学毕业。1934年4月因姑父张扶万推荐进入考古会斗鸡台工作组。从练习生直至技工、摄影师等。"七七事变"后随徐旭生至昆明。1949年后长期在昆明居住。
⑧ 即白万玉（1900—1968），字蕴山，河北省龙关（原属察哈尔）汤池口（龙口）村人。十五岁始连续参加瑞典安特生（Johan Gunnar Andersson，1874—1960）西北考察及河南渑池仰韶村遗址考古发掘。1927年随斯文·赫定、徐炳昶等参加西北科学考察团赴内蒙古、甘肃、新疆等地考古调查。1934年起参与陕西考古会三次斗鸡台考古发掘。精田野发掘与文物修复。1949年后入中国科学院考古研究所，任全国考古人员训练班教员。1956—1958年任定陵考古发掘队副队长。"文革"中遭受冲击，精神失常，含冤而死。

十一日，仍未晴。寿伯来言扶万先生见邵主席，请补助款项，并请将本院部分经费统一，邵答以未便说，请自商议。寿伯意谓如实质不变，形式上不妨少让步以示接近云云。答以用款大体可随时报告委员会，但本院经费，止限于工作，不能移作行政用。又本分会独立会计亦未便取消云云。寿伯以为妥，允转告前途。托其将工作款项汇到宝鸡县政府，以便在当地发用，又请其知会汽车局减价。答以来一函，即可容易办到。田和生来。去后请考古会李君以考古会名义去信。整理铁路局所交来古物，撤其重复及破碎者，置于储藏室中。扶万先生来，言信可写，但仍申经费统一议，仍以前议答之。下午李囗^①引一杨联甲君来谈。杨君宝鸡人，民国初年在北京警官学校毕业。家居姜城堡西。因与谈宝鸡情形颇详。（以下四五字为墨笔涂盖）……接中孚信一封，并张翼三君（徐注：名轸，罗山人）救济宛属计划大纲一份。

十二日，夜雨，天明雨止，然仍未放晴。今日考古会请李乐之^②、龚贤明二顾问来会参观所已陈列由铁路局交来古物，（后中断缺失）……

十三日，……（前段阙）彼间等着整理，而启行未知何日，真令人闷损也。阅报，知前晚最低温度，已及零度。今日室中温度，未过九度。上午雨颇大。下午渐小。幸晚十点半钟，已见星，天其能从此放晴乎？然亦未可知也。终日未能作事，（后十余字为墨笔涂盖）……

十四日，今日晴，然仍有云，且向西南行，令人心中不安。今日下午（以下三行为墨笔涂盖）……归写彦堂、子昂、援庵（徐注：将唐郎官题名碑照片，寄与援庵）、颖孙、润章、寅恪、建功^③信各一封。家信一封。今早乐夫到汽车公司问汽车何日能行，答言，如从此不雨，后日准可成行。六点钟，有一新闻记者来访。

十五日，晴，定明日启行。令乐夫将商务书馆所余之四百元取出，留下百元

---

① 名空缺未书。
② "李乐知"之误。
③ 援庵，即陈垣（1880—1971），字援庵，又字圆庵，广东新会人。颖孙，即郑颖孙（1893—1905），一作郑颖荪，安徽黟县碧山乡石亭村人，早年毕业于北平燕京大学，后留学日本早稻田大学。归国后任教于北京大学。精通古代乐器研究，古琴尤著。1934年1—2月刘半农采访赛金花时，其充联络之职，并将采访地点放置北平王府大街自己家中。事见《刘半农日记》。润章，即李润章。寅恪，即陈寅恪（1890—1969），字鹤寿，江西九江人。建功，即魏建功（1901—1980），字天行，笔名健攻、山鬼、文狸等，江苏海安人。

自带，余三百元，想交到财政厅，拨到宝鸡。问人，始知今日星期，无人办公，止好送与寿伯，请转交，乃雇车往，则寿伯已出。归将至门口，乃遇寿伯坐汽车上，邀之至寓，托其办理，并请其转托财政厅令知宝鸡县政府，如考古会用款在五百元以内者得随时支付，报交收条，即作正开支，将来由院还厅①，寿伯慨允照办。寿伯言，少岩来省，是否可同往看他？乃坐其汽车，同往。稍谈，让寿伯先去，因不欲劳其汽车再送也。独出，路过莲湖公园，进去一观。花红水绿，春色满园矣。归，接到扶万先生信一封，言会中将派李君希平，同往协助工作。往见叔威厅长，谈及会中诸委员，因前日开会，余未将工作及款项报告，不甚满意，故有前日统一议。前日会中，议论出发事太少，余当日事后，也觉诧异。但开会无秩序单，主席未提出，余个人亦觉无多话可说，故未特别提出报告，不料其出此误会也。因请其随时见面解释。下午检点书籍。乐夫厌烦，将书乱七八糟，往箱中一堆，甚不怪，乃代为检清楚。稍息。李印唐②来，言扶万先生请再留一日，为出发人员饯行。余闻之，觉甚诧异。彼又言实因戴君电，欲得一机会，见面一谈。余因答应再留一日。③叔威厅长来寓稍坐即去。子怡来谈。接圣章信一封，言白金线国内无有，须到国外订购，胶片购妥即寄来云云。

十六日，检点东西。因昨日邵主席在牛头寺附近，坠马伤肱，乃同乐夫、孝侯往视。先晤寿伯，据言在省立医院，不在省府，乃出到省立医院，见著，精神甚好，医生言内部毫无损伤，惟昨日初受伤用汽车返城时，路甚不平，痛颇剧，现一切均佳云云。归，寿伯来一信，言所托事全已办到，并付一三百元收条。柯莘农来谈。午刻考古会正式开会，王卓亭④未到。余解释前次误会，并报告一切。

---

① 指由北平研究院归还经费于陕西省财政厅。
② 李印唐（1883—1958），名树荣，字印唐，一作印堂，以字行，陕西咸阳人。清光绪附生。后入兰州高等学堂。入民国历任三原县知事、长安县政府秘书、咸烟局长等职。1934年2月经梁午峰推荐任考古会办事员，旋任考古会主任干事。擅书法，大字榜书，尤具醇厚朴质之态。
③ "戴君电"事，指1934年4月11日，考试院院长戴季陶自西安分别致上海中央研究院院长蔡元培、南京政府行政院院长汪精卫、教育部部长王世杰（雪艇）及军事委员会委员长蒋介石等政府要员，所谓"通令全国，凡一切公然发墓取物者，无论何种理由，一律依刑律专条严办"的"真日电文"。电文引发蔡元培、傅斯年、李济、徐炳昶、熊梦飞、鲁迅、张竞生、刘复（半农）、罗懋德，以及法国汉学家保罗·伯希和（Paul Pelliot, 1878—1945）等人的激烈争辩，酿成影响深远的一场考古论战，透析出"发掘"与"盗掘"、"科学"与"反科学"的尖锐理念冲突，冲突虽以戴季陶的惨败而告结束，但值作者率队赴斗鸡台发掘之时，余波影响仍未散去，故有如是微妙社会反映。详见罗宏才：《陕西考古会史》第三章"考古论战与奇文搜刻"，西安：陕西师范大学出版总社有限公司，2014年，第139—187页。
④ 王卓亭（1864—1942），名健，字卓亭，号卓翁，晚号似园老人，陕西蒲城人。光绪己丑（1889）科陕西乡试举人，累官至榆林道尹，后任陕西通志馆副馆长、陕西省政府顾问、陕西参议会参议等职。1933年与寇胜浮、党晴梵、张寒杉等人发起成立西京金石书画学会，被推为理事。1934年2月任陕西考古会委员。

胜浮主张凡看得见的古墓，完全不动，因与原计画无冲突，允之。胜浮又极力主张会中经济统一，换言之，即取消分会会计，款项来时，交给考古会会计，再行领用。因其不合理，力拒之。归结，仍旧贯，而用款或欠缺有挪借时，由研究院自行负责借还，不使考古会另负责任。三点多钟，始喫饭。寄与刘士林两宫图拓片一份。冠五来谈。给他写一信，介绍给叔威厅长相见。晚气象颇燥，天亦微会。往与叔威先生一谈，以今日开会详情告之。

十七日，五点即起。收拾行李，用电话催汽车，七点余始到。装车过满，汽车夫不肯开。扶万先生来送行，言可对寿伯一言，请其设法。乃命乐夫往，未几孙维和来，与之言，彼仍不肯开。吾辈相信重量不小，但未过重，汽车夫不过想另搭人坐，或想多讨酒钱，遂故意为难，心中甚怒。以后汽车管理局陆君来，汽车夫觉得不妥，倩人言愿开，吾辈又怕他路上掉花头，坚不愿他去。归结，汽车局又派一车来，这个汽车夫也说太重，不得已，乃命他们两个车都开出。孙君又派人送点心。十一点，乃开出城。后亦未见有人求搭车，怒气全消。到兴平，吾本意不停，乃汽车夫停下用午饭，也止好下来吃点饭。用饭未完，少岩闻我们来，亲来店中。恳切之请，至堪感荷。至武功，稍停等后车，所带来之煤油，路上震动筒漏，乃赔钱卖与商家。武功、扶风、岐山荒地虽较去年为减，然仍不少。过扶风不停。离岐山一二十里，（此页末全行，次页一、二行全行，三行半行均为墨笔涂盖）……行李车不来，心中甚焦急。因岐山店，均为军队占用。吾辈想先到凤翔，又无行李；且恐行李车出点小差子，去远更无从招呼。眼见太阳西落，止好枯待。日已将落，看见车已开来，大喜，乃急前开。幸此后车甚平。打了二十余里黄昏，始至凤翔。餐后未几即寝。

十八日，五点多钟起。七点余开出。（以下半行、次行全行为墨笔涂盖）……直至宝鸡。在沟中，与一重载牛车相遇，非牛车后退，无法开出。大家给牛车帮忙，而退数丈地，真费千辛万苦！汧水颇汹涌。过底店，耳目一爽。但恨今日有雾，未能明见南山。至宝鸡县署，晤全仲侣①县长。全前为民厅秘书，固系旧识。谈次，知仲侣县长，对预备房屋各事，已先为筹备，甚喜。其宝贤堂前，春光已浓，海棠盛开。然未几即闻敲扑声以逼丁赋，心为恻然不宁。餐后稍息，将出游长寿

---

① 全仲侣（1894—约1972），即全祖谋，字春发，仲侣其号，以号行，江西金溪人。清末就学于江西公立法政专门学校法律科。民国元年（1912）考获高等文官资格，以县知事用。历任江西全省军法处监狱官，广西第二、第三区烟酒公卖局局长，河南、湖北财政厅秘书，湖北皇经堂统税局局长，江西赣南道尹公署第一科科长，九江禁烟处处长，江西烟酒总局秘书，江西督办公署上校秘书，交通部南昌船捐局局长等。1932年任陕西省民政厅秘书。1933年至1935年任宝鸡县县长。擅文，精岐黄，喜收藏。

山，恐县长事烦，未敢往邀，而同人至门前，县长已追出，言事在早晨及晚间，此时无事可同往，乃同出。先游城隍庙，现时门开，内有一道人。孝侯甚赏天花板之美好。出。从县立完全小学入游文庙。虽不若凤翔之破坏堪悲，然门窗已全毁，神牌已无。止余一至圣神牌，甚新，但置于累积甚危之土墼上，为慨叹者久之。仲侣县长嘱校长将神坛仍修起。此地各庙固多数破毁，然树尚未拔，略为可喜。出西门。过一村，忘其名。再前为玉涧堡。玉涧河在堡东，县志言县城之形胜，曰："左金陵，右玉涧；后陵原，前渭川。"县城东三四里，有水曰金陵川。川西有原曰陵原。城筑于原半腰。登原则全城在望，故此城虽风景绝佳而万不能守。西门外二三里，即玉涧河，水因流急，颇汹涌，然水量颇少。水不行沟中，沿西岸东南流。土人用巨木，空其中，下以巨木撑之，横沟上，引一股水过东岸灌田。制法质朴，饶自然之趣，令人流连不置。木管间有漏处，垂泉四渍，夏日当有儿童在下洗浴矣。管北为一木桥，上可行汽车。渭河峡口在此地西十四五里，时有要人往视察，故仲侣县长催民夫赶将道路修平，旁植白杨。——据仲侣言，今春共植树三十五万株。——过河，未过堡，北转，有原，名紫草原。原东端即名长寿山。原腰有庙，与金陵川旁之金台观，形势全似，东西相望也。登山沿河，有水磨数家。庙层累而上，神殿甚多。前院有亭。坐亭上，望南山、渭河，万象森列。一山口西南行，行四五里，即至总笼川陕之大散关矣。庙有一殿，因临峻崖，石阶太逼仄，阶旁置铁链，可援以上下。庙内雕刻、塑象、画壁，均可观览。庙有碑多通，止有一明碑。最足异者，则庙似无一正名也。有一碑，称俗名牛头寺，至县志则名之曰牛头观。庙中神祇，亦道佛杂出；守庙者为一道人。仲侣县长称之曰长寿寺，亦似非典。拍一照，乃出。南到玉涧堡。途中拾得一断石斧。堡西头有一庙，颇整齐，门不开，未能入。稍东又有一庙，曰胜金寺，内有学校。后殿供三大士。悬山神佛，意趣横生。出过桥转南，到纸坊头。此地去年曾来，然风景明秀雄胜，仍令人无限留连。今日出城所见，如以艺术眼光视之，无一不佳绝。余行地颇多，风景堪与宝鸡相比者，尚不多见。今年年境略转，村童就学者已多。能再丰收数年，民力当可稍恢复。此县地临通衢，所患者，差徭繁重，（以下半行为墨笔涂盖）……

仲侣县长闻人言文庙系秦羽阳宫旧址，劝余发掘，然据宋人记载"羽阳千岁"

瓦发现于城东门外，宋城与今城非异地，则遗址当不在此①。

十九日，与仲侣县长偕往斗鸡台。至村西头，大道北有一庙，内有第二学区区立第二十七小学。据言临时办公处可设于此，乃下车入观。未几，正区长田君，副区长韩君，前任区长口②君，村长张君，排长杨君均至。校中教员符君。问此何庙，符君言系娘娘庙。庙大门三间，无神像，画壁剥落。正殿三间，有画壁神像。陪殿三，各一间，内有神像画壁，无门窗。教员住室一间，门窗全。后面有洞二。稍休息，即同往观将来要发掘地。上原太早，至戴家沟西。下沟，细观ㄅㄛ③盗掘处，始知沟沿西畔，亦多发掘。登东面原上，寻灰土层，知并无去年所觉之多。乐夫在岩间，寻出一颇完整之瓦鬲。村人言此类物极多，觉ㄅㄛ的人不要这些，得辙碎之！下原，人言他处有一部分间房，可设办公处，入观，则房止三间，虽有二洞，然太不敷用，乃返庙中，决定用庙，学校迁移他庙。村人备有午餐。餐后乃归。过东岳庙前，乃下车入观壁画。庙中亦有学校。正殿后檐已漏，据孝侯估计，需百余元，即可收拾。劝仲侣县长倡首捐助，经慨然允许。晚餐时，闻仲侣县长言明日，（以下二行各半行为墨笔涂盖）……即全搬到斗鸡台临时办公处。（以下末尾半行为墨笔涂盖）……

二十日，早起，检点行李，以二牛车一骡车运之。余个人则偕钟德昌步行前往。七点余出城。东关中间有先农坛庙，入内一观，已破损，无人守视。前有戏楼。出关外，向北稍转折，有大乘庵、三元宫，内有道光十一年（1831）碑。设有县立第四初小。入内观时，则儿童均正在扫地。稍前路北有一堡，名东堡子。堡外有戏楼。楼山墙外附短檐作饰，檐下又一墙附之。稍前即金陵川。去年来时，水仅余尺许，此时宽广，不啻十倍。过川，北原名西平原。原头曰蟠龙山。有堡。清初贰臣党太保崇雅④旧居。山根亦有堡，名金陵堡。堡外道傍，有小市肆。路

---

① 宋人记载指北宋王辟之《渑水燕谈录》，其卷八："秦武公作羽阳宫，在凤翔宝鸡县界，岁久不可究知其处。元祐六年正月，直县门之东百步，居民权氏浚池，得古筒瓦五，皆破，独一瓦完。面径四寸四分，瓦面隐起四字，曰'羽阳千岁'，篆字随势为之，不取方正，始知即羽阳旧址也。其地背负高原，南临渭水，前对群峰，形势雄壮，真胜地也。武公之初年，距今千有七百八十八年矣，武功游景叔方总秦凤刑狱，摹刻于右，置之岐阳宪台之瑞丰亭，以贻好事者。"日记倏忽间忘记王辟之《渑水燕谈录》。其言"宋城与今城非异地"句，或系"宋城与今城非一地"之误。
② 空缺未书。
③ 注音字母"ㄅㄛ"，释作"bo"，汉字作"跛"，普通话汉语拼音作"bǒ"。
④ 《大清高祖纯皇帝实录》（乾隆朝）："朕思此等大节有亏之人，不能念其建有勋绩，谅于生前；亦不能因其尚有后人，原于既死。今为准情酌理，自应于国史内另立《贰臣传》一门，将诸臣仕明及仕本朝各事迹，据实直书，使不能纤微隐饰，即所谓虽孝子慈孙百世不能改者……此实朕大中至正之心，为万世臣子植纲常。"党崇雅历官两朝，故列《贰臣传》。

北有关帝庙。内有道光二年（1822）碑，据言庙重修于乾隆四十九年（1784）。后殿嘉庆廿四年（1819）之神幔尚在，画壁颇佳。前殿无神像，有第二学区区立卅二初小。据此前殿门对，疑曾祀介推。然仅一纸对，或未足为依据也。稍前地名崖子ㄌㄧ①，再前小堡子，又金升堡。实在此数处均相连。过堡，离开大路，上原，原半有一小村，名宋家窑。前有十余家，现经荒年，已余四五家矣！下原，到十里铺，大村也。有庙名朝峰寺。门闭，叩之不应，拨之始开。内设有一小学。正殿祀三大士。仅有一乾隆六十年（1795）所立"毛家坡开元寺争田亩碑"。据碑则二地均在"南栈"，明季，村人避乱始垦②斯土。清天下大定，人各归乡，田荒，遂为流民所据。兴讼累年，经官断明，乃立此碑。再前，张家村。原坡有柏树多株，虽水缺未茂，而已点缀风景多多。村内杂树亦多，故风景为此十余里内之冠。村有太白庙。嘉庆十六年（1811）碑，载系明初"探花讳俊，铁板大人刘公倡众建修"。雍正十二年（1734），则言刘为"正统词臣"。考县志，言刘俊，玉涧堡人，正统十年（1445）第三人及第。常"拒石亨之请，发汪直之奸，一时有铁板之号"，云云。内东院有小学，碎娃四五十。西院有小楼，名凫飞。三层，梯毁不可登。前廊有人织席。问其价，则言仅二角。问一日能织一张否？答必须二日。人工之贱，殊堪一叹。庙油饰颇新。据民国十年（1921）碑，则新修"经始于光绪三十三年（1907）六月，落成于民国十年（1921）十月"，共历十五年之久。出村稍东，有村名张家底下。再东，有村，未知何名。再前，已为目的地。学校已移去。庙内缺门窗床桌之属。未几区长、村长皆来。县长派四团丁来任保护。匆匆扫除假借，亦遂安置。余一人住前教员室内。乐夫、希平、隆季及二勤务则住大门三间内；将大门关闭，留走旁门。孝侯、万玉住正殿内。余住后间。召泥水匠、木匠修理锅灶。未几已可举火用饭。庙后坡上有堡，内无居民。王忠义由庙后水洞，入登堡上，言上有野鸡。余亦攀登，在堡外西南面平地一看，则见堡寨下灰土甚多，陶片均属汉时。疑此即汉陈宝祠地。欲寻得门入堡，则西邻大沟，不得过，亦止好侧身由水洞入。登堡，墙颇薄，难行。正北堡上，有无量庙一间，现已破毁不堪。然当日规模不恶，而额曰"因陋就简"，以是知秦民之修庙热也。堡有东门。出归庙，始疑庙即为陈宝祠。庙固无额，而神龛前颜曰"陈仓福神"，当非无故。联曰"神降陈仓，瑞映岐阳鸣凤；庙临渭水，祥开郿野飞熊"，语意亦合。问符先生③以陈宝祠何在，谢以不知。后向东边各庙揣测，均似是而非。以余意告之，答言亦或然也。排长杨君则言此即陈宝祠。考陈宝之祥，刘向言其

---

① 注音字母"ㄌㄧ"，释作"li"，汉字作"里"。崖子里，关中西部方言读作"lái zǐ li"。
② "垦"字之别。
③ 即19日日记所载"校中教员符君"。

"高帝时五来；文帝时二十六来；武帝时七十五来；宣帝二十五来；初元元年（前48）以来，亦二十来。"（徐注：《汉书·郊祀志》。引见县志）则虽迷信，亦非虚构。观"文公获若石"及"常以夜光，辉若流星"（徐注：《史记·封禅书》）及"光星赤黄，长四五丈"之语（徐注：《汉书·郊祀志》）。则初来当系一陨石，后来当系流星。忆吾初年在河阴时，闻山中人因井深，汲水不易，故井上彻夜有人，天上变异辄知之。此地地势相同，故大流星之来，均能详记。至童子化雉，则初期并无此说，亦只曰"野鸡夜雊"（徐注：《封禅书》）。"叶君神来时，天为殷殷雷鸣，雉为之雊"（徐注：《汉书》臣瓒注）而已。亦因此地野鸡甚多，故见流星出而夜雊也。此神至今日，已历二千六百余年，在我国各神祇中，恐除①灶神外，无一神能与之争老资格矣！决定明早分三拨出发，寻找遗迹。乐夫、希平、德昌一拨向东寻；孝侯、万玉、忠义一拨向西寻；余与隆季、国祥为一拨，直北到原上一观。

二十一日，夜中闻有雨声。早起，仍微雨。温度十四。云雾中看南山，峰峦隐现，浓会欲滴，若观小米水墨图绘。②惜吾不擅丹青，惟有对山瞻仰入幻。十点后，略晴，乃同隆季、国祥出。上原，从戴家沟西一沟上行。路旁有一两处灰土，瓦鬲片颇多。原顶有村，名冯家崖。居民四五十家。有一堡子，未入。堡东有关帝庙，门闭未能入。庙前有戏楼，以板蔽前门。庙东有冯氏祠，内有小学。下原，至戴家沟，则乐夫、希平、德昌等在原掘一洞中找东西。下，与之同下。午餐后，三队同出，然希平留看家。登原，沿堡西大沟上。时行沟左，时行沟右。东岸上陶片不多，无灰土。沟中红土，无陶片。前日万玉找著龙骨，当即在此附近。西岸上颇有灰土陶片。登原顶，在冯家崖西。村名杨家山，有堡，未入。杨家山西北有小村，名苏家崖。再北，有村，曰黑石沟。冯家崖北小村，曰宋家窑。从杨家山仍迤逦而上，北一二里，始至原正顶。再北，则又稍下矣。下一里许，至一村，曰东河。荒年前居民过百家，今不及百。问陈村离此地若干远，答言二十里许。问离凤翔若干远，则仅五十里。问北离汧水若干远，则尚有十余里。原上无遗迹。乃返。过宋家窑，冯家崖，均略有桃花，殆"万绿丛中红一点"矣。入冯家崖堡内一观，则南临悬崖，故无南墙。内亦少有人家。出下，遇乐夫、德昌，言东崖毫无所得。乃再向东下，乐夫等亦随下。羊肠明灭，极难行走。幸余等胆尚大，实则人足所

---

① 原件作者误作"陈"。
② 宋米芾（字元章）、米友仁（字元晖）父子均擅山水绘画，时称"山水父子""大小米"，合称"二米"。其山水画法独辟蹊径，水墨浑点，泼墨、积墨、破墨并用，着力营造江南雨景之云山烟树，塑幽美意境，称"米点皴"。米友仁绘画根基乃父，又开拓一面，重在表现江南雨景之迷蒙空灵。作者雨中对视太白、秦岭，所见画境与米友仁山水画意吻合，因有感悟。

需地，亦极微末。如小心使不滑，即可无虞陨坠。沟中有泉。地仍属斗鸡台，因沟口有寺，故亦名寺底下。将出沟，有大杨一株，已砍其半，乃又以泥封之！树仍畅茂。贪利畏祸，村人心理，于是见之。左转入寺，有二院，彩饰尚新。正殿左壁有悬山，右壁则止画壁而已。问人言，庙为何年所建？答言"敬德所建。"问何所据？答曰：殿后墙外有碑。寺钟为嘉靖年造。出庙视碑，则金大定年一碣。是则碑纵非敬德所建，固已历有年所。改日当派人揭取。归，晚餐时，决定明日派乐夫进城，见县长，商议团丁口食及地价事，并取国币百元。归时，顺便到蟠龙山一带考查，迤逦东来。至孝侯、万玉则西去，期以明日将从金陵川至此地原畔，考查清楚。近日此地闹狼，人有戒心。接圣章快信一封，系为汇刊催稿。

二十二日，不出，止在家补作日记。孝侯、万玉返，言考查至十里铺，无所得。乐夫在蟠龙山斗岩，得花陶片颇多。今日闹狼愈急。有一村童脸为狼抓破。原上一童被狼食。村人演皮影戏，请神保护。晚多人来庙请神。因余等在庙，未便入，乃于庙外东旮旯，焚香，点烛，磕头，放炮，敲小锣，礼毕，去时，并请余等往观戏。今晚出恭①时，令人在外守卫，亦惧狼也。接总办事处信一封，言（以下二十余字为墨笔涂盖）……片二十打，已交邮寄来矣。今日天气甚暖。晚十点，尚在零上二十度。下午孝侯言上边堡后，有古版筑，疑为汉遗。余乃独往观，徧寻不见。但近处靠北台崖，亦稍有立土。欲自西大沟下，已将下至底，只离数尺，而崖斗惧滑，终不敢下。再上亦颇不易。稍一不慎，荆棘上小刺入手掌者一二十！虽无大失手，而戒心仍憬憬也。归问孝侯，孝侯即在祖师庙后靠着。问：何以知非筑堡时之版筑？答：外出尚有丈余，且与上层版筑，厚薄不同，当非同时。其言似有理，异日当再往观。

二十三日，早起，独出，向西行。傍原而上，村名刘家湾。有泉出岩下。上有庙，曰龙泉寺。庙中无人，有道光八年（1828）碑。民国元年（1912）又重修。祀佛，罗汉，千手千眼佛（徐注：实只十四手，十四眼），孤魂，韦陀，关公，极凌杂之致。门上悬第一学区第九初小扁，然因年荒娃少，并入第二十七初小矣。归，早餐后，派万玉携带两勤务往蟠龙山，再考查乐夫所发现古迹。孝侯为陈宝神照像。县二科科长夏日守君奉县长命，携韩区绅同来，商议用地发价事。韩又邀杨排长来。议决：分为二类：第一类，用后地可恢复者，又分甲乙两种，内又分麦地、烟地，

---

① 本意指越规、出界。元代起引申为如厕，并将大小便分别称大恭、小恭。元关汉卿《四春园》第三折："俺这里茶迎三岛客，汤送五湖宾，喝上七八盏，管情去出恭。"《西游记》第二九回："沙僧，你且上前来与他斗着，让老猪出恭来。"

甲种烟地，偿十二元，麦地十元；乙种烟地十一元，麦地九元。此款于动工前发给。如用后不易恢复者，归第二类。此类于完工后，再斟酌补偿甲种十二元，乙种十元。下午四点后独出东走，至一庙，名三元宫，门闭，未能入观。村名二十里铺，居民四五十家。余从此村上至原半，见原上有村，问路人村何名，答言苏家ㄉㄢ ㄅㄧㄢ ㄏㄚ，疑ㄉㄢ ㄅㄧㄢ ㄏㄚ为原边下之讹，然未敢必。再西为杨家ㄍㄨㄛㄉㄚ，ㄍㄨㄛㄉㄚ，未知何意。①崖边有柏颇茂。再东，为文家村。再东，有沟，内有泉水下注。名东沟。再东，即寺底下。早晨，隆季、国祥曾在此一带，寻得灰土，检得古陶片，余却未见。寺旁边，戏正在唱，闻晚有皮影，现则只有清唱。一班七人，四日共十元，并闻均有烟瘾，然则其喫饭钱亦仅矣！归，万玉等亦归，检得石斧，石簪，花陶片。据言其灰坑较此间大，地面较此间小。

二十四日，今日有风，下午颇大，将晚始住。早起，出到河边一游。河身离寓所尚有一二里远。有水鸟两三种，未知何名。现在河身不过三两丈宽。滩地多积沙，间有种烟者，问其何不种麦？答言种麦不成，故从来无种麦者。早餐后与乐夫、孝侯、万玉、隆季同出，尚有国祥、忠义、德昌等。将对于寻得地点，作一总勘查，再行决定地点。先西行，到刘家湾。岩边人居上面，有灰土窑子颇不小。再上，有墓，人骨已露出。再上，小灰土坑散布各处。返从寓所东上原，先到堡中一观。再北，复勘前日所见灰土。转东，下坡处，有版筑一段，似颇古，然未敢定。到戴家沟，复勘党ㄅㄛ所发掘地。再登东原上一观。乃归。国祥言在东边，另发现版筑一段。午餐后往观。先到原边上破土台上一观。此土台系版筑，详细勘察，仍未能猜测其时代。抑此地名斗鸡台，或祀鸡台，此或其台基欤？东西下沟，在东南拐角处，即见版筑。稍西亦有小灰坑。此为一台基，抑或墓葬，均未能定。正在瞻望，孝侯、万玉等先下坡，不久，即闻孝侯吹哨相招，下。孝侯言，东边拐角缚牛处，崖上仍有版筑迹。国祥先攀登，余由坡转上，乐夫亦登。近观，知仅賸一坡直立，下有一洞可穿过。版筑迹颇明显。偏西处有活土内填，当系古代一大墓葬。但现只賸此一坡，当无可工作者。归，稍息。田区长，张前区长，同三村长来，言将进县，是否有事相托，答以无有。去后，再往版筑处一观。晚餐时，决定后日开工。一在堡子内，寻找汉陈宝祠遗址，乐夫监工，希平帮助。一在戴家沟东原上，可谓继续党ㄅㄛ之工，万玉监工，隆季助之。孝侯绘图。余暂时来往两地监视。再迟数日，即将版筑动工，或属余自监视。派人找杨

---

① 注音字母"ㄍㄨㄛㄉㄚ"，释作"guo da"，普通话汉语拼音作"guǒ da"。按陕西方言，对凸起地貌之地理名词称谓，以"圪垯"或"疙瘩"称谓。故此处全称应为杨家圪垯或杨家疙瘩。此类地名、读音，作者在此前调查中每每遇及，但倏忽之间仍存疑惑。

排长来□□①明早偕同看地方，并招工人。

二十五日，早同同人出，先到庙北堡中，定两坑：西横东纵，均4m×6m。后到代家沟东坡上，定两纵坑，一南一北，均4m5×12m。下午发价。晚同希平、忠义、德昌往看戏。九点半始开。与滦州影戏②大致相似，但唱甚多。所演为三藏取经事。看未及半点钟，即归。开戏前，再以电灯照读大定五年（1165）碣，知此地金时名神泉乡陈仓社。此寺则名灵泉寺，今日无此名，问人全无知者。

接总办事处信一封，命将兴庆宫图寄去十份。③彦堂信一封，言彼在侯家庄④开工，确证为殷墟，掘出大圆坑、地窖、土台子之类。十一日，发现大龟版六个，互相粘著，文字甚多，考为康祖丁时物云云。阅报，知日本外务部非正式宣布，破坏国联与中国之技术合作，且言不惜以武力为后盾！云云。

二十六日，六点起，八点正式开工。堡中工人八，乐夫、希平、隆季三人监工。排立照一像。东坡工人二十，后加为廿二。万玉监南坑，国祥监北坑。照作工像一张。下午风颇大，测量未能开始。三点半，坡南坑出瓦罐一，瓦盆一，未几又出一瓦罐。第一罐被镐打破；第二罐口亦稍破。罐仰，盆覆。

甲罐：$x=1m80$；$y=9m07$；$z=0m48$。

盆：$x=3m05$；$y=8m22$；$z=0m43$。

乙罐：$x=2m10$；$y=9m60$；$z=0m42$。

归后，又出一罐，尚未量。上所出器时期不早。坡北坑内出古陶片不少。至堡内则仅横坑出五铢钱，陶片不多。坡南坑掘自65cm至55cm；北坑自65cm至

---

① 两字褶皱，不可辨识。
② 因起源滦州之故，又称滦州皮影或乐亭皮影、冀东皮影。因滦州位于河北省唐山市，滦州影戏又称河北皮影、唐山皮影，为中国皮影戏三大流派——陕西皮影、潮州皮影、北方皮影系统中北方皮影代表之一。以体量大，色彩绚丽，程式严谨，演唱富于变化闻名。
③ 1934年2月1日北平研究院与陕西省政府合组陕西考古会成立后，2月5日曾召开第一次会议，因"据闻"1922年民政厅前院"颜勤礼碑发见时，下面仍有石质"，乃决定由何士骥、张孝侯、周隆季等共同实施发掘，结果3月3日发现唐大明宫及太极宫图残石，引起海内轰动，事见《国立北平研究院院务汇报》1934年第5卷第4期刊发何士骥《唐大明兴庆及太极宫图残石发掘报告》。接着，相关高校与机构、个人索取唐大明宫及太极宫图残石拓本，亦成热烈之势。此处所谓"接总办事处信一封，命将兴庆宫图寄去十份"之事，即上述背景产物。
④ 在安阳洹河北岸，为殷商王陵遗址所在。1928年以来，中央研究院历史语言研究所考古组及中国科学院考古研究所，先后在此进行多次考古发掘，发现诸多大型墓葬及丰富随葬品。其中仅中央研究院历史语言研究所考古组的考古发掘就达十五频次之多。董彦堂信中所谓"在侯家庄开工"事，指4月2日开始至5月31日结束的殷墟第九次发掘。参见李永迪、冯忠美编：《殷墟发掘照片选辑》（1928—1937），台北："中央研究院"历史语言研究所，2002年，第117—129页。

50cm。堡横坑自 1m06 至 63m①；纵坑自 1m27 至 72cm。

今日为陈宝神作联一付，录如下："流星耀光，兆秦族兴王之运，实即启全中国大一统之机；庙建陈仓，像设北坂，水涯于今存古祠；雎雉来格，乃宗教祀物之胤，亦可为数千年群神祇之姊；栋宇无恙，雕绘如昨，村老岁时奉蒸尝。"

写家信一封。

二十七日，夜中大雨。天明仍雾丝纷纷。八点止。上工将九点。九点半沟东乙坑（徐注：坡北坑定名如此）出人骨一架，胫股因工作不慎全碎。骨极易碎，照相时仅余脑袋勺，左臂，脊，胯而已。

自颅至胯 86cm。均从右胯尖起计。$x=1m26$；$y=2m28$；$z=0.50$。方向 $N10°\ E$。无棺木痕迹。左侧附臂处，有烧窑时溜出物质。附近多白土，有似浆石者。

堡坑乐夫对于坑中所出之石、陶各片，不重视，随便丢弃，斥其不合。下午两点上工。

沟东甲坑（徐注：坡南坑定名如此）出人骨一。头南向，面西向。骨凌乱已甚，且不完全。盖三瓦罐、一瓦盆之主人。

额骨：$x=0.58$；$y=10m05$；$z=0.86$。

骨盘：$x=0.35$；$y=10m95$；$z=0.94$。

方向：$N.20°\ W$。

五点附近沟东乙坑中间偏西土带灰色。今日乙坑内陶片较昨日少。堡横坑中北有砖多块，散乱，有烧过者，且有灰土，疑同治年筑堡时所遗灶也。

今日沟东甲坑：1m05——0.90

沟东乙坑：0.90——0.82

堡纵坑②：1m18——1m04

堡纵坑：1m39——1m

接润章信二封，一报告咏霓病势③，一催发掘兴庆宫石报告④。又接泽普信

---

① 考上下文意，"63m" 或为 "63cm" 之误。
② 或系 "堡横坑" 之误。
③ 咏霓为翁文灏（1889—1971）字，别名存章、永年、悫士，浙江鄞县人。光绪二十九年（1903）中秀才。后赴比利时留学。1912年获罗文大学物理及地质学博士学位。归国后历任北京大学、清华大学教授，清华大学代理校长，教育部部长等。1934 年 2 月北平研究院与陕西省政府合组陕西考古会成立后，任北平方面委员。1945 年任战时生产局局长，同年 6 月任国民政府赈勖委员会委员、行政院副院长。1948 年 5 月任行政院院长。1949 年 1 月出任总统府秘书长。1950 年后任全国政协委员、民革中央常委等。著《中国矿产志略》《甘肃地震考》《椎指集》等。此处所谓"病势"，指 1934 年 2 月翁咏霓于浙江长兴考察石油矿苗途中于武康境内遭遇车祸住院疗养事。
④ 指《唐大明兴庆及太极宫残石发掘报告》事，该报告后经徐旭生督促，由何士骥出名，刊《国立北平研究院院务汇报》1934 年第 5 卷第 4 期。

一封。报几份。

二十八日，八点上工。八点半沟东乙坑东边偏北，发现灰土。甲坑发现一涂红顽石。x=1m15；y=9m40；z=0.93。十点半，甲坑中间发现一古墓。十点半又发现一红陶面具，已亡其半。x=0.80；y=5m60；z=1m00。决定在东边筑一土室，以便看守。乙坑灰土不厚，然与黄土相间，未知何故。x=3m20；y=8m50——9m20；z=0.90——0.80。但此数目尚未准确，因x、z两数，均尚未能穷其所至。内出蚌壳，绳纹蓝薄陶片，红沙陶片，红烧土等等。五点，乙坑西侧稍偏南又见灰土。堡横坑古灶下层出砖石不少。止下层有三砖平列整齐。x=4m76；y=3m19；z=1m59。沟东甲坑今日掘至1m50——1m45；乙坑1m45。

二十九日，八点上工。堡工上半天暂停，命监工人员参观作墓葬。墓门南向。南宽80cm，北1m20，深1m45。南端直下。南端东西壁各有接脚小坎二。北端以土墼封墓。土墼厚77mm。封门两边各有一石，下有记墓石。x=1m；y=1m88；z=1m30。其作法与今日大抵相同。封门内两旁留二土柱。径30cm。木棺尚在，但已腐朽。土人言为柏木，未知是否。人长1m70，臂宽40cm。离东壁30cm，西壁50cm。墓进深2m10；高1m。整理墓土时，东壁又见人骨，盖另有一墓葬。至午此墓大体已作毕。下午堡工仍继续作。沟东甲坑下午又发现一骨刀，x=2m20；y=1m10；z=1m25。上有⊙纹二十一二。

下午测量开始。下午因村民均往修马路，故开工较晚。其修马路，闻系明日宋子文将西来勘查渭河峡口。道旁又补种树，然此时树又何能种活？树苗何辜？遭此荼毒。今日早起时，天气甚寒，不及九度。写一信与润章。一信与全县长，[①] 明日派隆季与凤山进城取余款。

三十日，早天气仍寒，约十度。午隆季自城内回，言宋[②]尚未到。下午二时许余正在沟东工次，希平、德昌等陆续喘息来，言宋、邵、杨[③]及随从多位，均到会中。余急归，至则宋、杨等均已上车出发。仅有邵未上车，止谈数句。问其臂伤，答言臂尚未能伸直，想不久可全愈。他问：工作成绩大约很好吧？余答，开始未久，总算不太坏，云云。

沟东甲坑：下午出小石斧、瓦轱辘、小骨器等物。

---

① 润章，指李润章。全县长，指时任宝鸡县县长的全仲侣。
② 指宋子文。
③ 分别指宋子文、邵力子、杨虎城。

小石斧：x=3m45；y=10m；z=1m80。

瓦轳辘：x=2m15；y=10m25；z=1m90。

骨器：x=2m45；y=10m25；z=1m75。又发现一组红土。

沟东乙坑：北端灰土已尽，且已无陶片，似已至生土。仅余南半中间有熟土。下午北端两旁各画出 1m50 宽，南端中间画出 1m50 宽，继续下掘。

堡横坑：上午出铁标枪头一件。头西南向，侧放。x=2m76；y=1m14；z=1m52。（徐注：此标点以物件中心为准。）

今日因风未测量。

一九三四年五月

（五月一日至五月三十一日）

五月一日，今日测量仍未进行。

沟东甲坑：红土坑；x=0.09；y=6m04；z=1m55。南北长 1m86，东西宽约一公尺。大约为长方，然极不轨则。西高东下，时有断续。中积黄土，似属一窑。傍有釉块多件。附近红沙陶片颇多。并有一件，颇似烧坏鼎鬲之足。南端及北端靠东土均松，试行掘探下去。

沟东乙坑：止南小坑内时出陶片，东西小坑均无，继续下做。

堡纵坑：午出铁器一件，或系兵器之柄。x=0.52；y=0.70；z=1.54。下午巡工时，见堡内二坑，陶片多未检起，力斥其谬误。乐夫意颇不以余言为然。乐夫思想颇不科学，可虑也。

二日，今日力催，测量进行。

沟东甲坑：八点半，东侧偏南，发现瓦瓶，瓦盂，瓦鬲，石权，人骨（？）及其他各小物。鬲在东。盂一仰一合。内土甚松。疑内有谷，但用水火试验后，未见痕迹。至瓶则卧于盂西南，向东倒。身因发掘不慎，掘破一块。口原缺一块。盂合者已破。鬲有两耳，尚完善。三器几相接。石权在其附近。后将前日所发现之骨清出，仅余足骨，两小腿骨，一大腿骨而已。其他部分大约已为后人作墓时所毁损弃置。此骨架离瓦器不远，比较在下层，或为瓦器之主人。

沟东乙坑：南小坑已无陶片；西小坑尚有灰土，略有陶片。下午将六点，南小坑南端，陷一坑，大约系一古墓。

堡纵坑：北端靠西，发现铁器多件。形似车辁。三大三小。小者二立起相比，余均平放。外六角而内圆。稍东又有铁片多件，上有孔。晚同孝侯等往为辁量标点。量后，取下，下尚有一小者，兼有断片两块。

堡横坑：仅有砖瓦片，不甚多。得开元钱一，五铢钱三。

昨晚睡后，孝侯同万玉及团勇往沟东巡工。四时，忽见东方有光三。南二光微蓝，视距不及尺。北一光红，视距约二尺。三光均忽上忽下。上下视距约一尺。

亦忽大忽小。忠义来告余，余起视时，将十二时，则止余一，小如明星，但绝非星或系灯光，忽明忽暗于天际。余重睡后，张、白① 继续观至一点余钟，据言比余见时更明云云。

  瓦瓶：$x=3m95$；$y=4m45$；$z=2m15$。

  瓦盂：$x=4m05$；—— ——。

  瓦鬲：$x=4m30$；—— ——。②

  人骨：$x=1m95$；$y=3m50$；$z=2m70$。

  人骨离三瓦器 1m75；较瓦器低 0.35。

  铁铫：一，大：$x=0.67$；$y=4m30$；$z=2m16$。

     二，大：$x=0.50$；$y=4m45$；$z=2m13$。

     三，大：$x=0.70$；$y=4m42$；$z=2m10$。

     四，小：$x=0.72$；$y=4m60$；$z=2m12$。

     五，小：$x=0.80$；$y=4m54$；$z=2m05$。

     六，小：$x=0.80$；$y=4m58$；$z=2m06$。

  今日乐夫从一不注意之破瓦片中洗出一小瓦轮，系以带花纹之汉砖作，始服余言。

  今日希平入城购物。

  三日，孝侯因昨日太疲乏，今日测量未能进行。

  沟东甲坑：昨日发现瓦器附近，今日又发现料珠及小物事数件。下午专做东北小坑，其墓道向西南甚远。向东开入，高七八尺，而下仍系松土，未及底。内有尺许地，散布硃砂片。标点未量，但大约如下：x 近 5m；y 近 11m50；z 近 6m30。再向东，已见骨架，但似非此墓正主人。各方面仍系松土。六点，入口地方，下得土墼。坑今日用十四工，最深处达 6m70。

  沟东乙坑：上午南小坑向东开广。未几即发现一瓦罐及瓦鬲。鬲原已破，掘时不慎，更加其破。罐口有布纹遗留（徐注：后渐磨灭）。罐鬲中间，有贝钱八，小圆贝片□，长圆贝片□，③ 鼠牙等事。

  瓦罐：$x=3m05$；$y=2m30$；$z=1m80$。

  瓦鬲：$x=3m10$；$y=3m$；$z=2m15$。

  贝钱：——④；$y=2m30$ 至 3m；$z=2m$ 至 2m10。

---

① 即张孝侯、白万玉。
② 以上画两横线者，皆依日记原件。应示意瓦盂、瓦鬲两件"y""z"两项测量数据阙。
③ 原件"贝片"后均空缺未填数据。
④ "贝钱"后空缺未填数据，以横线示意。

北二小坑未作。下午南小坑西边亦展宽。内有灰土陶片。用八工。最深至四公尺二寸，亦即昨日最深度。

堡纵坑：上午发现宋磁片及云母片二小块，尚有①数事。收工时南端及中间尚多陶片，土仍灰。北端小顽石子极多。陶片止居其十分之一。深度自 2m80 至 2m30。

堡横坑：陶片已无，但土尚松。深度自 3m02 至 2m60。

二坑上午用十三工，下午用十一工。下午一二点时，起风甚大，但后渐住。晚将十一点，温度尚有二十一度。

今日国祥②入城购物。接到援庵信一封，对于郎官题名柱照片，有所讯问。研究院总办事处信一封，讯问宁厅长③之字。李印唐信一封，言扶万先生与教育厅呕气，已对省府提辞呈，但尚无下文。④昨晚，今晚，东方仍有光。他们有时说大了，但我出去看，了无异处，不过一远方稍大灯光而已。要之余个人逢见三晚，尚未见有异处也。

四日，早晨风，测量未能进行。后渐住⑤。下午测量，后因天会会欲雨，又停下。晚风息，天亦渐晴。

沟东甲坑：一方面向西南寻找墓道所至，一方面向东深探墓坑。墓封口用土墼。上午见向东又有一墓洞，下午在此墓洞下层，发现一沟，且见瓦片破痕极新，知墓已为人盗过。盗自北方来。察破陶片，知墓大约属汉代。得一铜和。后又分数人探掘前日出鬲、盂、瓶附近之熟土。今日用十四工。

沟东乙坑：南小坑左右工事，上午大致作毕；下午向下作墓葬。四点余见颅骨及手指骨，余无所存，盖亦为盗墓者所毁弃！颅骨賸少半，虚悬在松土中，未知系原来位置否。如系原来，则头当南向，面当西向。其标点如下：x=2m55；

---

① "尚有"二字后空缺未及具体信息。

② 即何国祥。

③ 宁厅长，指时任陕西省财政厅厅长的宁升三（1882—？），河北内邱人。早年毕业于保定高等警备学堂，历任国民革命军第十军需处处长、兵站总监部第十七部部长、兵站分监、陕西省政府委员兼财政厅厅长、陕西禁烟总局局长等职。

④ 1934年2月1日陕西考古会成立后，5日第一次会议通过《陕西考古会办事细则》，遵细则第四条："本会工作主任根据本会决议，商承委员长主理调查、发掘、研究等事项"，另《国立北平研究院与陕西省政府合组陕西考古会办法》第四条规定："本会工作暂分调查、发掘、研究三步，其科学的指导之责由国立北平研究院任之，其保护之责由陕西省政府任之"，该会委员长张扶万即组织人力对陕西碑刻实施调查、椎拓，但在西安碑林椎拓中遭到阻遏，而主管部门陕西教育厅却以旧例为据，无意支持考古会，导致事态升温，张遂愤怒而辞职。日记所言"辞职"之事，即缘于此。详情参见罗宏才：《陕西考古会史》，西安：陕西师范大学出版总社有限公司，2014年，第281—290页。

⑤ 谓风渐停息。

y=0.10；z=3m75。又有蚌壳碎片，瓦鬲碎片等。今日用八工。

堡纵坑：北端石子不久即完。下砖瓦片尚多。并有多砖似平铺已散乱者。且突出坑外。因向北开一部分。中间灰土中出铜铁各件。又有一兵器柄。并有蚌壳，及一瓦鬲足。深度自 2m85 至 2m50。共用六工。

堡横坑：将坑横切，只作其南半。南半无陶片。深度自 2m84 至 2m60。用六工。

今日雇二工筑所挖之土房基。

复印唐信，并请其查总办事处所寄来之胶片，因何久稽延不至。复援庵及总办事处信各一封。凤山入城，送信购物。

五日，今早风颇大，下午少小，然测量仍未进行。

沟东甲坑：再开始作东南隅墓葬。至晚收工时，达五公尺六寸深，而仍未见底，且尚未见墓洞！东北隅墓葬，一方面继续作墓道，已见底，由斜坡向东北下。一方面从上面坑外东北隅，开下去，径约一公尺余。用十四工。

沟东乙坑：去南小坑西旁未去之土。墓葬，向北掏，约一公尺余，已尽。下土甚坚，然未见底。南端硬土中，下午见狗骨及牛骨，人股骨等。狗骨：x=1m85；y=0.30；z=4m50。后墓南端向西分支。用八工。

堡纵坑：中段灰坑内发现极多砖瓦片，及很多之大蜗牛壳。

灰坑：x=2m75；y=2m86；z=3m22。宽 1m35；长 1m44。后又发现一兵器柄。深度作到：自 2m95 至 2m81。灰坑最深至 3m03。用六工。

堡横坑：继续下作，仍无瓦片。作至 3m34。用六工。

上午用二工运土墼，预备建室，因其不力，下午停。

今日因近三日杨排长未来，昨日共用三十六人，发了三十五工，而的确有二人未得工钱！今日沟东甲坑余与万玉均计十四人，而大家称十五人！乃召杨排长，发他十天的工价——他每日三毛——嘱他以后每日必来；如不来，工资即迟一日不发。

因测量进行太慢，与孝侯谈，整理工作办法。写一信与润章，催买钢尺。

六日，昨晚寝时即微雨。夜中雨颇大。上午未已。故工作全停。接到家信一封，并转来蛟信一封。吉如信一封。李述礼[①]寄来《探险生涯亚洲腹地旅行记》两本。

---

① 李述礼（1904—1984），广东化州长岐镇人。1921 年入北京大学预科。1936 年留学德国柏林。1949 年后任西北大学财经学院教授、民进陕西省第一届委员会副主任委员等。译德·波林著的《战斗的唯物论》、瑞典地理学家斯文·赫定著的《长征记》《亚洲腹地旅行记》等德文著作。

此书名加后七字，当系躲避西北科学考查团所印行之重名者。又接到《国闻周报》《独立评论》等等。

七日，今日天晴。测量顺利进行。

沟东甲坑：仍继续开东北隅墓葬之上层，及作东南隅之墓葬。上午东北隅发现一小墓葬，已被盗过，骨殖完全无存！仅余乱发及棺材板四五块。察其棺材，似为时不远。东南隅深至七公尺后，始见土墼。直至八公尺一寸五分，始见底。用工十一。

沟东乙坑：南小坑发现墓道，在南端。未几南端偏西发现三瓦仓：一仓原破；一仓掘时不慎，致上檐小破；一仓完好。后二仓半倒；小破者向东倒，完者向东南倒。完者在小破者西南，破者在东南，甚近。偏东发现一瓦瓶，原倒向东北，完好。下压二豆，有破者，因未取，故尚未清楚。瓶东南斜压一罐，大致完好。罐北立一盖。盖北又有一瓦鼎，已破。正当墓门，直立一铁剑，但已断。同层靠西壁，发现一头，盖一羊头。头头有一瓦鬲足，想系他层混入。下午四时后，下层靠西北方，发现二狗骨，若干鸟骨，及他兽骨。人骨少偏东南，似系枕狗而寝。然则此墓主人或系一斗鸡走狗之徒矣！土极松，骨架无法清出。人骨亦未清出，故尚未照相。用八工。

堡纵坑：中间灰坑，仍出砖瓦片无限。内出一瓦鬲足，形式颇异。用六工。

堡横坑：继续下作，仍毫无陶片。用五工。

用一工运土墼，备明日筑土室。

八日，早晨微雨。八点多钟似将晴，仅堡中开工。但后又大雨一阵，堡工亦停。下午全晴，开工。测量未能进行。

沟东甲坑：仍继续昨工。东南隅墓门外有大砖。墓门取开后，发现五铢钱及缸瓦器多种。缸瓦器有豆一，已破；炉一，完整；鼎二，皆缺一耳，一鼎缺两足，均可粘合，但均缺盖；大瓶一，已破；壶一，大腹，有绿花；盂一，但有覆者，无仰者。

沟东乙坑：南端墓骨今日大致作出，始悉并无人骨！仅有羊头，鸟骨（徐注：未知何鸟），狗骨（徐注：似有四架之多）而已！科学发掘家畜墓，此当尚为第一次也。且悉剑原在西南隅，并非对门直立。

堡纵坑：发理铜镜片，鹿角等物。且下有空处，疑系一墓。

堡横坑：出汉瓦片二，似又有少许希望矣。二坑共用工十一。

上午开始筑土室。匠人外小工四名。下午因土墼不敷，又停。

九日，因款已用完，派隆季与凤山入城，带与全县长函一封，预备二百元。下午取回。今日测量未进行。

沟东甲坑：仍继续前工。东南坑忙于取土。找出鼎盖一，仰盂一，及各种破片。又上午曾得师比[①]一，石圭一，及不知名小铜器三四件。又瓦盂一件。又五行大布钱一。九点量，深远八公尺四五。

沟东乙坑：取瓦器毕，下层又有各物盖两件。瓦瓶堆下，有硃砂散布，面积尺许。西小洞已作毕，颇浅，内仅有鸡（？）骨二架。口亦有硃砂少许。又开始作西北小坑。

堡纵坑：下非墓。上午土略黑，下午土现绿色。发现一铁犁面，及兵器柄，且有各种牙。

堡横坑：今日毫无砖瓦片。深达四公尺一五。

今日土室大致完工。

十日，今日规定会员及勤务察视工程规则。天气甚好。上午测量进行。上午因沟东甲坑东北隅墓葬须量及照相，测量暂停。

沟东甲坑：继续前工。东北隅墓葬已从上开到底。东南隅墓葬又出一缸瓦盂，盖未寻出。用十四工。

沟东乙坑：继续前工。从下作家畜墓之墓道。坡度上升甚急，工作不便，明日大约须从上开矣。西北小坑，上午作时系生土，下午南端又遇熟土，大约又系一墓葬！用九工。

堡纵坑：出砖石仍甚多。乐夫又不耐烦，未经考察，即任便弃置！余力斥之。彼对于学术发掘性质，终不明了，奈何！奈何！

堡横坑：今日仍无砖瓦片，深度达四公尺五五。二坑共用十一工。

下午忠义往揭灵泉寺石刻，未完全成功。少嫌模糊。

十一日，昨夜一点后，即醒，直到天将明，始重睡著。早起，温度即在二十度以上。全日大热。九点钟许，仲侣县长偕其第一科科长傅君往阳平镇查烟苗，过会中稍坐。

上午测量进行。下午孝侯告假进城。还言患脖筋疼。

沟东甲坑：继续前工。东北隅靠东壁，发现瓦罐一。离瓦罐上二尺许有黑土

---

① 即带钩，又称犀比（犀毗）、鲜卑、镨、钩鳌、钩蹀等。《战国策·赵策二》："（赵武灵王）遂赐周绍胡服衣冠，具带黄金师比，以傅王子也。"《楚辞·招魂》："晋制犀比，费白日些。"清孙诒让《札迻》卷十二："此犀比疑亦指金带钩言之。"

一道横亘。上下均黄土。不过上层系生土，下层则系熟土，质极松。下午罐北侧少下，又出一鬲。鬲与罐中间有贝钱九枚，中无孔。其西壁有孔，为大块黄土所填，或仍系一墓！甚矣，墓葬之层出不穷，太超出吾等预想之外也！东南隅，瓦盂盖已找出。向北转之三小洞，下午已穷其底。内有砖，砖下有原铺柴草之遗留。后又出缸瓦仓一对。收工时，则离墓后壁已不过三四尺，而骨架仍未见！万玉初疑其在砖之下层，后试下层土甚坚，又疑其后壁或另有小洞。今日用十二工。

沟东乙坑：南小坑从南上面向下开寻找墓道。西北小坑，稍往下作，即向西作熟土。下午发现一种白色织成品。余疑为席，万玉疑为纸，国祥疑为漆。收工后，用放大镜察之，似属数层布叠成。下层有空处，内有带硃土。上层向北熟土中有红白黑混合物品。有铜兵断刃一小片。向北作二公尺余，不见帮；向西作一公尺余，得帮，知墓道为向北稍偏西者。将下层所露孔封住，拟明日从上做下。用九工。

堡纵坑：今日向平处作。用六工。

堡横坑：今日深已达五公尺①，全不见砖瓦片，决定明日停工。用五工。

今日接润章电一封，言款于八日已汇出。又接李达三自柏林来信一封。

十二日，复泽普信一封，并为之写介绍信二封：一致雪亚主席②，一致自芳秘书长。孝侯脖筋疼，是否旧病复发？如系复发，恐将稽延时日，殊堪忧虑也。测量停。然孝侯亦到工次，为瓦鬲，瓦罐拍照，并量尺寸。

沟东甲坑：东南隅，墓葬，下午收工时土已取完。棺材痕迹，骨架，完全未见！只出一绿缸瓦罐。明日当再察视，是否砖头底下，人藏骨于彼处？但就今日情形看，已无大希望。然则谁布此疑阵耶？因何布此疑阵耶？东北隅继续起土。将出人颅骨处及铜和处，均量尺寸。并将上层亦量过以备试作一平面图。用十二工。

沟东乙坑：南端墓道从上作下，下午已透。旧坑墓道上层，新坑北壁又发现狗骨！西北小坑，下层停止，从上作下。用九工。

堡纵坑：继续下作。得石磨，并有石器二件。用六工。

堡横坑：填坑。用五工。

写家信一封。今日天气热，下午起风颇大！后停。晚眠时，温度尚有二十三度。

十三日，因胶片终不到，打电报与润章，请其查明并电复。凤山进城。今天

---

① 后空缺未记，应超出"五公尺"数据。

② 即刘镇华。刘镇华任陕西督军期间，曾邀徐炳昶、陈百年、朱希祖、王星拱等人来陕讲学，徐因是与刘交谊。此处言"主席"者，因刘时任安徽省主席故。

因为大家忙著割鸦片烟,来工颇少。沟东甲坑八人;乙坑九人;堡纵坑五人;横坑三人。

沟东甲坑:东南隅墓葬,今晨万玉再下察视,各方毫无活土痕迹,然则确系疑塚矣!东北隅作下去,上午在其南边小洞中发现十数件瓦器,有多件已破碎。又有铜洗一,"丫"状小铜器多件。铁罐一件。下午在靠北墙暗色土中,见有石灰,黑土各层。中间下层有很多的石灰,又有红漆皮不少。在其东南隅有棺木痕迹。适希平在此坑,见棺木孔中有铜器痕迹,即欲伸手取出,余阻止不及,乃系一铜镜。上有字,未识。此等急于取物的办法,实属非是。如有相关之物件,恐将于无意中闹散乱!会当戒之。因须明日始能完全做出照像,仍还镜于原处。其东北隅土贼①所掘坑下面向西,又有小洞。与此墓之关系颇为微妙难识。

沟东乙坑:下午家畜墓墓道,已寻出南端。乃西壁又发现一灰坑,中出破碎之蚌器一件,乃向西掏孔探寻。西北小坑扩充坑继续作下。

堡纵坑:发现石磨一扇,尚完整。

堡横坑:尚未完全填平。

因胶片已寄出一月,乃尚未接到!发一电给润章。接到长兄信一封。印唐信一封。考古会信一封,附有逐日工作表格,令希平照填。今日天气甚热,晚寝时温度尚有二十六七度。

十四日,接到润章信两封,均系初七日发出,言汇来考古费五百元,我的薪水三百元。并言兴庆宫,太极宫拓片已收到,张恨水②将来宝鸡参观等等。

沟东甲坑:东北隅墓葬向下作,知其东北隅下层小洞,乃系土贼所穿以向棺头取物者。从内清出石灰土不少。棺下全用砖铺,上铺石灰。但棺头上面有生土,不知在何年,ㄊㄨㄌㄨ③下一大批。已上取生土若干矣,然恐上面生危险,且其北壁亦有问题,乃于下午改从上面作下。其西壁靠地处,有小洞,亦土贼所穿,内有瓦器可见。用十一工。

沟东乙坑:西北隅扩充坑,下午已开透。未几其东壁发现砾画壁一小段。南端灰坑尚大,亦改从上作。其西北隅有人骨。

堡纵坑:继续作工。砖瓦片较前略少。用五工。

---

① 即盗墓贼。
② 张恨水(1897—1967),原名心远,笔名恨水,安徽潜山人。蒙藏边疆垦殖学堂肄业。历任《皖江报》总编辑、《世界日报》编辑、上海《立报》主笔、南京人报社社长、北平《新民报》主审兼经理等。1949年后任中央文史馆馆员。鸳鸯蝴蝶派代表作家。著述宏富,长篇小说达120部,《春明外史》《金粉世家》《啼笑因缘》等尤脍炙人口,影响深远。
③ 注音字母"ㄊㄨㄌㄨ",释作"tu lu"。疑系"头颅"之谓。

堡横坑：尚未完全填平。用二工。

今日希平进城。

十五日，今日接到润章复电，言邮局谓胶片已至西安，因无人收，停留在彼，已命其寄宝鸡矣。邮局亦来信言有包裹寄余个人。命乐夫复一信，请其赶紧转来，如有费须补者，转来后即照付。又接总办事处信一封，系寄来五百元考古会之收条。今日工人分别加工资。

沟东甲坑：继续东北隅工。下午在扩充坑之西南隅发现一瓦罐，已破。用八工。

沟东乙坑：南端灰坑内发现一件蚌器，及红绳纹陶片，瓦鬲片等。下午西南隅又现人骨！西北隅扩充坑之西北隅上午出一铜鼎，再东，又出一瓦鬲，鬲已破。鼎鬲之间有红漆皮，鬲东有物若木梳。用九工。

堡纵坑：继续作下。南端发现一墙。用五工。

堡横坑：已填平。

今日天气甚热。下午南方雷声殷殷，但云不遮山。然亦用油布及席将墓壁硃画蔽好。收工时，密云已布天上。未几，大雨如注。然不久即止。村民却个个咳声叹气！麦花已开过，此等时雨，而村民竟如此！乃因村中无一家不种烟，今日割烟者极多，急雨则烟全流去之故！据言经此一雨，烟将毁损一半，而款仍须出！如此则真成巨灾矣！十点，到工上一巡，大约坑中不致受损失。回时，忠义同国祥手揽烟果一看，则烟浆尚存，当不致成巨灾也！今日凤山到马营购木板，下午又入城购席、木桶等物。

十六日，上午起稍晚，且因昨雨，工作暂停。乐夫同凤山进城取钱。近日花钱过多，须勤为检点。下午开工。

沟东甲坑：继续下作。东北扩充坑偏东处，下又见孔。然距下层之大块黄土填塞者相距尚远，岂另有一墓葬耶！仅用八工。

沟东乙坑：仅来五工。仅作西北扩充坑。下午已备熬蜡取漆皮矣，乃因蜡不甚多，恐下层尚有更重要者，乃先往下作。后又因西南两崖下层贴壁处尚有不少活土，恐其塌下，乃先将其打下系上。后于西北隅稍下层，发现带回纹之漆皮，大约为残破之漆器。后又得一大片。周代之壁画及漆器，大约以吾侪为第一次发现矣。将牠切块取回。

堡纵坑：继续下作。坑北端少半已到生土。生土与熟土交界处亦似一墙，东边亦似有墙，但均较南墙低。用四工。

今日将沟东土室完成。

今日见姜庆云正在割烟，问其下雨好否，答言很好。问何以好？答言从前旱，烟不上浆，现在可以上浆。问其已割者，是否有流去的危险，答言没有流去。然则此次竟不成灾矣！晚遇戴清喜，问之，答言吹了。从前望割六十几两烟土，现止割十几两！问未割者是否较好，答言较好。又言昨日风从西来，故刀口在西者全坏，在东者无妨。大约此次烟苗好者受亏颇大，坏者不喫大亏，乃是实情。

十七日，今日接到黄自芳回信一封，熊梦飞信一封，并其所作《塚中枯骨作祟》，是文乃痛驳戴君传贤电，为余等张目者。李印唐信一封，言财政厅庶务科到会，问北平研究院汇来捌佰元将如何办理？从前寿伯言已与宁厅长讲明白，由财厅迳拨宝鸡县政府转交，然则所讲又不甚明白矣。明日当致宁一电，请其拨来。

沟东甲坑：用十一工。继续下作。下午扩充坑西南隅出一颅骨，或系破瓦罐之主人乎？

沟东乙坑：南端扩充坑已达黄土，停止往下作。仅其西北隅有十四日所见之人骨一架，留住未作，其下尚有灰土，乃将骨架剔出。人体甚高。身畔有钥匙一，铜扣十数，清朝钱数十。最近竟有咸丰大钱！并无棺木，大约同治年逃避回乱而死于此者！下午又将东北坑下作。至西北扩充坑内，则带回纹漆片，尚有数块。并出铜戈头一，□①头一，下午又出戈头一，□②头一。其三已缺尖，余一戈湾③曲，尚未折。兵器头均东向，是否御晋之一武士，死后尚未忘东略呢？又有铜甲；共人形大甲片二，大圆片一，小圆片十六。此仅属已见者，下层或尚有未见者。至晚未能全作完，故未能照相。今日木匠本应将盛墓壁硃画之箱作好，乃彼原挈来好板，用时却用多节之板！且板亦刨不平！余闻之，甚怒，斥之去，另召人作。用工□④人。

堡纵坑：一半工人在上翻土，预备在南方、东方扩充坑位。另一半继续下作，得五铢、货布钱□⑤枚。用八工。

今晚在工次，遇前区绅张干臣，言宝鸡全县本年所定烟款为二十一万！且此系减额，原定为二十七万！并言本年拟收齐。

十八日，晨雨，下午渐晴，然工作全停。写润章信一封，今日凤山入城购物。

---

① 空缺未书。
② 空缺未书。
③ "弯"字之别。
④ 空缺未书。
⑤ 空缺未书。

十九日，复李印唐信一封。

沟东甲坑：用十工，继续下作。将午扩充坑之东壁见土墼数个，其后见一小孔，且并非探锹所掘。然下午作下去，无他痕迹。

沟东乙坑：继续作东北坑，且将东南隅余土下作。上午清理西北隅棺限；下午取壁画。用七工。

堡纵坑：将东方坑位扩充三公尺。用八工。

二十日，胶片今日接到，孝侯试照一张，尚属可用。接到总办事处信一封，系报告命邮局转寄胶片者。接润章转杨钟健①信一封，瑞典人类学及地理学学会信一封，中国教育电影协会信一封，寿伯信一封，半农寄来其所著之《西汉时代的日晷》一抽印本。

沟东甲坑：继续下做。西壁已抵墓身。北壁当尚有一墓，已为土贼所盗，然尚未做到。用八工。

沟东乙坑：继续取东南隅余土，下午得贝钱二，见骨殖。此盖三日所见瓦鬲、瓦罐之主人。西北扩充坑，上午整理；下午照相，并量尺寸。又得一小圆片，片尚有量完。用五工。

堡纵坑：继续作扩充坑。

二十一日，今日凤山入城买柴及煤油。柴每百斤九毛，加至一元一毛，仍不肯送。将晚微雨。全天颇凉爽。

沟东甲坑：继续下作。北边之墓已见。有被土贼打碎之缸瓦器，盖仍系一汉墓。用九工。

沟东乙坑：今日清理西北扩充坑之墓葬，下午取下层之席纹，又得小圆片一。骨已完全成碎渣。完全作毕。给东南隅之人骨照相，量尺寸。东北隅坑东壁，又见活土，或系另一墓葬。用六工。

堡纵坑：继续下作。因土甚坚，故作已两日，止南端达一公尺，北端尚未。用五工。

---

① 杨钟健（1897—1979），字克强，陕西华县人。1917年入北京大学预科。1919年入北京大学地质系。1923年赴德国慕尼黑大学地质系留学，1927年获哲学博士学位。1928年始长期供职于中央地质调查所，主持周口店发掘，历任技正、新生代研究室副主任、北平分所所长、新生代研究室名誉主任、资源委员会专门委员。1947年任北京大学教授。1948年任西北大学校长，并当选为中央研究院院士。1949年后任中国科学院编译局局长、中国科学院古脊椎动物研究室主任。1955年当选为中国科学院生物地学部委员（院士）。1957年任中国科学院古脊椎动物与古人类研究所所长。1959年兼北京自然博物馆馆长。著《合川马门溪龙》（与赵喜进合作）、《新疆吐鲁番——新假鳄类》、《三论袁氏阔口龙》、《河南济源——新晚二叠纪动物群》等。

二十二日，晨天阴，然仍开工。不及一点，雨，遂停。下午仍时雨时止。写中孚信一封，石头信一封。

沟东甲坑：继续下作。在北边墓中，得铜甲圆片五六枚。用九工。

沟东乙坑：东北隅小坑继续下作。东南隅将骨取去，再往下作。用七工。

堡纵坑：继续下作。土甚坚。无多砖瓦片。用□① 工。

晚同忠义往东边破窑出恭，均手执电灯。入破院后，即见有一物，如狗，缓步从内出，向东行。忠义言见其尾颇长，余则未见。然是时人家之狗，均在家守夜，不外出游行，然则真属一狼矣。

二十三日，晨仍舍。仍上工。下午微雨，忠义来问上工否，余答暂停。然乐夫往开工，万玉亦往开。时雨时止，然甚小，无大妨碍。终天凉爽，早起时，温度止十七度。

沟东甲坑：土已将清理毕。北墓中又得铜甲圆片、螺壳数事。然此墓已为土贼盗尽，闻其得铜器七八件之多。土层全乱，已无研究余地。外仅得土上粘白布硃漆数块而已。用十二工。

沟东乙坑：东北隅之墓葬，今日始知系工人误认，乃舍不作。向下作，土甚硬，色亦较深。内无瓦片。东南隅亦系生土，无陶片。用十工。

堡纵坑：继续下作。砖瓦片复多。下午出一瓦罐，颇大，然已破，犹可见原形。用八工。

复杨钟健信一封。

二十四日，天晴。上午测量进行。下午因孝侯命忠义炒馒头，王德不服命令，与忠义相打；孝侯斥之，又哓哓以辩，激起孝侯大怒。余归，严斥之，孝侯亦复哓哓不已。

沟东甲坑：东北扩充坑北边已盗过之墓葬，东北较上层出戈头二具相叠。其一上有刃，稍曲。下午又得断剑。外有缸瓦鼎，及他缸瓦器，然已为土贼击碎，未知尚能找出原形否。

沟东乙坑：东南隅于南端开一一公尺长，二公尺宽之小坑下探。将西南隅之余土下作。东北隅停。

堡纵坑：纵续下作，又出铁兵器柄及铁铲，瓦罐等物。罐破，仅见其底。

---

① 用工人数空缺未书。

今日沟东甲坑上午十一人，乙坑口①人，堡坑七人。然下午因凤山到马营买柴，水大，卖者止允送至河边，乃选坑东工人十，堡工人三，渡河往取，且沟东又少来一工，致乙坑暂停。运过河后，仍须工人抬，遂堡坑亦停。渡河工人工资加至五角，专抬柴者，加至四角。晚散工时，庙前人声沸腾，出视，乃因一狼向河滩犇②故！

二十五日，夜眠不佳。今日大家割烟，沟东止来八工，堡中止来五工，沟东乙坑遂停。孝侯起甚早，测量至下午两点余；始返。

沟东甲坑：今日东北扩充坑余土已清理毕。东壁附近之墓葬已显出，亦系汉墓。然亦被土贼搅乱！人骨亦碎。骨西有断剑，与昨日所出，或系一剑。若然，则剑颇长；且即三段相凑，仍非完剑也。剑舌口处一小片金饰尚存，上有极细花纹。砖铺底。上铺石灰。瓦罐四，破瓦器一，均在东南隅砖之下层。瓦灶一，破瓦仓一，则在西北隅。东壁墓亦砖铺底，上铺石灰。东边石灰，当在棺底；但稍西尚有石灰一条，较窄，未知何用。此三墓极为逼近，且时代不同，乃似互不相妨，亦一异事。

堡纵坑：在破罐中得景德通宝钱一，然则此遗迹或均属宋初以后矣。北端、南端尚均有破罐。今日天气甚热。

二十六日，天初明，即闻人声鼎沸；细聆之，又因见狼犇驰于滩上。后闻因水鸟群起逐狼故。斯事也，余颇疑之。及余上工时，至沟口，又闻群鸟飞鸣，万玉指谓鸟又逐狼，然余所见，则狼向东犇，鸟在狼前，盖狼逐鸟，而万玉则坚谓鸟逐狼。将黄昏时，又复闹狼！狼患如此，而村人尚迷信，谓不伤人。将来必有苦痛使他们梦醒之一日也。今日上午甚热，十点后，风大起，后渐息。下午天色昏沉，疑将有大风雨，然亦渐晴。

孝侯极早即出测量，未午归。

沟东甲坑：陆续来八工，四成人，四童子。仅胜墓道内向上繫土之工，乃从坑中间开一小坑下探。上层出若干红陶片，未几即遇生土。至晚开约二公尺，无望，复填之。下午孝侯给扩充坑二墓葬照相。量尺寸未完。考察墓道，见上层有较深色活土一绺，或系又一墓葬，而为墓道截断者。万玉下东南隅疑塚内，翻砖考察其下层，见偏南边有松土一小洞，乃向内探，愈探愈大，以为下层又遇三代墓，到砖下三四尺许，又得一缸瓦仓，然则或系另一汉墓矣。

---

① 空缺未书。
② 同"奔"。

沟东乙坑：来工五人。继续取西南隅余土。南端灰土坑子内出红沙陶片不少。土为火烧成红色，或系一灶址乎。国祥看土，疑下层尚有三代墓，然未敢必也。

堡纵坑：南端之罐作出，虽破碎，然体积甚大。后又出一开元钱。下午北端又发现洞壁。用工七人。

接陕西邮政管理局信一封，下文轩信一封，家信一封。家信中附来韩鸿庵[①]自比[②]来信一封。前半言其过锡兰之哥伦布埠时，在其博物院中，见中文碑一通，字文模糊，详加辨视，乃知系永乐七年（1409）郑和所立，云云。后半言其将从事于中国西南边族之探讨，"惟此等材料，悉在巴黎，僻处鲁文，一筹莫展。"请余设法代其向中法庚款会请官费，以便转学巴黎云云。

二十七日，午前东风大起，至晚始停。测量上午将沟东作毕。

沟东甲坑：将被墓道截断之活土挖开，无所见，仅得碎人骨数小块，盖墓较墓道古，墓被挖墓道时毁掉矣。东南坑中汉墓，上午出一"博山炉"，但足已断。下午出一瓦罐，已破。用六工。

沟东乙坑：西南隅余土下午已取完。然西壁有灰土，再从上面作作下。东南隅之探坑，亦重作下。上午用六工。下午七工。

堡纵坑：继续下作。用七工。

午餐后，见一赤足穿麻鞋之人入室，谛视之，则郑君士彦，大喜。郑君言许馨吾来参观，在外边。出迎，则尚有三两位，外尚有一外国人。稍坐，看会中成绩。许君并检去会中弃去之老陶片若干片以为纪念。去时均步行，乃因汽车底汧水，水大不得过，遂弃车而途也。写仲侣县长信一封，以备明日往取考古费。

二十八日，上午仍东风。斜。午前后微雨，后停。下午仍上工。后又微雨，遂停。今日隆季、凤山入城取款。希平未辞，亦同往。

测量停。

沟东甲坑：东北扩充坑今日清量，又在东南隅见一瓦罐。下午又见棺木所变黑灰。初疑系东壁墓之棺灰，前日清理未到限，后细察之，与骨末不成直角，且东壁上层系生土，下层仍系熟土，似另有一墓，在此密挤矣！未几，又出一瓦鼎，完整，惟盖已碎。东南隅新墓，上午得一缸瓦灶，大致完整；一鼎盖，本破，而工人不慎，使之更破，然色彩花纹俱佳。下午知其墓属东西，万玉因其与旧作墓

[①] 治西洋史、边疆史，曾留学法国巴黎，译法国塞纽博斯（C.Seinobos）著的《西洋文明史》（女师大图书出版委员会，1933年）。

[②] 比利时简称。

平行，疑为夫妇二人。然余细察之，知其稍向东北斜，且比旧作墓较低，当非同墓。且西壁尚未见生土，其墓道当在西方也。上午八工，下午九工。

沟东乙坑：西南隅扩充坑继续下作，得红沙陶片甚多，亦有红陶片。其西北隅有土一行，疑系一灶，其端尚在坑外，然则明日又须向北扩充矣。用五工。

堡纵坑：继续下作。得五铢钱及牙簪。簪已断，一端有花纹，甚精细。用八工。

接寿伯信一封，家信一封，内石头、縻①信各一纸。前日家信言海帆病头晕，绝对不能看书，已请假休息。今日乐夫接春书②信，则言其一晨，至不能言、动，请朱大夫打针，始稍愈。后复发，但较轻，现已往温泉养病。德国医院言恐成风瘫，须进院打针，朱大夫则言绝无危险云云。写给润章信一封。

二十九日，天晴。写给总办公处信一封。忠义进城。接李印唐信一封，转来咏霓信一封，系印刷品，感谢受伤后慰问者。

沟东甲坑：东北隅扩充坑，一工人向西壁活土作入。北壁前日出戈头之下层，铺席铺硃，命国祥将牠作出。下午西壁活土内出缸瓦瓶一，口已破，花纹甚好。又有一瓦罐，全破。后南边出一筒瓦，已破成三块。未几，西边靠墙处出瓦灶一，瓦罐二，瓦瓶二。东南隅新作墓松土中杂小块石灰不少。内出一缸瓦仓，又出一瓦盖，未知属何物。下午靠南墙处东西各出破瓦罐一。墓道在西方。其处情形甚乱。有很多的生土，有土墼一二、砖一二，均杂乱。盖经塌下故。东北扩大坑东壁新开处下有人骨，然甚短，疑系一童。

今日在甲坑南，又开一 1m50×17m 之丙坑。二坑上午用工十，下午用③九。

沟东乙坑：西南扩充小坑之灰坑内，出红沙陶片不少。向北再扩充作下，灶已全出。旁有窑溜。至晚，灰坑已完。东南探坑亦继续下作，系完全生土。用八工。

堡纵坑：原坑已清理毕，又向下作一层。用八工。

今日割麦者已多，且甚快，三日之内，坡上麦恐将全完矣。烟似已完。

三十日，昨夜天气甚热，终夜薄被不冷。白日颇会且有风，故不觉热。接宁厅长复电一封，言款已拨来。

上午测量。

沟东甲坑：东南隅之新作墓，向西作，上午南北又较宽，掘者以为"藏物穴"已现。尽向南作，至晚，又遇土墼，掘者以为另有一墓葬，理或然也。其上曾亦

---

① 即徐縻岐。
② 即王春书，何士骥（乐夫）夫人，作者夫人王季芳大任女，其妹王碧书为魏建功夫人。
③ 脱"工"字。

系土墼为之。

沟东乙坑：东北隅又开一2m×2m之扩充坑以穷灰土坑之所至。下午见灰土坑范围甚小，乃专做灰土，出红陶片、红沙陶片如他坑。西南隅之灶已作出，然因下层作的过斗，十一点其东南隅土ㄌㄝ①下一批，中有一瓦鬲，颇完整，然无从知其标点。下午照相。用八工。

沟东丙坑：上午北端硬土成层，疑属古路。土内出红陶片、红沙陶片颇多，间有黑陶，陶环，骨签等物。中间土较黄坚，然亦有陶片，南端陶片较少。下午，中段硬土，亦复成层，又不类路土。北端陶片较少，内现人骨。南半中间靠东壁发现一破瓦罐，下有一破瓦盘盛之，另外有破陶片数事。作出照像。甲、丙两坑，共用十二人。

堡纵坑：继续清理下层。得珠一颗，及箭头、五铢钱各物。用八工。

三十一日，昨夜蚊蚤猖獗，睡著颇晚。今早未起，闻风极大。起后微雨数点，旋止，故上工稍迟。下午天仍会，无风颇闷热。六点后，从堡中出，将再到沟东一观，方彳亍沟西原上，乃见黑云如墨，突出原头，且南行甚快。时田中割麦者，皆互相呼唤，停止刈收，将已割者负载归家。余遥望沟东工次，大家往来扰扰，亦即收工。时黑云已半天，大风随云自北来，滩上黄沙如马，滚滚向南飞腾。余心醉壮美，缓步归来，至原边时，风吹人欲坠。云已压南山，南山禾稼林木，尚浮日光。沉黑浓绿，令人骇叹。下原后，风已小，雨亦开始下坠，然颇有斜风细雨之致。至庙片刻，工人已全归，大雨乃开始倾倒，几疑天公之有意矣！倾注片刻，雨霁日出，风亦全定；彩虹奇丽，双悬东方。正虹极显明之一节，紫色下，再现微绿色，微紫色，亦非常见之现象。团丁观虹，乃言虹坠处，能将人烧死，又言某年虹坠马营井中，将井水吸干。余对其所言微哂而已。

沟东甲坑：东南隅新作墓，南侧之土墼，尚未全出。其正穴之浮土，逐渐取去。自土上内窥，似穴止賸四五尺深，而尚未见棺限，未见人骨。仅见棺钉数枚，石灰一层。高层亦间见碎骨，然似非主人之骨。若此则问题更属复杂。因如无此种碎片，犹可疑下层湿重，骨已化去，而骨片固俨然在，主人之骨却全未见，岂将又演一哑谜耶？后土较上层，出缸瓦仓三，未取。

沟东乙坑：东北扩充小坑之灰土，所余无多，未几即尽。西南隅之扩充小坑，乃系黄土、灰土之混合层。所出陶片，与他灰土坑无异。

沟东丙坑：今日陶片已较少。下午北端已无陶片，南端于昨日出瓦罐之两傍，

---

① 注音字母"ㄌㄝ"，释作"le"。"土ㄌㄝ"系关中西部方言，读作"tu lái"，写作"土崖"，普通话汉语拼音则作"tǔ yá"。

又现一人架及一瓦鬲。鬲口稍缺。骨颇短，当系一童。上身骨不全，颅骨不见。当颅骨处，有一黑石签，上端长平，下端已断，石质不坚。岂为此童之簪欤？甲、丙二坑，共用十三工。于乙坑北，本拟开丁坑三条。条均1m×10m。乃昨晚因天太晚，仅将最西一条界出（命之曰丁一），今早开工。一公尺深土内之陶片，完全如他坑，盖为此地之标准陶片矣！一公尺后，似属生黄土。晚在南端，现一墓葬。乙、丁两坑，共用八工。

  堡纵坑：继续向下清理。砖石如故。内有顽石，长宽均及尺。如此大石，绝非偶然。问乐夫、隆季，知此下层坑内，已出几个，而数目亦未能记忆，向坑内点数，知共有四，其约略位置，仅后二尚知，余二则在未开扩充坑前出现，故已全无影响，甚矣，余等工作之草率也！大体看起，扩充坑内，当属另一窑，时在宋以后，或即宋代。本坑北端，先有乱石层，下有砖层，再下即生黄土。南端稍下，即现洞壁。似洞壁上与北端黄土上共系一层，为时较晚。洞壁范围内，系另一层，为时较早。乐夫查日记本，亦言上层曾出开元钱，下层则只见五铢及□[1]钱，但标点未量，亦未能知其详。砖瓦纹理，亦并未能分别。如此，则复杂之问题，离解决期尚太远。乃决少将下层理平，即再从西壁扩充开下。一因南壁之端尚在西壁接脚下，二因西壁较上层破砖瓦极多，前曾掏一洞，问题亦须清理也。下午西边开始翻土。及五点许余往验工时，乐夫、隆季又已将西接脚下原有一洞（非我辈所掏）掏出！南壁之西端已现出。西壁亦显然可见。大约西连北为一条，北上层，因挖时不慎毁去，下层当仍在土中。周围土壁大约成钝角弧三角形。虽上层壁尽处，高地未尽一致，亦恐为塌压所致。下雨收工时，西边土快翻毕。用八工。

---

[1] 空缺未书。

一九三四年六月

（六月一日至六月三十日）

六月一日，晴。早晨起时止十七度。

沟东甲坑：早晨，三缸瓦仓取出，一缺上盖。东南隅新作墓墓身已作毕。内仍未见人骨痕迹。又见棺钉三，其位置亦颇奇异：棺北旁之钉钉盖向南，东旁之钉钉盖向西。砖有立者，欹者，平铺者，绝少。又出缸瓦仓一，仓盖全找出。南侧有土墼处，恐从门入，松土ㄌㄝ下，乃从生土向南穿，尚未透。

沟东乙坑：全停。

沟东丙坑：仅中间尚有瓦片。后西壁坑外，出一夫妇同棺之墓，棺已不在，仅存痕迹。内有"布泉"钱一。甲丙二坑，共用十四工。

沟东丁坑：丁二丁三均已界出。中距一公尺半。丁二丁三均各向北让二公尺。丁二开工。丁一南端向丁二之墓，开出，骨架大体完全，惟无足骨。头向北，头倾向下。旁出一瓦罐，一湾刀。用八工。

堡纵坑：开始作西旁扩充坑。命隆季整理瓦片，为之分类。用八工。

接冯淮西①信一封，言李仲揆②将结伴来游太白，打听一切，复之。

二日，晴。孝侯往测量，但西风过大，未能工作。下午风止。

沟东甲坑：早开工未几，即达第三墓。墓用有榫砖券，甚整齐。前节未券，

---

① 又名冯怀西、冯景兰（1898—1976），河南唐河人。1916年入北京大学预科。1918年赴美国科罗拉多矿业学院留学，1921年毕业。1923年毕业于美国哥伦比亚大学研究院，获硕士学位。1923年后历任河南中州大学、北洋工学院、清华大学、西南联合大学、云南大学等校教授。1949年后先后在清华大学、北京地质学院任教。1957年当选为中国科学院学部委员。著述丰富，主要有《两广地质矿业概要》、《矿床学原理》（与袁见齐合作）。

② 即李四光（1889—1971），仲揆原名，字仲拱，湖北黄冈人。1913年入英国伯明翰大学，后获硕士学位。1918年回国，先后任北京大学、武汉大学、中央大学、重庆大学等校教授。1949年前并任中央研究院地质研究所所长、中国地质学会会长、中央大学代理校长等职。1949年后并任地质部部长、中国科学院副院长、全国科学协会主席、全国政协副主席等职。中国现代地球科学与地质工作奠基人之一，在地质力学理论与"两弹"研发方面有突出贡献。著《中国地质学》《地质力学概论》《地震地质》《天文、地质、古生物资料摘要》等。

但两旁仍有砖墙。南壁另有一洞，较低，深约五六尺，其另系一墓坑乎？下层见瓦罐、瓦仓及其他瓦器。仓比常见者大的多。均未取。

沟东丙坑：继续下作。将同棺墓从上开下以便照相，工未毕。甲丙二坑，上午用十二工，下午十三。

沟东丁坑：工将头向下倾之骨架作出照相。极东北隅又现松土，且土色较深，或亦系一墓葬。丁二东壁偏北端，亦现一洞，或亦一墓葬也。用九工。

堡纵坑：西旁扩充坑继续下作。陶片尚不多。有一部分红陶片。至蓝瓦片，则条纹较多，绳纹较少。隆季继续整理砖瓦片。用七工。

三日，晴。凤山入城购物。测量上午进行。

沟东甲坑：第三墓下午作完，仍无人骨，棺材，仅有瓦器数件，且于进门处得漆器小片，上有描花而已。铺砖已乱。南边墓洞中无铺砖，亦无他物。万玉言土墼内洞上有松土，当系土贼从下处，但亦非近世之土贼。理或然也，明日当自下坑察之。

沟东丙坑：继续下作。甲丙二坑共用十四工。

沟东丁坑：继续下作。上午九工，下午十工。

堡纵坑：继续下作。今日之标准瓦片，为小块之粗绳者。用七工。

接援庵信一封。

四日，沟东甲坑：仅寻东北隅汉墓墓道之未完部分。

沟东丙坑：继续下作。晚南端西壁见人骨，东边土现灰色。

今日在丙坑东偏南处，又开一小坑，命曰丙附坑。此附坑为前年土贼所发中途被阻之坑。甲、丙、丙附①共用十三工。

沟东丁坑：继续作下。丁一东北隅墓葬之墓道在东，出现于丁二，未作。墓葬向内作，未到底。用十工。

堡纵坑：继续下作。西壁中间出一瓦罐，已破。再下，偏北端出一石臼，已穿。上午瓦片如昨。下午绳纹甚少，标准瓦片为大块厚片素面者。有绳纹一残片，可看出者有斜孔五，未知何用。用七工。下午于原坑南端再开下一公尺宽。今日郑士彦诸人乘汽车由宝鸡回，过庙，未遇。

五日，今日万玉在家剔墓壁朱画之土，余自往监坑。

沟东甲坑：继续作墓道之未完部分，已抵西壁，下午继续吊土。

---

① 脱去"坑"字。

沟东丙坑：中间出一扁腿瓦鬲及一瓦瓮，均已破。鬲有耳。鬲、瓮之西即昨日见骨殖处；下午从上作下。南边东壁灰土中出破陶片不少，仍均红及红沙者。有黑陶三片，石簪已断。此出北边下层，仍有灰土。附坑东北隅出人股，股下有砖均已碎。西南隅黑土、黄土界线分明，棱角整齐。甲丙二坑共用工十四。

沟东丁坑：继续作墓葬，并丁二内所出现之墓道，尚未到底。用工九人。

堡纵坑：继续下作。得五铢钱二，石臼下得铜丝一段。用工九人。

今日上午有武功农林专科学校多人到沟东一过。接宝鸡县政府公函一封，言拨款事。

六日，今日隆季、凤山入城取款。与仲侣县长函一封，言废历端午前后，大约仍需款二三百元。晚接答书，言似宜先由本会函达财厅，转令照办为妥。此一小事，而纠缠不清，辗转往复，令人废时如此。上午测量进行。

沟东甲坑：停。

沟东丙坑：正西扩充坑，下午已全作毕，命国祥剔骨架。骨已成末，向北。昨日开此部分时，因孝侯对夫妻同棺墓，尚未量毕，故北旁尚留尺余未去。今日国祥正作骨架，孝侯来工，言昨已量毕，余土柱不去，无法照像云云。昨日孝侯量毕，始将骨殖各物取去，余竟未觉察，则余之忽也。土柱取去后，于头西北隅，又出瓦罐一，瓦鬲一。罐破鬲完。此墓稍南东壁有灰土。余于离壁尺余处，亲掘得石斧一，尚完整。正午持归后，万玉以放大镜察其面，见有金线数条，以铁划之，不能见此光，且余亲用铁锨掘出，放在腰间，无缘有金线光，其古之试金石乎？地上黄土中，有黑土一条，蜿蜒甚长，若河若湖，尚未知何缘能成此。再南，东偏有灰土，疑仍系一窑。下午工人修理接脚，出白灰甚多。附坑①，早晨命工人杨魁向东北穿入探人骨，既入后，除外露之股骨外，毫无所有。杨魁言此方被土贼乱过，乃舍不作。令之从西南隅向下作。下午下遇黄土，以为已抵生土，再往下探，土色尚杂。再往下作，工人宣言已完全抵生土，乃命中止不作，向南壁西壁活土内探。后工人言南西两壁，亦抵生土，可停止不作。余与孝侯下视，则均系杂色土，虽土质颇坚，但较古墓土时复如此，乃命继续下挖。用工十二人，下午十三人。

沟东丁坑：丁一北已抵墙，墙土全黑，当系此地潮湿，葬墓前用土烧过者。出五铢钱及铜器数件，玉器一件，均随便取出，未知方位！南壁见有土墼，似墓道在南矣。丁二，北端中间出一瓦罐，上画硃纹。下午在瓦罐稍南东壁根，得蚌壳六七，再进，有脚骨。疑此系另一墓葬，为硃画瓦罐之主人，与丁一之墓葬无

---

① 原件"附坑"前空缺，疑似倏忽间未详附坑之名所致。

干，乃禁止其向内探，俟将他工作毕，再作此墓。用工九人。

堡纵坑：继续下作。下午未去验工。乐夫言砖瓦坑之东北，又有一小段洞壁出现。用工九人。

七日，昨晚天热蚊多，多时不得眠，故今日精神不佳。写给仲侣县长信一封，宁厅长信一封，寿伯信一封。

上午测量进行。后风甚大，遂归。下午风止，颇闷热。晚会。后又起风。

沟东丙坑：整理西壁墓葬，又得石簪一支，仅寸许。再北有大石块二，未知与墓有关否。东南隅灰坑下做，已抵黄土。附坑，向西壁掏作，下午见人骨，但观棺板、磁片，似近世墓葬。用十三工；下午十四工。

沟东丁坑：丁一东北隅墓葬南壁所见土墼，仅一块，并非墓道。工人又乱取出铜器多件，见之，心甚不怿。昨日余见其乱取，虽略言之，但并未严厉申斥，则余亦不能不负一部分责任，而国祥徒负熟练工人之名，亦太不胜任矣！命其以后再不可如是。丁二在瓦罐下所留土柱北方下层，将罐带硃画之盖找出。下午察工，见丁一墓葬已清理出，骨已全变粉末，难看出方向。未乱之铜器尚多，心中稍慰。定再从上作下。用十工。

堡纵坑：继续下作。西旁扩充坑内之砖瓦坑，量毕取去。内之带纹砖瓦片，不及十分之一。下层已及黄土，砖瓦片已极稀。至小段洞壁，则在原坑接脚下层。恐系洞壁之一段，其余部分为前些时发掘不慎毁去者！用□① 工。

八日，今日天气甚热。三四点钟以后，稍有风，较愈。凤山入城买柴送信。下午再写给寿伯信一封，请其转知财厅，对于在宝鸡拨款事，不要再起误会，以致辗转贻误。

测量进行，但因天太热，早收工。

沟东丙坑：北端附东壁开一长坑，向下探视。中间鬲罐南，出一骨架，头向西，腿尚在东壁内。附近有铁钉，似非鬲罐之主人。南端东壁小坑，亦再向下探。附坑已无工作，即行填塞。用十二工。

沟东丁坑：丁一墓葬，继续从上向下作。丁二北端暂停。中间向下探，又出一墓葬。墓正东西，南北墙已出。南端亦系活土，恐尚有问题。用八工。

堡纵坑：继续。清理西旁扩充坑。扩充坑与原坑相接处之中间，有数石排列，似有意，似无意，因命暂留之。用□② 工。

---

① 用工数字空缺未书。
② 用工数字空缺未书。

九日，有云，然全日闷热。

沟东甲坑：清理东南隅三墓，向上吊土。东北隅三代墓中散珠土一块取下。余下东南隅之墓，察视第三墓内所云古代盗墓贼入墓之洞，殊不足信。然则此三墓葬之疑窦，殊难解决矣。

沟东丙坑：北端探坑向下作。偏东骨架已作出，因不便照相，量尺寸后取去。再南有黑色土，向下作。甲丙二坑共用十四工。

沟东丁坑：丁一墓葬上层土已取透。西壁见瓦罐一，未取。丁二北端东壁之墓葬，下午从上近地面发棺处打开。向东发现墓道，颇窄。中间墓葬，继续下作。晚收工时下探四尺余，尚未至底，则此墓尚需工甚多。丁二南端上午出一瓦鬲，口破。继续做，收工时尚未见骨架。丁一丁二北墙上层尚有黑灰土一道。预计此坑，即半月尚未知能完工否。用十一工。

堡纵坑：两旁扩充坑上午工已完。南旁扩充坑下午亦大体完毕。下午再开始清理中间弧三角坑。用十工。

今日因取丙坑骨，想到前日（或系四五日）丁二北端之人骨，未量尺寸，而余即命取去！实属荒谬！近日余精力太差，其将即此以终古耶！恨恨！幸痕迹尚在，尚可得其大约尺度，然此已作出工作上不可补救之损失矣！

坡上、滩上麦已全割完。

十日，天霎，有微风尘雾弥天。早晨霏雨数点，终日不热。凤山入城购柴。接润章信一封。孟钊①寄来前年之《大路杂志》二本，盖鄘斋②所命寄。

沟东甲坑：将东北扩充坑西北隅所见之黑土囊，从上开下。下午至底，发现向东北之墓道一，或又一汉墓乎？

沟东乙坑：下午孝侯量西壁之灰土坑痕迹，以便作切面图，始想到周墓上之灰土层未量，无法办理！孝侯又将西南隅之窑量绘后，破下，取出其陶片。此类陶片，余疑即此窑中所烧，故特命保存之。北端中间所余土梁上西边尚有灰土。此灰土或与西壁之灰土完全相连，现已无可证！吾侪工作之"贪多嚼不烂"，亦太甚矣！

---

① 即陈孟钊（1893—1988），名和铣，字孟钊，江西九江人。1912年赴法国巴黎大学留学，学习法律与政治。1919年1月巴黎和会召开之际，与王世杰等人在巴黎发起成立中国国际和平促进委员会，反对日本强占山东的行为。1921年获巴黎大学法学博士。归国后任江苏省司法厅厅长、教育厅厅长等职。1933年10月15日参加蔡元培、李石曾、吴稚晖及法国驻华公使韦礼敦（韦尔登）等人在世界社大楼文协会召开的世界文化合作中国协会常委会会议。1936年与李石曾创办上海世界小学。

② 即挚鄘斋。擅国学研究。1935年后在章氏国学讲习会会刊《制言》杂志刊发《读书小识》《阅书札记》等文章。

沟东丙坑：北端探坑继续向下作，无所见。继续探南半之黑色土，晚已见底，似非一墓，然此黑土何因以成？又成一颇难解决之疑问矣。甲丙二坑，共用二十三①。

沟东丁坑：丁二南端瓦鬲南现骨架，头向北。因丁一丁二间之横梁，北端已掘断，中间墓葬又将下层掏空，未免太危险，决定从上拆除。以土填丁一南端墓葬。丁二北端及中间之墓葬，均继续向上吊土。用十一工。下午在横梁中间，清理出一窑，与乙坑者全不类，仅有椭圆曾经涂抹及烧过之土，然前掘丁二时，未慎，已去其半！

堡纵坑：余自执小镐清理弧三角坑之北墙，完全显出。且见上层发绿色土尚在，知北墙较他二墙原低，并非前发掘不慎损坏，甚喜。弧三角形甚规则。内砖石甚多。东北隅内层，有土甚坚，黑黄色。弧坑上西北之成角小段洞壁，下有土，余疑此土与弧坑壁无干，欲去之，乃土极坚，色微红，似烧过者。再下，土白，亦坚。大约系人工筑成，或系灶址。然则此段洞壁或亦尚完全，未被损毁。弧坑内出钱②，小铁器等。间有猩红数小片。莽钱一。下午清出长七八寸至尺许之大石块二三十！正西及东北两角不远，均有乱砖一堆，其有意耶？其无意耶？用工九人。

十一日，晴。有微风。下午天色甚清朗，不甚热。

上午测量进行。但因有风，上原晚，下原早。

沟东甲坑：继续作墓道，晚收工时至墓门。

沟东丙坑：北端东壁小坑停止，在西壁再作小坑下探，下午亦停止。继续探南端之黑色土，上下土杂色。工人言四围均系熟土。下午在底得一小玉刀，长寸许。甲丙二坑共用工八人。

沟东丁坑：仍继拆中梁，并丁二之北中二墓葬。将午在梁中间前日所取骨架之西南方，出一瓦鬲。然似与此骨架无干。丁二北小坑于前日出蚌壳之附近处，又出蚌壳颇多。尚未见人骨。中小坑下午于东边离墓门尺余处，见顽石南北列若墙，两头高，中低。再西出一瓦壶。工十一。

堡纵坑：一面平做，一面靠东壁掘一小坑下探。正西及东北二隅之砖堆，已渐作出，似非无意。中间大乱石尚多。坑深作至五公尺六十。小坑一尺下，砖石渐少。晚作至一公尺二十。仍未见底，尚有整砖在下层。今日仍出小铁器，钱等物。工七。

---

① 脱"工"字。
② 省"币"字。

凤山到马营买柴，无所得。

十二日，晴。虽有微风，然天气甚热。谴凤山进城，打给润章一电，请再汇五百元来。并买柴。十点钟保卫团副团长董君辑五[①] 来。

上午测量进行。

沟东甲坑：昨晚实未至墓门，乃因上面有土坷垃下，可以从上面进去，致误传。晚收工时，土尚多。今日虽遇土墼一，然系乱置，非封门也。

沟东丙坑：南小坑继续下作，午刻收工时，至底，毫无所见。下午停止。因中间东墙尚属活土，稍取土内探，于下面见一颅骨，乃又从上开下。收工时尚未清出。甲丙二坑，共用八工。

沟东丁坑：三项均续作。中坑墓葬已至底。墓门内石仅南边三四块，北边一块，并不成列。除瓦壶外，有瓦鼎，仓，灶，碗之属，但多数已破。一破仓内满盛谷粒，色白。仅有骨末，未知死者首何向。偏西似有棺限，人或属南北葬。工十。

堡纵坑：小坑底砖五六，倾欹横斜。取去颇不易还原，不取不能下作，乃停止下探。将上层乱砖石清出。下午照相后取去。又下做半公尺。下层砖石甚少，与探坑内情形相同。工六。

十三日，晴，风向转东，天气不如昨日之清朗。

上午测量进行，原头已毕。

沟东甲坑：黑土囊之墓葬，无土墼封门。上午得瓦器盖二，上有黑蓝白花纹。其蓝色颇似近日洋色所配，颇足诧异。下午又见一瓦罐，色彩亦同；瓦仓无花。又于坑外西南隅开一直坑，探求东南三墓之墓道，得墓道二。

沟东丙坑：中间东墙骨架上午已现出，头向西，脸略向南，口张。腿屈向南方，几与身合。下午清理结果，知其腰脊，曾中一箭。骨盘亦略现绿色，盖因与铜箭镞触接故。甲丙二坑，共用工十一。

沟东丁坑：中梁工停。丁二中间墓葬已作毕。北端墓葬出蚌壳颇多，成一土柱。骨架散乱，间与蚌壳混。墓门内南北各有一小洞，南洞内下午出一小底小口之瓦瓮。丁北坑外东北亦开一南北坑，寻求墓道。用工九。

堡纵坑：继续下作。砖石仍多。石且多较大者。外仍出铁器，钱，猩红等类。用工十。

---

① 董辑五，陕西宝鸡虢镇西堡（今归宝鸡市属）人。早年任汧陇指挥官。1933 年任宝鸡民团指挥所指挥官。1934 年始任宝鸡县保卫总团团长、宝鸡县保安大队副队长。1945 年被选为陕西省临时参议会参议员。后任陕西省保安令部第九团团长。日记此处记载"保卫团副团长董君辑五"，恰董辑五任宝鸡县保卫总团团长、宝鸡县保安大队副队长职务交替之时，因有笔误。

十四日，上午有卷层云，无风，闷热。下午云变高层，风向西南，后转西北。八点钟许风颇大，后渐小。天完全晴。

沟东甲坑：黑土囊墓内又出一瓦罐，亦有花。下午出一瓦器盖，亦有花。探沟续作。

沟东丙坑：整理受伤骨架，孝侯以指南针量，知其向正东西。此地一切瓦鬲墓，向均正南北。孝侯假定其为一定律。但此墓不同。然古人谓凶死者为横死，岂横死者须横葬乎？因风大，且天气不清，尚未能照像。甲丙二坑共用十工。

沟东丁坑：探坑续作。丁二北端，照像后，将物取去，继续下作。将午在前日出描花瓦罐之西南，出一漆器。然已为工人毁坏过半！吾等不求嚼烂，只务贪多，结果应如是也！下午探坑中稍偏北又出一瓦罐及一瓦鬲。罐因工人不慎，破一孔。鬲质甚ㄙㄨ①，故亦破。用九工。

堡纵坑：继续下作。石较少，砖仍不少。下午砖亦较少。但从西墙向东，有一列砖，紧集，尚未清出。今日出钱，小铁器，猩红片，与前数日相似。外出一铜箭镞。用工十。

写家信一封，仲侣县长信一封以备明日取钱。

十五日，终夜大风，然温度不减。刚天明，因蚊扰不能再睡，乃起向东面滩上一游。滩上石子，颇多半透明者，始知堡纵坑内所出小石子，仍系本地所出。有四卵较鸡蛋稍小，灰黑杂色，未知何物所遗。有一卵已破，内浸血水，乃以木枝拨视之，见小鸟羽翼已见而生命已绝，然则此岂一种水鸟所遗耶？余非动物学家，当不扰此可怜小动物之生命耳。终日奇热。上午仍大风，仍由西来。下午渐止。天气日明朗，徒增炎烧之感。隆季、凤山入城取钱。归，接到寿伯电一封，言车辆照办，"车价本担任"（本下当落一字！），款项则财厅已令本地县政府准余借五百元至千元。接本院总办事处信一封，系报告规定经费仅余三百余元者。世界文化合作中国协会信一封，内附孟钊信一封，系征集民众艺术品者。王心正②信一封。

沟东甲坑：黑土囊墓上午已作完。共有瓦器十余件，大体有花纹。碎铜零星

---

① 注音字母"ㄙㄨ"，释作"su"，写作"酥"，为"松脆"意。关中方言读此字发音较浊，与普通话"酥"（sū）音稍有不同。

② 王心正（1906—1977），原名王心平，别号钧衡，河南浚县人。1933年毕业于北平师范大学地理系。历任北平师范大学地理系讲师，齐鲁大学、西北师范学院副教授、教授等。1942年2月任西北大学地理系教授。1944年任陕西省立师专总务主任。1963年当选中国地理学会秘书长。著《中国地理》、《简明中国地理》（英文）、《祖国的气候》、《欧洲人民民主国家地理提纲》、《苏联地理提纲》、《美国、加拿大地理提纲》等。

若干件。小锡器（或铅）一件。无人骨，无棺限。有一铁器，亦不甚似钉。墓门左右各有储物小洞一。探坑续作。

沟东丙坑：下午东壁南端作二小洞内探灰坑，得陶片不少，断石簪二件。整理骨架，照像。甲丙共用工十一。

沟东丁坑：探坑内瓦鬲墓之骨架，下午已作出。丁二北坑墓续作。工九。

堡纵坑：中间列砖已清出，作半圆形，并不与西壁连。余一半大约已经毁坏。昨日希平据咸阳、兴平间"唐王马跑泉"①之例推断其为一泉水池之遗址。当时尚未敢深信，以今日观之，大约近是矣。若然则圆井周围，工当已不甚多。工十。

十六日，今日为废历端午节，停工一日。天仍奇热，风甚微。七八点钟时，外边已二十七度！下午最高达四十度！然各人仍继续在寓工作。揭石磨纹。将午同忠义到灵泉寺，命忠义揭其焚帛炉上文字，因其有关于戴家湾村名之文献也。余详读嘉靖二十一年（1542）二月铸钟，内各村施主姓名数百，近地著姓，若张、文、刘、苏、冯、姜均有，而尤以杨姓为最多。乃独无一姓戴者。余因此推定当明中叶，此地不名戴家湾，亦无戴姓。焚帛炉铸于乾隆二十年（1755），乃有戴家湾之名，然所列人名，戴姓仍不若杨姓之多。余因此疑戴姓系明末清初，由外移来，人口不甚多而颇富有，占地颇多，故独擅村名也。

晚大风又起。然热度不减。

十七日，早起，温度尚有三十二度！全日有微云，最高三十七八度。前阅《宝鸡县志》，知隔河马营，有广济寺，内有宋度牒碑，当为唐宋旧刹，因同凤山往访之。出庙，向西行。旋下河滩，行约三四里，至张家村南渡口，有渡船。渡后向东南行。路右旁有原，名姜太原。稍前，过一小溪，名西沙河。上设有水磨，但现因水小，不转动。再进，有大村，名郭家崖。村虽以"郭家"名，实无一郭姓。村中树木茂美，溪水环流。见一废院，门前有拴马石，正厅虽已敝旧，而轩窗刻制精美。以为一破庙，及入院视之，则内积麦草，门前大书"光前裕后"，始知为一财东而子孙降为破落户者。村有堡，在西南原上，颇完整。村东有圣母宫，门前有第六学区，第十八小学扁，然内空无人。只有参天之老杨：一不及三合抱，一二合抱。有道光二十三年（1843）铸钟及修建人名扁额。再东，村名小庄。西头有庙，曰松林庵，实无一松，仅有桐树多株。有咸丰年铸钟。正殿祀祖师，

---

① 为咸阳八景之一。位于咸阳市西12.5公里处，西与兴平市豆马村相邻。传唐太宗游猎，人马饥渴，其坐骑在此刨出甘泉，因以为名。但此传说曾遭诸多人士质疑。如明万历十九年（1591）咸阳县令李采繁有诗："马跑尚尔难凭信，况是明皇出猎还。"但他将太宗与明皇混淆，令人更生疑惑。

大门阁上，祀关公及观自在菩萨。稍东有小庙一间，内祀未知何神，门前黄纸书"刘世药王"（徐注：四字字体照原书）。二庙均在路北，南向。村东路南有更小庙，南向，曰五圣宫。再东南二三里，即抵马营。村西路北有北极宫，内有雍正三年（1725）铸钟。正殿内有烟民三四，殆成鬼矣！再进至街内，路南有火神庙，尚不小。内有嘉庆廿（1815），廿二（1817）及光绪年碑，嘉庆二十二年（1817）铸钟。问人广济寺在何处，答言向南转有庙向东即是。乃南转，路西有庙。门前有道光十三年（1833）"万古精志"扁额，入内则祀娘娘！神坛上有嘉靖四十一年（1562）铁磬，而按磬文乃属于"三官位下"！入南院，有钟高悬，向上审视，依稀有咸丰年字样。此院正殿神绿袍，威风奕奕，而仅有须痕，未知何神。出庙徧问，人均言圣贤。陕言"圣贤"，即指关二爷。细思，始恍然悟：门扁虽对送子菩萨殿，实为此"圣贤"而悬！此"圣贤"之美髯，大约已为村童摘去！故令人无限纳闷也！至菩萨送子，则陕人所公有，且不限于"陕人"，更不足异矣。路东转，再左转，入堡南门。门前有团丁荷枪守护，答以问游，并告以住斗鸡台，始准入视。背后隐约闻言此挖宝人也！堡内有团部驻扎。堡小，比外面地势较高，尚完整。然房址多废弃，萧条已甚。仍出南门，转东，至堡东，始知堡尚有东门。门前亦有团丁荷枪守护。余等过门前，非问余等何来何作不可。告以从北平来，不可；告以在斗鸡台住，不可！后凤山告以汝等所熟闻之挖宝人，即余等是也，乃准余等过！门前有"杜氏祠"北向，外观尚巍奂。思一进视，有一人迎问，询知其为杜姓，亦不阻余等进视。门内树一碑，质系一种具山水纹理之大理石。正面无碑文，仅诘屈数篆字，似曰"神鼎富贵图"也！碑文在后面，未读，仅知其为妇人立及立以民国年而已。从中门内视，知正殿中绝无神位。问：何以无神位？答曰ㄇㄜ[①]，ㄇㄜ。再问：没有神位，我们已经知道；因为啥没有神位？仍答ㄇㄜ！ㄇㄜ！无论何问，仍均答曰ㄇㄜ，ㄇㄜ。余等无法，只好避出。再东，又转北，未远，路西，即抵广济寺。寺在大路南，北向。寺前有一戏楼，已破。且亦不似此间普通戏楼之具雕楣与天花板也。宋度牒碑，即在庙前西侧。字尚清楚，但仅賸下半。志中所载《侯公行记跋》，似即在此碑会。阅读匆匆，未敢硞指。然庙中无第三碑，"政和四年"（1114）字样，即在碑会。指为《行记跋》，似属无误。东旁亦有一短碑，前后均有字。前面字几无一可识。仔细辨认，仅约略见"冬十一月"数字，余均不能辨。碑会可识字较多，然亦未能连读，且无年月。庙有前后两殿，外有配殿数坐。有成化九年（1473）铁钟，万历二十二年（1594）铁磬。配殿中神像，似尚有明旧塑。前殿观自在像，塑工精严，神彩生动，即非宋塑，亦当为元明制。两壁有佛像上悬，疑为悬山坏后所遗。正殿两壁悬山，山已

[①] 注音字母"ㄇㄜ"，释作"me"，汉语拼音读音为"mo"，关中方言"没有"的简称。

坏，用黄泥抹过。但上下层佛像尚在。下层作菩萨罗汉渡海像，像著彩色，雕塑生动，顾盼生姿。上层各佛正坐，完全金塑，颇呆板，似与下层塑非一时。正面三世佛像，虽或属旧胎，但修理上色，总属清代。佛像后之壁画，则端严伟丽，颇有敦煌佛洞画风，不能自宋以后。余又登神坛细观，乃知后人因原绘模糊，又上石灰一薄层，依旧勾抹，原笔迹尚隐约可辨。新绘虽矩矱未失而笔意不全同。庙尚有一东院，则神像壁画，全系近人作品，毫无足观。出寺后，甚渴且微饿，乃入一饭铺饮茶，并买炸糕食之。饥渴稍愈，乃从原路归。至渡口时，有二村妇一娃一驴亦将渡。二妇已登船，乃驴不肯上，费不少力，将船撑至上流处稍平处以便驴登。乃驴将登矣，船人索船钱，而村妇之钱，全由"他爹"带著，"他爹"又在后未至，村妇一钱莫名，又坚欲先渡。不知如果她独先渡，人家又何由认识谁是他爹而向之要船钱？"他爹"又何知"他妈"已先渡而向人偿船钱耶？麻烦半天，始下船。归，一点余。饭后稍息，至工次察视。

  测量极早进行。

  沟东甲坑：将东南三墓之余土吊上，并寻墓道。工十二。

  沟东丁坑：丁二北端出砾红漆片若干，上有花纹。并有全片，成小兽、树叶等形。工□①。

  堡纵坑：砖石已大减。出小片漆皮及钱不少。决定在北附壁处再作探坑。晚泉水券桶之北半已找出。下探八公寸，仍不见底。工九。

  晚大雨一阵，顿觉清凉。整理工作：决定堡纵坑从明日起，一面上作，一面下探。以五日为限，即不至底，亦必停工。俟暑假后再作。又因沟东丁坑吊土位置太危险，决定请万玉指挥，改变位置。且将甲丙坑熟练工人多拨丁坑工作，以便能早日收工。又定明早国祥早上工，命工人先翻丁一西北隅上层之土，翻毕，即将此西北隅开下。

  十八日，早起，温度二十七度。今日凤山入城买柴以便拴梯。接润章复电，言寄来三百五十元。

  测量极早进行，八点收工。

  沟东甲坑：上午工人均拨丁坑工作。下午分数人回续探墓道。

  沟东丁坑：将中梁完全拆去；将西北隅上层土翻去后，稍展宽长，从上开下。北端墓土已取至底。甲丁二坑共用工人□②。

  堡纵坑：泉水券桶北半上午已清出。但与南半不作全圆，而由北向东作螺线

---

① 用工数空缺未书。
② 用工数空缺未书。

以出。再下层，螺线口为砖封。下午续作，桶外石几无，砖亦极少。桶内出整砖五十许。探坑作下一公尺六，尚未见底。工十二。

十九日，晚东风颇大。测量进行。

沟东甲坑：继续探寻墓道。

沟东丁坑：继续拆中梁并开西北隅。西北隅灰坑内大片红陶片颇多，有几件可以猜出原形。以后发现前些天孝侯为画墓券所钉之钉子，被人拔去。孝侯颇急，余亦怒甚。因如此下去，工作即无法进行也。因责杨排长及国祥必须将拔钉者查出。迁延至晚，终未查出。限其本夜查出。甲丁二坑共用工□①。

堡纵坑：继续作下，大致如昨日，但出零物较少。井桶中出整砖五十余，不整者三块作一块计，数目也差不多。用工十一。

二十日，今早仍查不出拔钉者，因丁坑工人嫌疑过重，乃全斥退不用。各看夜之勤务，每人罚钱二毛，王德罚一毛，国祥罚五角；看夜工人以后不准再看。全日东风。有高层云。温度不甚高而颇闷热，恐为大雨前候。测量进行。

沟东甲坑：继续前工。北边墓道已探毕。孝侯给东南三墓照像。

沟东丁坑：继续拆中梁，已毕。西北隅亦开毕。北端墓底亦继续作。西北隅离出瓦罐附近处又出瓦鬲一。但附近绝无人骨痕迹。甲丁二坑共工人十九。

堡纵坑：继续工作，略如前二日。探坑已探至四公尺二寸，尚未至底。下午井桶内得一砖，边上有"出先"二字。工九。

接彦唐②信一封，子昂信一封。

二十一日，天会，风仍自东来。前数日闻原上大韩村有一大寺，"为鲁般③所修"，今日同凤山往观。上原，过冯家崖，东壕。再前，过小韩村。村东头有小庙，名继隆寺，门闭。大韩村为一大村，入村，有水池，浣妇颇多。村之最大庙，曰兴隆寺。问村人，并不知鲁般修之说，且非大庙。寺在村东头。据道光④五年（1825）碑，言"相传前后庙仅六楹，自雍正九年（1731）徙关帝庙与大佛寺合一。……迨乾隆五十年（1785），复迁火神于寺右。"云云。现关帝殿在前院，火神庙在

---

① 用工数空缺未书。
② 疑系董彦堂。
③ 鲁般（前507—前444），姬姓，公输氏，名班，又作公输盘、公输般、班输，尊称公输子，简称鲁盘、鲁班、鲁般，惯称鲁班，鲁国（今山东滕州）人。中国古代杰出建筑发明家，在建筑史上影响深远，被木匠尊称为祖师，其传说故事家喻户晓，广为传播。
④ 原件作"道正"，依上下文意，应为"道光"之笔误，因改。

西院，且有雍正年碑及焚帛炉，则道光碑言可信。"乐楼"建于嘉庆十一年（1806），有碑。庙内有万历四十六年（1618）铁磬，但不著献于何神。庙前后三殿：除前关帝殿外，中殿一佛，后殿三世佛，及罗汉。佛像尚佳，可至明。中殿前有一松，倾斜于殿上，下以石支之，石为道光年立。欲为松照一像，而地方逼窄，无法全收影，乃止。仅为中殿佛摄一影。出问村人，言今年麦好者可至石一二，次者到七八斗。又问此地离老虎沟若干远，答言十里。乃复前往。出庙，入村，另有一火神庙，内设学校，大小与兴隆寺相若，未入观。出村，稍偏向西北。过广福村。村头有二小庙，未入观。问人，言老虎沟在村东北不远。乃向东行，村东头有庙，名观音寺。据道光二十二年（1842）碑言，"相传明万历年间重修"。寺院落宽敞，但仅有二殿。前殿观音，后殿三世佛。后院有芍药池。出庙，路向东，屡越田中寻向东北路，终不获。问人，答言前面坡间即是。行里余，已至原边。下临河，即为汧水。无路，即下原，颇不易行。见原根有人家，疑系老虎沟，复下，渐得山径。遇一行人，问之，则言下系高家坡。问以老虎沟何在，彼知党ㄅㄜ在彼间挖宝事，但未知地方何在。时天已午，余饥且渴，急欲得人家，乃初所遇，仅有空窑，人已逃去！后遇人家，问之，答言老虎沟在西不远，乃往。过一小沟，遇人家，复问之，答言即在上边不远。答言者为一十五六之童子，告以可给我们引路，我可以给他几个钱，推言忙甚。不得已，乃上，不远，见有土，似经发掘过，但未敢确定，乃复下，至所遇人家，告以饥且渴，此童允为我们取汤。后出一老人，刘姓，复申前意，答言，现在还可以有喫的，至今年春间，可是几乎饿死。取出扁豆茶两碗，花卷馍四，余二人分食之。再索汤，则仅余半碗，余又尽之。谈次，知此地在光绪二十六年（1900）左右，有人在地旁见有小物发光，路人多见之，并不注意。有人发之，得一提梁卣，下尚有铜器数件。此外并未闻有人得物。党ㄅㄜ因之，遂派多人来此发掘三四个月，毫无所得，云云。至老虎沟，则在坡间，已无人居。喫东西的时候，有一邻娃来，约三四岁，赤身。披发如女娃，面孔亦似女也。招之以手，即来前不惧。见面即揖，又以手向地作磕头状。又向凤山作揖磕头。问以言，不应。与以大板，即受而玩之。据旁人所言，似亦非来讨钱者，然见人即作揖磕头，可异也。食后留钱两毛。再强童子引路，然止引余等至村头，指示其地，即向所见似发掘者。问何以不肯前往，则答言狼很利害。乃独往。此地无灰土，无旧陶片，无墓道墓身之松土外现，而党ㄅㄜ乃在彼发掘，宜其无所得也。再上，不很远，则坡旁居然有一灰土坑。内颇有旧陶片，瓦鬲足等物，乃取十余件，带归。再上，有一沟，内多废窑，当即老虎沟矣。坡间又见有灰土坑二，未近视。此处亦有旧陶片少许。时天金甚，不敢多逗留。然就大势揣测，固远不及斗鸡台古时人居之多，且时间久长也。返仍过广福村。出村，正南行，以为可不过韩村矣。过一村，名燕家河。出村，路仍向东，无南行路，仍非过大韩村不可！出大韩村，再向南，仍过小韩村西头。再南，过小村，名范家庄，则在东壕之西。过村不远，雨至。余且奔且走，单衣尽沾濡。过杨家山，下原，至寓。洗濯换衣。

沟东甲坑：今日仍寻墓道。

沟东丁坑：吊土。仍开西北隅及中间以备照像。像全照完。二坑共用工十九人。

堡纵坑：量坑照像。

今日工全结束，再作当俟下期也。

二十二日，昨晚晚餐后，在室中少息，乃不觉睡去。及醒，则寓中人全寝矣，亦未驱蚊，然亦睡著。今日时雨时止，风仍从东来。全体包裹编号，余亦稍行帮忙。

二十三日，天将明，蚊无论何法驱除，终不能去。天明即起，唤凤山起，同进县城。时会晴不定，乃携雨衣。至金陵川，无桥，必须命人负渡，而余等忘带铜子，又无人换。余又不愿脱鞋袜径渡。迟之又久，乃借得行人三大板，行人亦系进县城者，——乃得渡。至东门外，还行人钱，在路旁小摊上，购醪糟窝菜及锅盔，食之。进城，到城隍庙西剃头铺中剪发。毕，到县政府，晤仲侣县长及县署诸人。仲侣县长盖初起者。出示一蓝釉小鼎，足已全断。问余年代若何，余冒然答物不很古，彼似不怿。据言：按研究旧磁眼光，观察此器，器之一小部分，已裂成片。且如从日光下视之，下有极细之牛毛纹。即上推至宋，亦尚不能成此纹理，云云。余亦姑顺其意，言可能是汉，并举本会所发得之缸瓦器以实之。然余中心仍以为器不过明耳！在彼处餐。（早乎？午乎？）到赈务会，民众图书馆访李紫垣，不遇。访董副团长①，亦不遇。换钱一元。余嫌大版②太重，向索毛票八毛。彼言："分分洋兀丫。"③余亦不知分分洋之为何物，姑慢应之。及取出，则亦系铜子，大如普通铜子，上书值洋二分，据店人言：实值洋二分。果尔，则其体积比大板小，而实值比大板大，余心甚疑，未敢受，仍索得毛票。后问多人，均言确有此币，且并不误。甚矣，此地币制之纹乱④也！值二百之大板，与值一百之大板，大小大不相同而实值却相同！分分洋比值一百之大板还小，而大板必须七枚始换洋一毛，分分洋五枚即换洋一毛！——但大板系黄铜，而分分洋则系红铜。——出城南门，上船过渭河，到姜城堡，访徐扶九老先生。此老步履虽健而神明已衰，

---

① 即本月十二日日记所记"保卫团副团长董君辑五"。
② "板"字之别。
③ 关中方言对小钱币硬币的称谓。
④ "紊乱"之误。

去年虽曾见一面，彼已全忘。略谈，彼终疑余为古董客，挖古董卖钱。告以不卖钱，陈列任人观览研究，彼又觉此等物之无用。乃与言刘原父、欧阳永叔、吕与叔、吴清卿、孙仲容、王静庵之学，彼对于此学虽不了了，而对于人名尚知几个，故亦唯唯否否。后将考古会名誉顾问聘书送上，彼观后，亦未辞。留饭，因刚在县署用毕，辞之。稍谈，即出。出堡，北未数步，向东转，不过渭由河南岸走，或较近。乃走未半里，道南断崖见灰坑。下视之，大约此处有陶器窑三四，陶片甚多。虽无完全陶器而块颇大。红陶、红沙陶极多，亦有带黑花纹者。检得石斧一个，虽稍破而体积大，刃亦完好，为此间之所未曾见。寻陶片时，见一黑纹蛇，长二三尺。彼熟视余良久，始蜿蜒入室中。乡人来观，闻①其是否见过完全者，但两边语言，实未能完全互相了解。揣其所答，似曾见过完全者，然已被打破。又言有青色完全者。问有纹否，答言无有。亦知其为普通品，然返姜城堡一观，果普通品。遂从原路东行，见较北断崖，亦似有灰土坑，再下观，则陶片较少，崖间非灰土坑，乃系墓土。又前进，沿途寻瓦片。二乡人同行，一人言：徧地都是黄金呀！余言：黄金在丫ㄠ丫②，我怎么没看见？我看见的，不过是破瓦渣，黄金到底在丫ㄠ丫？彼等无言而去。余等在瓦峪寺西，靠原南湾著走，到九圣泉一观，未上。过瓦峪寺，以为路较近，不久即可至张家村南渡口。且凤山背陶片较重，余乃自携雨衣，时天已晴，反成累赘。乃迟之又久，过一小河，至一村。村名石坝河。余问：何无石坝？答言：乃石板河。其实石板亦无，所有不过顽石而已。村小，然有铺户。余等时饥且渴，仍购醪糟窝果食之。果亦仅寻出三个，余无所有。然村中鸦片幌颇多，想得吸的，似尚不很难也！问马营、斗鸡台各若干远，答言均十五里，始知南岸路远。出村，以为过一村即可至张家村南渡口。穿滩东行，以为较近，观南边原上，村落颇多，路亦颇远，然尚未至。忽见大河南湾，非脱衣过水，即须仍转南行！余无决心脱水，只好南行。河靠南岸紧边，岸甚高，似尚向南塌。岸上即耕地，岸边亦无草木，危险殊甚。再前，至一渡口，则尚未抵张家村南，然遂渡。渡后七里余，始抵寓。今日余等所行路，求近反远，且携带东西，颇觉疲乏。然幸于无意中，发现极好之考古地点，心甚畅快。去年余过彼间，所经地，不过偏南百步许，乃交臂失之！使去年早见此地，现在即在彼间工作，亦未可知。

今日孝侯画墓图，余人均忙装箱。接总办事处信一封，系寄三百五十元收条者。

二十四日，孝侯仍画墓图，余人除希平外，均忙装箱。全日东风。下午四五

---

① 通"问"。
② 作者模仿本地土语所谓，参本书第 039 页注释①。

点钟，雨大至，然仅一阵。将晚，风仍从东来，下层云行极快，然余谛视之，知上层云确系向东行。后云时聚时散。

二十五日，夜中微雨。上午忙装箱，余亦帮忙。下午余带杨三宝出，过刘家湾，登原半，向西行。初无旧陶片及灰土痕迹。将至张家村，原间有一灰坑，然已被用土者破坏。尚賸红陶片、红沙陶片不少。岩间亦有骨片。村中坡半路上，亦间有古陶片。过村，至一堡，为韩家崖堡，内无居人。堡东南有一门，内地成三层，渐上。有古陶片。断崖间均有洞密列。然洞口仅出地面。内窥，下均系松土。此或为近世民居遗迹乎？抑古墓之显现者乎？或两者均有之乎？再西原间颇宽展。原边一碑，为景泰元年（1450）所立刘俊父母诰命碑。再后稍远有二丛坟，有三碑。东南一碑，最模糊，然疑为刘俊塚。西南一碑，万历□十八年，系三人墓共一碑。西北一碑，万历二十八年（1600）立，二墓共一碑。墓旁亦有古陶片及瓦鬲足。再西，遇一大沟，未过，即归。今日出，颇欲对魏陈仓城故址，有所发现，然结果毫无所得。晚决定三十日回省，明日派凤山入城拍电。今日孝侯墓图工毕。

二十六日，昨晚睡甚晚，今早黎明即起，同孝侯、忠义、三宝、王德诸人进县，至凤山则后往。过金陵川，入东堡，穿堡而过。堡西小坡上有净土庵。门外流泉茂树，风景甚佳。正殿祀三大士，前殿祀关公，塑绘甚新。庙外墙上镶有万历已未所立碑，大书"古婆罗泉"四字。余在庙前石上坐，孝侯为余拍一照。孝侯言东堡寨门楦极好，返视之，孝侯亦返拍一照。登坡，至金台观门外东南下坡处，得一灰土坑，内有古陶片，检数块。入观，观内最古碑为天顺六年（1462）所立《张三丰遗迹记》碑。内三清殿，房架为明建。玄帝殿为万历甲午年（1594）修。像均明塑。玄帝座旁，遗有明代花纹，孝侯拍一照。看一徧，即出，到东岳庙。命道士烧茶，购ㄖㅊ皮子①，馒头，油糕，食之。孝侯留照像，余同凤山到县署，晤仲侣县长，取得现洋一百元，陕票一百元。并辞行。出仍到东岳庙。孝侯言："大殿两壁壁画下又发现一层旧画。上层画虽系明遗，然不能到成化，想系明末所绘。至下层画，当系成化四年（1468）建殿时所绘，云云。"余覆②视，下层画不误。但成化四年（1468）及明末之说，尚有问题。因此庙建造，据各碑，均云未知何年。孝侯仅据正殿前所悬竖扁，定为成化四年（1468），实并未谛。余意建筑史

---

① 注音字母"ㄖㅊ"，释作"rang"，写作"酿"。ㄖㅊ皮子，即酿皮子，陕西乃至西北一种用面或大米粉做成的小吃。

② 同"复"。

及壁画之研究，在我国实尚幼稚，未达精确之区域。上层画询系明绘，至下层则或为宋元所遗，亦未可知耳。稍息，同三宝先返。过金陵川，入金陵堡。入自南门，出自东北门。未出门，见堡墙下有灰土坑及古陶片。出门，勘察乐夫所发现遗迹一过，并检陶片若干，遂返。下午会颇重，雨止下数点，遂晴。晚月色极佳。接西安文化日报馆信一封，总办事处信一封，为本院派余为中央古物保管委员会为本院代表事。

二十七日，今日大家甚忙，余则无多事，仅同杨排长及各地主到工次，规定已用地亩多少及商定包填坑工钱。填工，包给两地主，七家窑在前岩，与坑子颇有关系者，共九家。包填工钱，彼等希望颇奢，余力斥之，乃以二十八元定议。下午写佩青信一封。八点钟许，又落数点雨。

二十八日，因前日所取一百元现洋不敷用，乃写仲侣县长信一封，派凤山往用票子换现洋八十元。写家信一封。十点后，闻三汽车从门口过向西行，大家全以为接吾等之车已来，余固不信，乃未几时，又返，问之，果系昨日动身今日来到者。且均系载一吨半车。信函电报，明明白白，而竟歧差如是！接寿伯电，言派车于俭日①来。接春舫②信一封。将午，毛君羽青（徐注：名翰）、胡站长、德亭（徐注：名锡明）同来。毛君，系省政府委员，前在宝鸡县署见过者，此次来，系搭汽车同回省者。商议结束，决定客车一辆，装毕后先到凤翔。毛、胡及希平同去。大队夜中装车，明早起行。胡至凤翔后，再加派来载货车一辆。写给他信一封以备手续。下午大家全忙著检点东西。上好车，先开走两辆。希平，毛君，隆季，国祥等先压车至凤翔。今日在堡东赁地一块，向东开坑，将发掘中所得骨殖，装匣安葬。共十一具。余一匣中盛各处所得散乱人骨。作工时，工人言昨日所包填坑之二十八元，均为二地主拏去，颇有拒绝窑洞在前崖七家之意。余大怒，令人找地主来。地主杨海来，戴功不来，而戴功系一烟鬼，均彼捣乱，乃令人促之，不来即令人送县。彼终不敢来，仅将所扣钱送来。乃交与杨排长，嘱之催大家平均工作，平均得发款。

---

① 按彼时流行之电报纪日法（韵母代日），"俭日"即28日代称，故此日电报亦可称"俭电"。
② 即刘衍淮（1907—1982），字春舫，山东平阴人。1926年入北京大学物理系。1927年5月以北大预科二年级学生身份参加徐旭生等人负责的西北科学考察团，从事气象观测和路线地图测绘工作。1927年9月1日《徐旭生西游日记》："同游庙人颇多，到鄂博上只有我同皋九、春舫三人。"1930年3月离团，赴德国柏林大学留学，学习气象学，1934年获博士学位。回国后任北平师范大学教授。1949年赴台，任台湾师范大学教授。著《天山南路的雨水》《西北科学考查团之气象工作》《迪化与博克达山春季天气之比较》《历史年代中亚气候变化的证据》《斯文赫定与新疆西藏》《中国西北科学考查团的气象观测结果》等。

二十九日，昨晚大家检东西，直至今晨两点许，始毕。毕前，余虽就寝，然未能睡著。后余始睡著，点钟许，即醒。很有几人，全夜未能眠。四点许，即起检点行李。天大明时，即启行。启行前，再谆嘱杨排长速催垫坑，且与地主言明，此系九家之事，非两家之事。天会，有风，尘极大。车中尚嫌凉。未至凤翔，即微雨数点。后又止。至凤翔，稍喫一点东西，遂行。毛君又引二人来趁车，可谓靦颜①已极。余替他羞愧，亦不之斥也。后仍时雨时止，愈下愈大。过扶风，上坡时，余等所乘车颇轻，乃因路滑，上坡时，已颇费力。至武功，稍息，待王忠义、王德所压车，良久不至，而此车又颇重，以为彼爬不上扶风坡，留于扶风矣。那里所停之汽车夫，纷纷讨论行否。会中三车，因不甚重，全开走。雨愈下愈大。至兴平，仍在铁老店中午餐。餐后，雨稍止，复行。至咸阳，则雨比西面大的多。出东门，车又开入店中。各汽车夫几全以为不能再走。余等等汽车夫到河边看，有一邮政车、一红牌车，愿渡，彼乃亦渡。渡后，国祥来滩上，言其所压车不开，希平所压车亦不来，以为此二车今晚大约留咸阳矣。过河，上坡时，车时须人推，幸坡不大。五点钟许，进城至寓。雨渐停。今日登车后，孝侯即觉身体不佳，服痧药，及吸打嚏药，稍愈，但全日不佳胜。乐夫则晕车，时时呕吐。忠义、凤山等均晕车。余个人则尚佳。将晚，希平、隆季等所压车亦到，国祥并言忠义、王德所压车，亦到咸阳，甚喜。斯时，乐夫病莫能兴，万玉已睡。余独与孝侯出，到一小馆内晚餐。泥甚大。返则凤山言忠义所压车亦到西门，但因城门已闭，未能进城，拟请考古会杨先生派人拏护照到西门，请开门，余二人觉办法尚妥，乃待之，至十一点，归，则言城门不开。余因天太晚，未便与各方打电话，只好俟诸明日。寝时过十一点。

三十日，今日天晴。孝侯全愈，乐夫仍病，下午请省立医院内科主任吴霁棠君（徐注：名晋）来诊治。余终日无事，不过晤扶万、午峰诸君及各报记者董玉仁君，张师民君，陈维纲君，曹洁夫君，苏西铭君及一忘姓名者。（下大半行字及次行四字为墨笔涂盖）……

---

① 同厚颜。《晋书·郗鉴传》："丈夫既洁身北面，义同在三，岂可偷生屈节，靦颜天壤邪！"

一九三四年七月

（七月一日至七月十五日）

七月一日，今日从学款管理处借得洋一百元。上午刘安国①来，（下四字为墨笔涂盖）……下午考古会为余等接风。主人中王卓亭因病未到。客中，希平因疟疾未愈，未到。接家信一封。晚微雨。写给全仲侣信一封。

二日，早晨连定一来，交来其尊人②来信一封。（后五六字为墨笔涂盖）……到西京筹备委员会，访子怡，亦不遇。再见定一。见龚贤明，彼腿被驴踢伤，尚未能行路。又遇邱□③君。午后冠五来。张恨水来。二新闻记者来。早晨打给润章电一封，问路局免费运输，是否已办妥。晚接润章去电，言"路局半价现款凭单已于漾日④寄宝"。并言朱广才将来测经纬度。

三日，前日闻刘安国言杨家城东北之惠（徐注：土音作ㄙㄧ⑤）家头人家后院，有汉代水道，乃今日绝早与孝侯坐轿车同往。德昌随从。过万城门，孝侯又照一像，取板筑两块。惠家头在卢沟台西北。城在村中间。我们下了车，问一个卖东

---

① 刘安国（1895—1989），字依仁，陕西华县人。1916年入北京高等师范学校博物科。1921年回陕，历任省立三中训育主任、校长，陕西省通志馆采访，省长公署参议，陕西女子师范学校校长，中山中学校长及白水，富平，咸阳等县县长，陕西省教育厅督学等。1937年始任武功西北农林专科学校副教授兼高级职业学校校长、陕西省教育厅主任秘书、民众教育委员会主席、陕西师范专科学校校长等。1949年后任陕西省博物馆顾问、陕西省文史研究馆馆员等。

② "尊人"系对他人或自己父母的敬称。明王世贞《与徐子与书》："某以残腊辞二尊人。"明王铎《太子少保兵部尚书节寰袁公神道碑》："公营别墅于牟驼岗，以娱两尊人。"此处指连定一之父连横（1878—1936），幼名允斌，谱名重送，表字天纵，字雅堂，号武公、剑花，别署慕陶、慕真，台湾省台南人，祖籍福建省漳州府龙溪县（今属漳州龙海）。1897年入上海圣约翰大学。1902年赴福州应补行经济特科乡试，不第。后任《鹭江报》主笔。1905年与黄乃棠、蔡佩香筹办《福建日日新闻》报，后任《台南新报》汉文部主笔，鼎力反清，鼓吹革命。著述宏富，代表作有《台湾通史》《台湾语典》《大陆诗草》等，以《台湾通史》最为著名。

③ 其名空缺未书，不详其人。

④ 依韵母代日电报纪日法与上下文意，"漾日"即该年"六月二十三日"。

⑤ 注音字母"ㄙㄧ"，释作"si"。"惠"作"sī"，音同"息"，均古音。今普通话作"xì"。

西的,他说他不是本村人,不知道。一个女人搭了叉①,盯著问我们要瞧那洞作啥。我们问她洞在丫㐃丫,她坚决地说她不知道。一个有胡子的人从门里面出来,我们问他,那个女人赶紧给他使眼色,于是乎他也说不知道。我们无法,一方面派德昌同赶车的老刘去找村长,一方面同他们间口天②。他们渐渐地知道我们并不是怎么样可怕的人,有胡子的人遂说村长是再找不著的。他们刚才害怕。你们跟著我来瞧吧。此时,德昌也回来,说村长找不著。我们跟著他们去,就在路南紧挨著的一门内。城墙就是他们的南墙,已经不很高。水道在墙底下,多半高在现在的地平上面。眼看见的,三块石头,合成上方。据言下面不深,也有一大石,合成正方。高广约四尺许,深一丈余,但并未掏完。两条道并列,中间有石头隔著。再西,还有小缝,土人疑惑还有一道,但从未掘过。孝侯照一像,德昌进去量尺寸。出时,给地主钞一吊。他们说西面高庙街,附近有砖水道在野地间。遂往。高庙附近,城墙全断。高庙附于堡子西南角,据言仍为地遗址。打听水道何在,他们全不知道。乃入堡东门,进至高庙,上登,则庙内有小学校,似无神像。有三十几个娃。隔窗望之,还有几个女娃上学。孝侯闻人言此地多天主教民,故风气较开通也。返。过阁老门。再下,孝侯因前所照水道像,玻璃板太灰,乃重新照一张。再取口口③泥两小块。附近土坚,似曾烧过。此处砖窑一,瓦窑一,均正托坯。立看多时。工人均洛阳人。今日沿途所见的砖瓦窑,均积极工作,为自去年来陕之所未见。盖因铁路快修到,车站附近,大兴土木,且年境转过,亦稍有关系也。返寓,稍休息。(以下此行末尾四字、次行上半行均为墨笔涂盖)……晚子怡来谈。今日欲找扶万、午峰,商议请会中抽查箱子④以便早日开箱,筹备展览,但均未来会。接到总办事处所寄到之半价现款运输单。

　　四日,今日上午问扶万来会否,则闻已去。下午六点,李乐知在西北饭店请

---

①　答腔、答话、交谈意。"叉"或作"岔""茬"。
②　"天"前空缺一字,扯闲话意。
③　二字不识,疑系草拌泥意。
④　依据1934年2月5日陕西考古会第一次会议通过《陕西考古会办事细则》第三章第十九条"本会发掘所得古物,须由工作主任协同教育厅派员逐件登记三份。除报本会一份外,并转送国立北平研究院及陕西省政府各一份",故有开箱抽查一事。以下同月5日日记"下午开两箱,每箱不过开一两包而已",15日日记"将登记簿之第三份,与留此未提之古物号单交给抚万、午峰",均与《陕西考古会办事细则》第三章第十九条相关。可对照阅读。

客。在坐者，除本会之何、张①外，尚有扶万先生、顾鼎梅②、翁县长③诸人。出同到交通旅社内之□□□④食冰激凌一杯，不佳。接到刘子植信一封，为托替北平图书馆带墓志石者。晚孝侯谈起曾于余春间离陕时，曾与乐夫言语冲突，并骂过他。乐夫则未还骂。孝侯小孩子脾气颇大，亦可虑也。

五日，今日与扶万先生谈，请他对于本会带回箱支，抽查三两箱，以便对于陕人可作负责的说话。并请于明日开会以便报告一切。并将复写登录簿子交给他。扶万允与午峰商议。下午开两箱，每箱不过开一两包而已。晚子怡来谈。去后与乐夫、孝侯、万玉商定应行带回北平研究之号数以便明日提出会议。睡颇晚。今日下午访李乐知，未遇。

六日，因昨日万玉言八日展览，还来得及，故今日全日本分会同人忙于陈列物品。所展览者，为斗鸡台所发掘，铁路局所移交来，民政厅所发掘三部分。决定大厅内铁路局前所移交已陈列之一部分，不大更动。将分会的一部分完全撤去，陈列沟东⑤所得品，老虎沟，姜城堡各处采集品。至堡中所得，铁路局所新移交来，及民厅所得，则在第二陈列室中陈列。至兴庆宫石则因搬运不便，仍在原处陈列展览。到铁路局，见李乐知，问其运输情形、运输价格、及是否能办联运各问题。他答应代为打听，晚晌回信。下午会议，卓亭、胜浮均未到。与扶万、午峰将提研究物品问题略谈。即作为决议，可不致成问题。扶万又谈本会因揭碑林碑帖，致与教厅龃龉事，余拟见学昌厅长时，与之一谈。近数日天气甚热，下午下一小阵，热仍不退。晚子怡来谈。今日龚贤明来。

七日，全日忙于陈列物品。天气甚热。下午写品名卡片，大致就绪。孝侯忙的午饭全未喫。孝侯虽气质，尚未全脱公子气，而工作之奋勇，工作之能力，实有常人未易到者。

---

① 即何乐夫、张孝侯。
② 顾鼎梅（1875—1949），即顾燮光，字鼎梅，号崇堪，别号非儒非侠，斋号金佳石好楼，浙江会稽人。光绪贡生。官度支部主事，并任财政处、盐法处要职。入民国曾主持上海科学仪器馆。工书，擅画，精金石目录等学，度藏金石拓本颇富。著述亦富，金石考证尤为瞩目。代表作有《梦碧簃石言》《河朔新碑目》《比干庙碑录》《伊阙造像目》《石刻萃珍》等。
③ 即时任长安县县长的翁柽（1893—1954），字圣木，浙江泰顺人。早年入浙江监狱专校。历任甘肃省民政厅主任秘书及陕西长安，浙江嘉兴、遂昌、永嘉与江苏武进等县县长。1933年至1936年长安县县长任间，励精图治，曾监修《咸宁长安两县续志》。
④ 据下之7月11日日记，所空字格应作"快活林"。
⑤ 指斗鸡台沟东。

八日，今日系请各机关首领来参观，至正式展览，则待明后二日。力子主席来甚早。后邵夫人及雷陆女士亦来。余熟人来者，有杨叔吉①、段□□②、李乐知及路局中三位，郑士彦诸人。今日天气极热。下午两三点钟，院中温度及四十度。晚到西京筹备委员会，晤溥泉、子怡、贤明诸人。归将床上被褥，尽撤，仅余一毛毯，一单子。洗身后，寝。时对于睡眠，颇怀疑虑。

九日，眠尚好。夜中虽仅带裹肚，后半夜尚有相当的凉爽。早起时，院中温度尚将三十二度。阅报，知昨日温度最高为四十二度，则余辈院中，尚属凉爽也！今日更热。院中最高达四十一度半。上午溥泉来，贤明随来。参观后谈多时。

十日，昨晚因太热，睡不佳。今日热少差。院中早起时尚有三十一度半。最高温度四十度。今日来参观人尚不少。各界均有，然古董界似已全体出发来参观。接杨钟健信一封，系索化石看者。

十一日，今日最高温度，又达四十一度半，按测候所报告，为四十三度。早晨往访升三、学昌两厅长③，均见到。访经济委员会刘景山主任④，未遇。晚出到快活林，饮冰激凌两杯。决定十六日北上。

十二日，今日最高温度与昨日相同，最低温度却较高。余等院中因有树，故最高温度较测候所所报告为低，最低者则较高。早起院中温度仍三十四度！下午与大家计算路费，知再借八百元，尚未知能到平否！前数日余已感觉到非有六七百元不可，今日始知相差甚远！主要的原因，自然是因为在此地无论何处，全打听不出运输价目的缘故。然预算超过如此多，下半年工作或将成问题矣！命乐夫与寿伯之代理张君接洽汽车，归请考古会备公函。

---

① 杨叔吉（1884—1966），名鹤庆，字叔吉，陕西华县人。1906年入三原宏道学堂。1908年赴日本东京同文书院留学，与黄兴、宋教仁、胡汉民等人相识，入同盟会。1911年参与陕西辛亥革命起义，任炸弹队管带兼二十二标二营管带，率部在兴平、乾州、礼泉等地与清军作战。1912年再赴日本千叶医科专门学校留学。1918年回国，历任豫军援陕军医院医官、院长，中国红十字会陕西分会理事长，陕西陆军医院副院长，残废军人教养院院长，助医学校校长，中国急募赈款大会陕西分会会长，华洋赈务会董事，妇婴收养院院长，中央军事政治学校军医处长及法相大学和东南大学教授等。1931年始任陕西省政府参议、第十八陆军医院院长、陕西省防疫处处长、陕西省卫生处处长等。1949年后任西安市红十字会会长等。著《外科看护》《看护学总论》《日语讲座》《日本大地震记实》等。

② 名空缺未书。

③ 即时任陕西省财政厅厅长的宁升三、陕西省教育厅厅长的周学昌。

④ 实为全国经济委员会西北办事处主任。

十三日，今日温度更高。测度所报告，最低二十九度，最高四十四度！至余等院中则全日在三十三四度以上！写信与学昌厅长借玖百元：陕票三百，外票三百，现洋三百。下午他派一程君将陕银行支票送来。遣乐夫同程君往取。

十四日，早晨三点钟许，因太热，出院中少凉，院中及室内均仍在三十四度上！最高四十五度。写一信与宁厅长，派乐夫往，将欠财厅五十元归还。今日孝侯到米家岩①，在铁道北之灰坑中，得缺一足之大瓦鬲一，又得筒形尖底残陶器二，不知是否陶器之足。又得各骨，已经化石。晚短衣跣足，同孝侯、万玉往饮冰②。后到南院门一转。

十五日，夜中甚热，然颇有风。今日温度稍差，四五点钟大雨一阵。早晨到（以下此行大半行、次行半行均为墨笔涂盖）……各处辞行。杨、周、宁③未遇。有二新闻记者，来问图书馆所托带墓志事，竟至索阅来函！其无常识如此！力斥之。将登记簿之第三份，与留此未提之古物号单交给抚万、午峰。下午六钟，主席④请客，为余等饯行。在坐者尚有抚万、午峰、顾鼎梅及一苏君。晚将箱件先装好汽车，定明早黎明起行。

（七月十五日后日记阙）

---

① 又作"米家崖"。位于西安市东郊浐河西岸，今属西安市灞桥区辖。为半坡文化晚期、客省庄文化遗址，1934年4月陕西考古会调查发现。1934年4月20日天津《大公报》载："陕西考古会在西安城东北十余里陇海铁路沿线……之米家崖，考察发现该处为三代以前石器时代之地层，灰层褐色，断定为当时人民造饭之遗迹，且证明与民国八年（1919）在豫省所掘之地层为同一时代。"作者7月14日记载调查发现事，可与同年4月调查发现连缀。2004年至2006年，陕西省考古研究所又对该遗址进行发掘，查得该遗址南北长约2.5千米，宽约0.5千米。发现大量陶器、骨器、石器及少量的玉器、牙器等，其中双耳罐、鬲、三耳罐、双耳罐等，与徐旭生、张孝侯此次调查发现吻合。

② 冰激凌省称。"饮冰"地点，疑与此前日记记载"快活林"地点相同。

③ 即杨虎城、周学昌、宁升三。

④ "主席"前一字为墨笔涂盖，窥上下文意，应为杨虎城主席之"杨"字。

一九三五年四月

（四月二十三日至四月三十日）

（四月二十三日前日记阙）

四月二十三日，……（本日以上残缺）① 高 1m985，宽 0m810，厚 0m177。前殿内樑上粉画剥落，内露字甚多。用远镜细寻，不见年月。然余疑其甚古：因上所载村名，多为今所无有。如麻田村，今人不知此村名，而宋碑上，屡言"麻田院主"，此词疑与村名有关系也。狮醒②照像毕，本欲留辛毓德③在此拓碑，而彼因现在风大不易揭，愿随至磻溪宫先揭后，再来此地揭，亦允之。早餐。出发时，十一点已过。启行不远，即过伐鱼河。（徐注：庙院外西南隅，有殿一间，内祀三女神，壁间悬山上，老人、老妪各一。问庙管："此系何神？"答言："此系村中康家女儿，修炼成功，遂庙食于此。"此时余意老人、老妪，必系其父母矣。问之庙管，答曰："老姆系地母娘娘，老翁不确知，大约系孔圣！"余观老人奇丑之像，其言亦似有理！先生有知，亦不自料其庙食于此也！）路南有村，曰西半窑，北有村，曰宿家村。再前，路南，有村曰蔡子④。村西有菩萨庙。门前有"学校重地，闲人免进"之虎头牌示谕！庙东北隅墙外有一短碣，立马视之，上似刻一小诗，然未下马详读。再前，路南，稍远，有村，曰王家村。再前，过一村，曰双堡。再前，原又向北进，路离原不远。有村，曰新庄子，曰凤鸣里。路北有稻田。再前，近渭河滩，即见磻溪水，转南，道旁田边，多村人植荆棘。马上⑤一不小心，遂隔袜刺脚背留血。不远，即过河西，已望见磻溪宫。道旁见灰坑及

---

① 依作者本年 4 月 25 日日记："余时在家补作前数日日记，仅完两日，已达三千余字"，略可推测本日日记残缺体量。

② 即龚狮醒，名元忠，字狮醒，江苏吴县人。1926 年前供职于北京历史博物馆，司摄影。1926 年参与斯文·赫定、徐炳昶等人组织的西北科学考察团赴内蒙古、甘肃、新疆等地考察，仍司摄影，并任考察团三队之一南队负责人。1934 年 11 月参加陕西考古会第二次斗鸡台考古发掘及相关考察，仍负责摄影。

③ 辛毓德，斗鸡台考古发掘工次职工，司椎拓。

④ 疑关中西部方言"寨子"之读音。

⑤ 据作者本日及同年 5 月 8 日日记，知此处考察骑马而行，故有"马上"记载。

红瓦片。下马,放马先行,而马因曾来数次,遂直前入磻溪宫后门。余等随之入。庙规模弘厂①。房宇整齐。其规模尚较大于金台观。瞻仰一过,始觉恍然:余未来时,觉磻溪宫主人,定属太公望,现始知其与太公无干,主人却系长春真人!其刻《道德经》之经幢,尚有新损毁之痕迹!二元碑均著录于县志。经幢对面,有一碑,上题"古磻溪"三大字,余因其无聊赖,置不顾。及将去时,见后面有字,往读之。狮醒言:"此系康熙碑,无大道理。"遂出。余竟终读,则固一元碑,纪长春真人事颇详。文前题目,不知为何人打去。后亦无年号,仅著"著雍涒滩"②四字。然"大蒙古国"字样,俨然题行,其为元碑,毫无疑义。令辛毓德估用纸多少。不敷,令彼写信到凤翔去买,由虢镇捎来。庙内有小学,教员王姓。令人找庙管来,乃止来一"小伙娃",与之言拓碑须彼借板搭架子各事,彼不甚了了。王君言今晚余当与其父言之,必不误事。乃重托王君。时天气甚燥,大约在二十度以上,然饮茶后,仍起程。虢镇东南渭河上桥,尚未坏,但支流水尚不小。余骑马,随村人之牵牛者径过。过河后,到常宁宫,一看所需拓碑。出庙,到庙东,观今正乐夫所发现灰坑。又到其西之火神庙一观,丰碑虽多,无必拓之价值。遂出。庙西,堡附近又有灰坑古陶片。亦有灰坑筑入堡下者。然余前年过此,亦颇留神,却并无所覩!虢镇南门,多年封闭,今年始开,足征时靖。到西关后,尚欲返斗鸡台,而因天色已不早,恐至汧河时,已入黄昏,乃行止宿。

二十四日,夜中甚暖。早起十四度。启行前,到玉佛寺,门内闭,无人,狮醒自后踰墙入,开门,乃入。玉佛在后洞中。以白石为之。头大,且系已断粘合者,故狮醒疑头非属本身,但全像比例,均不甚佳,故亦颇难言。据同治十二年(1873)碑言"一修于康熙壬戌,见三佛殿额。一修于明万历四年(1576),见关帝庙脊记。又寺有钟鼓,稽其铭,明宏③治八年(1495)铸也。"行不快。至汧河,在北岸深流中,由祥祥④牵马渡。余则马径入水负余渡。渡后,未待大众,即先归。至寓,十点余。大众亦不久即到。午后,稍息,到工上一看,即归。晚甚困乏,九点余即寝。下午最高温度廿六度。今日接到润章信一封,颉刚寄来《古史辨》第五册,寿伯信一封,中央古物保管委员会信一封。

---

① "敞"字之别。
② 著雍,十干中戊别称。《淮南子·天文训》:"午在戊曰著雝。"明郎瑛《七修类稿·天地一·岁月阳名》:"(太岁)在戊曰著雍。戊在中央,主和养万物也。"涒滩,岁阴申别称。古时用以纪年。如《尔雅·释天》:"(太岁)在申日涒滩。"《吕氏春秋·序意》:"维秦八年,岁在涒滩。"高诱注:"岁在申名涒滩……涒滩,夸人短舌不能言为涒滩也。"故《资治通鉴·晋纪二十》:"起著雍涒滩,尽上章淹茂,凡三年。"《资治通鉴·秦纪二》:"起阏逢阉茂,尽玄黓执徐,凡十九年。"
③ "弘"字之别。
④ 祥祥,其人不详。

二十五日，早晨温度十六度。上午到沟东一看而已。余时在家补作前数日日记，仅完两日，已达三千余字。中午本保同人请本会同人喫饭，席设杨焕章家。菜尚好，主人不坐。晚写颉刚信一封，齐性一信一封。

二十六日，今日为本会正式开工一周年纪念，且已工作八日，故休息。惟堡外甲坑因念生①恐工作难完，请求工作半日，允之。早起时，太阳尚未出山，温度十三度。因修理此地东岳庙内有壁画殿，邵主席与念生信令其与余商议办法，乃同子延、念生同进县城，往估工价。过金陵堡时，同往看堡后灰坑。过金陵川后，转穿东堡子，看古娑罗泉，访金台观。下至东岳庙。在殿内看时，狮醒带王玉林、刘海辰同来。考察结果，子延谓需五百元，整理此殿。如将戏台上很好而残缺之天花板取下保存，另换新天花板者，则另需二百几十元。狮醒留此地，替念生照像，吾等先进城，拜受孙②县长。谈次，狮醒亦来。东岳庙事决定由受孙县长及念生分函邵主席，报告估价结果，请示办法。天王村壁画事，请受孙县长与本村人商议，设法安门，并于檐间加铁丝网，以便保护。宋、明两碑，移于室内以免风雨剥蚀。至于外边栱心之小块佛像及山花上将坠之佛像，则与村人商由本会派人取下以资保护云云。彼允商办。辞出，到署前小铺中午餐。在县署中取到吉如信一封，润章信一封，宁厅长信一封，大哥信一封。餐时毕读。餐后念生先归开工。余与子延、狮醒到城隍庙一游。大门两旁栿间，各塑有一人爬悬其上。人均带尾，未知何意。此庙虽屡次来游，而此塑像本次始注意到。狮醒先去，看收拾汽灯，余及子延到西门外一游。时一点余，天甚热，想进城找地方歇歇，过照像馆门前，疑狮醒在内，入视，果然，乃入内稍息。出，到党部③，因狮醒识其无线电管理员姚君。适姚君不在，然余等终入内阅报。出，狮醒再往看收拾灯，余等先到东岳庙休息并等候同行。在门前，遇造林技术员景恩荣君。久行④狮醒，不至，乃同子延上登，过空洞寺，看空洞泉。时渴甚，用手掬泉饮之，甘冽可口。

---

① 即罗念生（1904—1990），学名罗懋德，四川威远人。1922年入清华学校。1929年赴美留学，先后于俄亥俄大学、哥伦比亚大学、康奈尔大学攻读英美文学与古希腊文学。1933年转赴希腊，入雅典美国古典学院学习古希腊建筑、雕刻与戏剧。1934年回国，入北平研究院史学研究会考古组。1935年1月主持西安莲湖公园考古发掘，3月参加第二次斗鸡台考古发掘。同年夏返回北平，任教于北京大学。抗战爆发后，辗转在四川大学、武汉大学、湖南大学、山东大学、清华大学等校任教。1949年后在中国科学院哲学社会科学部文学研究所、外国文学研究所等单位工作。终生致力于古希腊文学、戏剧翻译与研究，成果卓著，希腊帕恩特奥斯政治和科技大学授予其"荣誉博士"称号。于考古一途，有《莲湖公园发掘记》（未刊）等著述。

② 即王静涵，字受孙，河北冀县人。北京大学毕业。1935年任宝鸡县县长兼县保安大队大队长。1938年任乾县县长。

③ 即国民党宝鸡县党部。

④ 疑"行"字为"候"字笔误。

东行，再过古娑罗泉，再饮水。入观净土庵。守庙老妪向余等乞仁丹，告以无有。出庙，复登，寻得泉源，所谓古娑罗泉者，盖由数泉合成。归。途中有风，时已四点，已不甚热。过二十里时，入朝峰寺一观。过张家村后，则狮醒同海辰尚在一碑楼会中休息。亦休息片时，同归。闻今日下午最高温度达三十二度！晚东风颇大，时起时息。

二十七日，起六点余，十六度。风仍大。约每秒十五公尺上下。下午最高仅二十二度。将晚风息。今日仅上午到工次一看，余时读《古史辨》而已。

二十八日，起未六点。温度十三点弱。上午气不清，下午会，并微雨数点。最高温度二十二度。仍读《古史辨》。

二十九日，起六点余，温度十五。九点许，微雨，然工仍继续作。余在沟东，先看填子坑八号墓上坑，已将满，乃到辛坑、寅坑一看，正与秉琦谈话，将十点，而子坑工人奔报，言有工人陷入土中，已陷顶不可出，大惊。细问，始知工人杨豆满始从坑边滑入松土中，不过没膝，他与大家均尚嬉笑，不料八号墓身内土尚空，乃变成一旋涡，彼遂慢慢陷入！填坑将满，人均在坑上，而竟旋入土中，真属意外事！沟东堡内，堡外，一切工全停，七手八脚，除土救护，于将十一点，救出。人尚清醒！真属如天之福！雨虽不大，尚不停。全日温度不过十五度。时有风自西来。两点余，雨止。南山云白山青，媺丽异常。晚，天晴，心中甚喜。因此数日内，麦正开花。如连雨数日，麦当减收，放晴数日，丰收已有八分把握也。写寿伯信一封，大哥、二哥信一封。又预备一三百元收条，备明日取款。

三十日，早会。起时六点余，温度只十一度余。风向西。然仍落雨数点。终亦开工。杨兆璜①君（徐注：即前数日乐夫所见之杨老先生）来谈。彼言民国二年（1913）时，陈树藩为旅长时，曾在纸房头发掘一月，得铜器十九件。县志止载其一件。其大鼎内有周莒子作诸字。又言阳平镇清末，曾出敦三件，有周莒子作大敦诸字。又言西关曾出"羽阳千岁"瓦当，完整者二，碎者一大筐云云。彼去后，到工上一巡视。下午阅报，补作游青峰山时日记。十二点温度最高，达二十度。晚又微雨。

---

① 又名杨先征，陕西宝鸡人。晚清诸生。擅书法。

一九三五年五月
（五月一日至五月三十一日）

五月一日，雨。晚始住。全日温度，总在十度九度之间。补作游青峰山日记，未完。将晚时，东西方云薄，南山完全云封，风仍自东来。

二日，晴，然多云。早七点温度十一度，下午最高达二十度。上午未开工。下午始开。毕作游青峰山日记。写张扶万、润章及家信各一封。

三日，天晴。早晨六点半，温度十三度半，下午最高达二十六度。因底店有会，无工人。停工。仅堡外坑找得工人三人。连德昌四人，继续作。同人在坡下渭河支流中浴，水温三十一度。余则到远处大河中浴，想温度当较减也。南山远山不见。

四日，晴。南山远山仍不见。早七点，温度将十五度。下午最高达二十六度。开工。写润章信一封，请其买 Laufen 及 Holson 二氏关于中国陶器之著作。复吉如信一封，泽普信一封。下午有微风自东来。

五日，夜中较前数日夜中温度高。早七点温度十七度。上午有云。下午最高温度二十五度。下午一点许，会颇甚，并霏雾丝数点。后转晴。四点余，闻雷声，为今年之第一次。时有微风自东来。今日沟东填坑。堡内亦一部分填坑，惟堡外继续作。

六日，夜中较凉。将七点温度十三度。下午达二十五度。微风，方向转西。狮醒进城，见县长，接洽到天王村取壁画事。并同县长决定八日同游大散关。会中往者，余及乐夫、秉琦三人。在县署取齐。辛毓德回。岫法师龛铭，找出揭来。

余应揭者，亦全揭出。但份数之多少，颇不合。接到中孚信一封，省耕①信一封。写寿伯信一封，受孙县长取款信一封。决定明日，除堡外坑，一切全停。

七日，将七点，温度十四度，下午达二十五度弱。上午同乐夫、万玉、杨保长等，到堡中及沟东，步量所征用田亩，及估填坑应用工役，以便发价。狮醒往天王村②。今日天气不清，微风仍从西来。

八日，早六点十五度。同乐夫、秉琦出外考查。目的地为大散关、和尚原、鸡峰诸地。马一，驴三。外有三工人随往。六点半后出发。因马尚未来，遂先与秉琦前行，后马虽追上，然余等直走至金陵川渡河处，始乘骑。到县署，用早餐。九点半后始动身。受孙县长亦骑马。然大家步行，直至渭河，始骑。过河，一村曰十家营。再前，一村，曰二里半。路西有村，曰杨家场，曰刘家槽，靠原，曰罗家村。原上有庙，有树，闻属刘家槽。再前，路西村，曰三家铺。道右有乾隆元年（1736）所立迎仙渠碑。道东，村曰厶丨尢③家庄。再前，曰任家湾。再前，河东有村，曰茹家庄。未至村，路已渐入谷，但谷尚宽。再前，抵益门镇。镇在清姜河左右。河东为益门镇村，西为益门镇"市"。平日水行石中，虽势颇汹涌，水量亦不小，而涉石尚不难渡。夏秋山洪暴发，两岸即成咫尺天涯。溺毙者时有所闻。虽屡次修桥，而持久极难。前由华洋义赈会修建五孔石桥。将毕工之时，而山洪又来，又一扫而空。后又募款，重行设计，始成今桥。桥一孔，向北题"未云何龙"四字。然闻受孙县长言：桥基仍不甚坚固，足征建桥之难。河边树木甚茂，垒石成岸，风景佳胜。扼散关入口处，两岸山势雄伟，河谷宽敞，形势亦极壮阔。道旁有关帝庙，内有大王庙，据□④年碑，谓大王即吴氏兄弟，因守土有功，故庙食于斯。然庙中实有三神像，岂下首黑面者为杨政欸？益门桥畔，有西汉路工程处。余同受孙县长入内稍息。据一刘君言：现在农事已忙，民夫已不易征；今年并无通车希望云云。因谋今晚止宿于此，遂将驮行李之驴留于村店中。大家稍休息，即又前行。路旁西山根。河东有村，曰桑园。再前，有村，曰大宛铺。过益门镇后，村颇稀。再前，曰胡家湾。过湾，谷渐狭。西汉路原在河东，由此转河西，时见民夫工作。再前，曰三宛铺。再前，曰杨家湾。时山已多树，但无

---

① 即詹蕃勋，字省耕，安徽婺源（今属江西）人。北洋大学毕业后留校任教。曾任华北水利工程师、安徽省立第五师范学校教师。1928年参加中瑞西北科学考察团，司地图绘制。抗战中于婺源创办私立黄隐中学。

② 今属宝鸡市陈仓区天王镇辖。

③ 注音字母"厶丨尢"，释作"siang"，汉语拼音为"sāng"。

④ 原件"年"字前空数格，未详何年。

大者。河旁大核桃树颇多。过村，路转出河东，公路仍在西。再前，曰鸡婆沟。再前，曰偏桥。再前，曰枝沟。面前，有峰阻路。公路入右叉，人行路入左叉。未远，路转河西，又转回，亦入右叉。路甚狭，时见工人凿石开路。"金石"之声，铿锵相和。盖因用火药炸石前，须先凿石眼也。虽有炸药之助力，而人工之艰苦，已令人深深感到。太白"地坼山崩壮士死，然后天梯石栈相钩连"之句，实属奇伟而精确。未远，即至二里关，有商铺。有甲长来迎县长，县长命之引往大散关。本地人知大散关名，远处人，仅知关岭子而已。过二里关，骑已不易，遂下。路亦属石铺成，但损坏已多。然即此，亦感到人力渺小而仍力夺天工也。约二里，即至关。关有石门，现已倾欹。有一清碑，已不可读。有余生年，陕抚叶伯英①所题"陕南天险"四大字，大约原镶关墙上，现止"南"字尚立，余字已倒地破烂。又有嘉庆丁丑（1817）中州周赓②所书"古大散关"四字。村人之知有大散关，或即赖此。秉琦拍照。稍息，即返。问和尚原之名，无人能知。问："这附近有原没有？"答："近处全是山，丫𡳸丫有原？"余等亦以为守大散关，当守益门镇附近。如至此，则散关之险已全失，实大远情理。和尚原当在山入口处，似无疑义。返到二里关，出所带鸡蛋并购物食之。至益门镇，天已黄昏。县长来言店中太坏，已借得药铺中宿处，地在河东，请同往，遂随之去。至则门卑炕狭，闷热不堪，出门见戏楼上甚爽敞，即命扫土展行李，余等三人遂高卧于上。时月色颇佳，风速大约过八米。然无凉意。温度表指二十三度。就小溪中濯足畅快无比。然余过益门桥时，对于碑上关系历史部分未抄录，拟回时，补抄。在村店中，见柱子贴有黄纸印符画之属，上题"疵马瘟"三字，余疑此即《西游记》上"弼马温"之前身，惜当时未观其画，拟归补观，现亦未能作，亦一憾也。

九日，天明即醒，五点，温度尚在十九度。起到河中洗脸。喫早饭。昨晚打听和尚原，有人言在瓦峪寺上面。及详问，始知系冯家原，至和尚原则无人知。乃决定往姜城堡，问徐老先生③。步行往。见后，问之，彼答：闻从麦剑沟④入，即可达到。问：麦剑沟在清姜河东乎？西乎？答：在西。问：据理，和尚原似不当在河西。彼亦无词。彼又言："有云盖寺，当在彼间。温团长之太夫人，在

---

① 叶伯英（1825—1888），字冠卿，安徽怀宁人。附贡生。曾任清河道员。光绪七年（1881）任陕西按察使，后迁布政使。光绪十二年（1886）擢陕西巡抚。光绪十四年（1888）九月初六日即新历10月10日卒于任。叶伯英卒年，恰作者生年。故"有余生年，陕抚叶伯英所题'陕南天险'四大字"事。其具体时日，则当在光绪十四年九月初六日即新历10月10日之前。

② 周赓，河南固始人。嘉庆十三年（1808）署武功知县，后因故被革职。《清实录嘉庆朝实录》："署武功县知县周赓……均著革职。"

③ 即徐冲霄。

④ 即麦苋沟。

彼间颇有功德，故温团长对于彼间地理甚熟，一问即知。"云云。而温则住二里半①，离此间甚近，乃别徐老，往寻温。据温言，对于彼间地理甚熟，独不识和尚原名。闻言，为之索然。止好辞出，别县长，往瓦峪寺。先过神农庙一观。始登原。余疑冯家原或为宋方山原之音讹，而方山原似离和尚原不远，且原上。闻有诸葛槽、诸葛山，亦或有历史上之价值，故往观。南走三四里，有一村，即名冯家原。村内有菩萨庙，往视。则有道光廿八年（1848）焚帛炉，咸丰元年（1851）碑。据碑，则冯家甚多，明朝有冯尚书。然则此果冯家原矣！村南有二小土山：西名董家山，东名诸葛山，中即诸葛槽。时已过午，天气甚热，且已饥，然犹豫后，仍前往。不远即至。登诸葛山，实一小原，董家山亦同。原顶南北长，面积不小。上层颇有瓦片，然不似汉唐物。是否宋人所留遗，殊未可知。用远镜向西南一望，高下起伏历历在目。亦时有高平堪屯兵处。我先民为我全族之生存，喋血拼死之处，定在此间，惜未能实指其地耳。时甚疲热，故大略一观，即下。从东方下原，至河畔稍息。如过河，登原，即属黄芦原。前闻人言：系古代曾经设县处，本拟登视，而此时约两点余，既饥且热，——河水清冷可饮，不患渴也。——实无再登之勇气，乃效狐狸嫌蒲桃之语调以自解嘲曰：此原望之似甚狭小，无置县之余地，可勿登也。乃循河西岸走。下原处，曰高家湾。再前，曰刘家河湾。原上，即刚才所入之菩萨庙。有井，原上人下汲于此。再前，河东小村，曰三家河。不久，即出谷，过瓦峪寺庙前。转东，至石坝河。休息，喫饭。饭铺掌柜有娃，约十岁许，尚未穿裤子，即令其担水！劝之斥之，彼只微笑！秉琦骂其没人味，余言使余为县长，必责其手心二十下，彼仍嬉皮笑脸！去后，始闻工人言，此娃为彼所要来之娃，非亲生也！再东，相家庄，党家村，均在路南。党家村北有菩萨庙，内有康熙乙巳（1665）焚帛石盆。再前，过石嘴头之茵香河，道始转南入谷。河畔粉红刺梅，秀色悦目。过一村，曰周公店。再前，曰庙沟。时天已将晚，工人拟宿苟家滩庙上，闻离此只有四五里。然余见路东有庙，甚整齐，庙后幼柏甚多，乃决定入庙借宿。庙曰净身寺。寺西向。门前有老杨，可合三四抱，数百年古物也。虽中空，尚甚茂。入门时，门内出人颇多，似开会散者。见余等甚恭。后知彼等疑余辈为查学者，故出迎。至其聚集，则因山上树，多被人偷，将集议办法，闻余等至，乃中止。彼辈详问，知余等为游山玩景者，然仍招待甚殷。庙中有学校，共四五十娃。先生张姓。院中颇植花木。有万历十九年（1591）钟。学校在前殿，无神像。余辈即宿后殿中。每过教室，碎娃均起立，颇滋余等不安，然又无他路可走。庙后靠岩，有石洞，额曰"千佛洞"，然尚无佛像，正议塑建。洞上有顶，外观若两层，后尚有一壁，均素石灰新抹，故余等自远即见

---

① 即8日日记所谓"二里半村"。

之。实则内仅一洞，无层出。余等晚餐由数家供给。晚九点许，温度二十二度半。

十日，早十八度半。因河西有一天主堂，因涉河往参观。至则门闭，亦无人门者。邻人一家，窥其门，则有一幼女出。问有人看门否，不答而去。未几有一妇人出，问之，则曰无人。见坡下有男子，欲问之，则彼已入室去。而出妇人、幼女之门中又出一男子。

问堂中有人否？答言无人。

人到ㄓㄜㄉㄚ去了？

答：在宝鸡南关。

——啥时候来？

——每年来一两次。

——你是教友不是？

——是的。

——ㄓㄜㄉㄚ① 有几家教友？

——止有我一家。

——附近通同② 有几家？

——有六七家。

——每礼拜来ㄓㄜㄉㄚ做礼拜不来？

——大家住的太远，并不来。

——堂是哪一年立的？

——民国七年（1918）。

——传教的是中国人是外国人？

——是中国人。

——宝鸡南关有外国人没有？

——没有。

——你能开开门，让我看看不能？

以后无论何说，此君均笑而不答。乃归。早餐后，留国币一元，辞不受。教以用此一元买土墼将老杨树中空处封起以免腐烂。前行，三二里，即至苟家滩。有庙，前有阁。庙为三清宫，内有道光二十九年（1849）磬。然尚有雍正年旧扁，则庙之建已颇古。在此稍息，雇三人背行李上山。鸡峰庙中庙管亦同往。苟家滩

---

① 注音字母"ㄓㄜㄉㄚ"，释作"ce ta"，应为"zhè dá"，关中方言多作"这达"。

② 全部，通通之意，又作"通统"。明李昭祥《龙江船厂志》卷一："彼此授受原无记号，又无围长丈尺，数里之间，木商辐辏，匠作通同以小易大，何从稽考。"

以前，地均种植。庙沟一带，地似颇饶沃。过苟家滩后，则种地亦甚少，山谷渐狭。未几，两岸石崖斗峻如东。中有瀑布高四五尺，颇为壮观。秉琦因留拍照。照毕，前进时，牲口不容易走，即归苟家滩庙中，步行前进。未几，左岸有石，如断如立，问庙管何名，答言无名，乃锡之名以助记忆。此地名之曰青石断崖。再前，石如阶如梯，上流小瀑，名之曰阶瀑。再前，左崖一大石险怪，名之曰链魔崖。再前，有光石甚大，上流小瀑，石上有纹如鸡，原名洋石板，嫌其不雅，易之曰石鸡瀑。石上有"散岔山地界"刻文："东止黑沟，西止红崖梁，高止高马头，北止义板石。"后有凉泉乡保数人名。所谓"义板石"，亦即此地，因石上亦有纹如义也。再前，名之曰小阶瀑。再前，垒石巉岩，名之曰垒崖。再前，即散岔之汤房，为朝山者饮汤之所。路右有破庙。庙内由右厢转出，有椿树一株。下有小方池，池池有石板桥。据言天旱，将此池水淘干则雨。桥后有石制小庙，庙内无神像，据言由他处演剧迎去，尚未送还云。庙北东有铁鞭，插于石中。鞭柄头四棱，刻"黑虎元帅"四字。柄有字四行：一"嘉庆四年"（1799），二"凉泉一会弟子"，三"同铸"，四"匠人符守"。鞭在石外长 1m05。稍休息，再前，路稍离水，依东坡上行。西坡樵夫正在工作。名之曰"问樵处"。再上，即由盘道登山。盘长短不一，约计得九。路多麻石所变细砂，稍一不慎，即下滑下。樵夫断盘道将柴滑下，此节遂成砂瀑。行经瀑时，备极艰辛。名之曰九回肠。过此段，路稍平，约向南行，原名雪岭上。再前，转右石径，原名石炕上。对面悬崖壁立，名之曰雪崖。再前，有数段，极似华山之苍龙岭，但每段却较短，路更窄，因其如桥，名之曰青龙桥。工人言，此天然桥。细思之，天然桥之名，胜于青龙桥矣。再前，名之曰羊肠道。山稍转右，原名大拐子。因其为鸡峰之外屏，名之曰外屏山。再上，原名高马头。再前，路右有小池，原名米汤池。据言某年修庙铸钟，工人运钟上山，惫而休息于此，娘娘乃运大神力，钟遂飞上山庙。工人闻庙上鸣钟，始行惊醒。道旁池中有米汤，堪御饥渴，遂共取饮。因名此地以彰神休①。再前，有石，原名纱帽石，象形也。此段道右，形势犇放，名之曰犇马岭。自苟家滩至散岔，山树因樵苏之烦，数目太少。散岔至奔马岭，数目繁多，但少大者。过此，可云始入鸡峰自身，林深箐密。对岸崖石削成，树木缭绕，雄伟秀丽，而蒙木交横，无法照像，戏名之曰气死照像处。名对面石，曰七宝莲台。路转西，路左有泉，原名池湾里。时天热，行人均渴甚，得此甘泉，清凉入人肺腑。再进不远，巨石奇伟，令人神肃，名之曰巨石崖。再进，巨石如削，中辟若门，名之曰斧辟石门。路从石门北过，转东，北望，则奇峰展开，如削如壁。气象万千，莫可方物。石缝突出青松，未审取养料何所。极雄极伟，令人惊叹观止。余尝谓太华山

---

① 神明赐予的福祥。

匪甚高，而巖石之奇丽，无山可比。然由鸡峰此段比之，有过之，无弗及也。路稍下，依巖石前进。巖边有一池，庙中所食，均此石中水。过一石缝，原名石门关。过关木桥依壁以建。上高数百仞，下深数十仞，而此桥仅由木板多条铺成，并未上钉。人行其上，履此端则彼端振动。壁无巨链，无物把握。仅得扶摩，稍减慄思①。长两三丈。常言危桥，惟有此桥，乃真不负此名！名之曰"游仙桥"。过桥，不远，即至庙。闻前此匪人蟠据此庙，拉票勒赎，夜撤此桥，即可酣眠，亦不虞"票"之飞逸也！至庙休息。庙管已预备热茶及煮玉米尸儿②带江豆。饮茶后，将"玉江粥"喫两碗，饥渴全住。庙之地势颇逼仄。建筑雅俗参半。但庙管非人，将屋子弄得甚脏，气味甚恶，大为名山之玷。仅有二碑：一康熙丁丑（1697）铁碑，系知县祝轩龄③撰文，内谓"邑之好义者，与羽流何复亨募化十方，斩棘凿石，志苦行坚者，已六历年所矣"。据此文，则康熙年前，是否有庙，亦殊成问题也。碑会有诗多首，可观者甚少。一康熙五十二年（1713）碑，字已模糊，然尚可辨认。文颇可笑：内有言"周时有鸡鸣焉，则声闻数十里。北有苑川县，土人筑台而祀之。"壁上题诗甚多，无足读者。庙尚未至山巅，休息后，仍鼓勇前进。未远，路即不明。石缝间似路，其坡度大约在六七十度之间，乱石松土，纵横道周。已上一小节，疑其不似路，回顾，则见右首似有小径可通。乃复下，由右路进。未远，再右石上有铁鞭矗立，即俗所传之敬德铁鞭者。石径极难上，鞭上有字，然余等一至此石侧，即目眩神摇，更不敢言登。有工人极勇，登上，手攀鞭，旋转一周，然彼等未能识字。以远镜望之，尚能辨识"家堡"二字，余不可识。后闻庙管言，老鞭被一疯人拔下，掷断，此鞭则为光绪年所换。路左有小庙，过庙，则路已穷，不可复通。复下，遥呼闻庙管，庙管言从前路直上即是。乃复攀援前路而上，约十数丈，抵数大石，路应从石缝进，而缝间有大石间之，上下均不可过。工人奋勇先越过一人，初拟将此石推下，而夹甚坚，不可动。遂握石攀登。秉琦犹豫，嘱其不必勉强，彼遂留石下。过石，有洞。下有一木梯，有级已坏，然可登。梯尽，有一铁链，比华山之链细一倍有余。洞直立，数不规则之大石填塞。石上凿有脚窝，深不过二寸。链长丈余。大家颇犹豫，乐夫奋勇先登，言上有路可通，遂继续上。上后，路与下节相似。但下节尚属土石，虽难走，不滑。上节落叶甚厚，一不小心，即滑下。下节则用"三足"④，即可勉强；上节则非用"四

---

① 古同"惧"。

② 注音字母"尸儿"，同前注"尸ㄣ尸儿"，释作"sher"，均为关中农村对"玉米粥"的称谓。日记谓庙管预备"煮玉米尸儿带江豆"，"饮茶后，将'玉江粥'喫两碗"。则此"玉米粥"当为放有"江豆"的"玉江粥"。

③ 祝轩龄，湖南黄冈人。康熙中官宝鸡知县。与名士醴陵曹之璜友善，事见曹之《燕游日记》。父祝守峻，官醴陵县教谕。

④ 两足与一手并用，谓之"三足"，与下文"四支脚"对应。

支脚"，简直无法进行！四体并用，备极艰辛。前进有一沟，沟上二三横木为桥。此次非过桥，乃攀桥爬桥也！过桥不远，有一石坡，凡来此者，均置柴一根以为纪念。余亦置一根。此地之柴，共有数十百根。然则此地人迹，固尚众多也。又攀援移时，得地小平。吾辈从南来，至此得见东北各坡。尚未至巅，而悬崖仍璧立，攀缘路绝。徧寻不得，而天色已将晚，只好下来。走此类险路，下时比上时尤为艰辛，常登山者，均能知之，无待烦言。下至大石处，则秉琦尚俟大石侧，遂同下。问庙管，则言离顶已不远。山上共有铁链四处，一处已坏。余等只过一处，余二处均找不出，宜未能至顶。甚悔不令彼引道，致未能竿头进步。然天下事均难圆满，留此有余以俟后来，亦未始非一佳事。晚餐后早寝。月色颇佳。晚温度十八度半。

十一日，夜中风甚恶。速度每秒约在二十五公尺以上。将明，风止。早晨温度十四度。山中有雾。近山变成远峰苍茫矣。庙中有娘娘阁，颇多神话。据言前匪人曾在其中拷打肉票逼钱，娘娘即附匪连长身，巨声禁止拷打。今早余等登山，乐夫见有签筒，随便抽一签。文曰："无故抽签，心怀奸诈，罚表二合，下山去罢！"因有此巧合，为之大笑。由于此类偶然应验，遽信神道固属一大傻子。然此等小小玩笑，开的尚颇不恶。早餐后，即起程下山。沿途照相留恋，走的甚慢。至苟家滩庙中时，则在净身寺所见之支口①二人均在此，颇觉诧异。问之，则言在此迎候余辈，更为奇怪。渐渐谈去，始知二人之迎候，乃系拦路告状者！余等，无官守，出来游山玩景，乃竟有托余等鸣冤者！告以"畊当问奴，织当问婢"。告状声冤，当向县长，非余等责。彼等犹哓哓不已。大约彼等二人，系甲长，与保长因公款纠缠不清。出入款目，相差至千余元。告状不准，乃请余向县长说项。告以此类账目事情，余个人即闹不清楚，何能代说话？如果我能闹清楚，我也去作县长，不在此游山玩景了。因为，不会把账目弄清楚，所以止会游山玩景，不会作县长。现在想找我想出办法，实在毫无办法也。在彼处喫饭后，即归。石嘴头之桥已坏，在其较上游乘船渡河。过河后，任老马所之，彼自能驮余归来。过东陵上村，此村虽离工次甚近，而余过之，尚属第一次。抵寓，尚不晚。余等此四日之旅行，赏玩风景，异常高兴，而调查古迹，可云毫无所得。本拟计画，后因身体困乏，亦无法实行，殊觉耿耿。惟鸡峰壮美，堪与太华争雄，或可解嘲为此次之最大收获乎！

---

① 名空缺未书。

接伯恭①信一封。

十二日，早晨十八度，下午达二十三度。天多云，有微风。上午李紫垣来谈。即在此午餐。彼言阳平镇东之魏王坟，有人言为曹操坟，有人言为杨修坟，有人言为李密坟，均无证据。惟附近杨姓，仍岁时上坟，但言属其家之姑父。又言和尚原在益门镇正南。大宛铺有一张先生，曾亲往。其地较附近高，小平可屯兵。插旗大石犹在云云。至其姑父何姓则亦未知，云云。下午定堡外坑地价。补作日记。晚微雨数点。

十三日，早晨十六度。终日有云，但有西风颇微。同子延到灵泉寺，商议移金大定碣事。始议移之于正殿檐下，西墙不坚，拟移之于东墙间。但东墙上有"乾隆五十七年（1792）定言"，下大约关系于庙中地亩事。淡墨模糊，但约略可见。杨焕章来，言此糊涂之字颇有关系，不如从原处砌一小墙，以免儿童进去毁坏。议尚可行，乃允之。乃用发掘所得砖，运去砌墙。中留一段空花，使可望而不可即。写信与受孙县长，请再借伍佰伍拾元。并问东岳庙戏台上之天花板，是否已取下。派狮醒往问，并往东岳庙，看后殿壁画果否佳胜。下午狮醒回，言县长往虢镇，并往天王村，未还。款如数取回。东岳庙后殿之壁画不佳，其天花板尚未取下。并带回考古会信一封，言下月二日在西安开委员会。财政厅信一封，内附本院信一封，系由本院寄来五百（以下中断缺失）……

（五月十四日日记阙）

十五日，……（以上缺失）庙中对联，均切纪公立言，此则为余上次游时所未留意。归店后，受孙县长来谈，言宝鸡患支应牲口。本年数月内，支应牲口过二千匹，民间赔累，不下十万，希望余见邵主席时，乘间一言，寻出一与邻县平均负担方法。余允之。今日余等所乘车，系由十里铺雇来。乐夫与之言明送至郿

---

① 即郭伯恭（1905—1951），名习敬，字伯恭，河南南阳邓州人。早年毕业于河南邓县高等小学堂、开封黎明中学，曾入河南大学、北京大学旁听，后在南阳等地任教，主修《邓县县志》并参与《河南通志》的编纂，且与姚雪垠等创办《大路》《考古学刊》杂志。擅文献诗歌研究、诗歌创作及绘画。著述丰富，于诗集《奔流》《激湍》《饥饿》《歌咏自然之两大诗豪》外，文献研究代表作有《永乐大典考》、《永乐大典纂修考》（与王崇武合作）、《四库全书纂修考》、《魏晋诗歌概论》等。郭氏于1935年由徐旭生推荐入北平研究院。日记载郭寄信徐氏及《永乐大典纂修考》由北平研究院刊行，均为郭氏与徐旭生等交谊之流踪。《四库全书纂修考》付梓，顾颉刚序言称："郭君伯恭治文学史有年，比复读书北平，著《四库全书纂修考》，都十六万言。于其访求编纂之始末，储藏存佚之实状，阐述详赡，诚有补于方闻。……颉刚读而好之，爰为介于北平研究院而印行焉。"参见陈松峰：《中州著名的文史学家郭伯恭》，载《文史杂志》1989年第4期，第5—6页。

县，以三日计算，每日两元八角。余未之允，告以发官价。路上，彼露索四日价意，且彼到虢镇后，即与别车夫商议换车，乃决定另雇车，与以两三块钱，斥之归。

十六日，与旧车夫两元八角，令其归。彼仍哓哓不已，然彼拉三十余里，得此数，可为已丰，乃斥之去。新车夫问走南路走北路，问其南北路何异，彼答北路走五丈原等等，乃决定走北路。走后，始知彼并不识途，仅道听而途说之。路初出堡北，过数村，见烟花淡红，美丽异常，秉琦乃下照一相。据乡人言：前数日大风，烟受损失不小。再前，路仍经古活庙前，则仍与前数日所行路合。谛视庙额，似系古话庙，非"活"字。然亦终未下视其所祀何神。过景家庄，路北有灰土古陶片。驾车之骡，年高德邵，虽车夫力加鞭笞，而仍雍容雅步！至阳平镇时，即将打尖，问知蔡家坡离此仅二十里，乃催其前行。前十里，有大村，忘其名。路北有庙，入观，则系杨氏宗祠。问知杨氏系此间大族。又问以魏王坟离此间远否？答言不远。问此系何魏王？答言相传为李密，未知是否。问：有人言，此间杨家，以岁时上魏王坟，信否？答言，杨家老坟，在此坟附近；岁时所上者，为自己老坟，与魏王无干也。再前，出宝鸡，入岐山界。时过午已久，大众已饥，路旁有卖食物者，但因离蔡家坡不远，仍前行。乃迟之又久，终不至，而途又已穷！问人，始知蔡家坡已留在西北方。前途有村名桃园，有店，有卖食物者。车乃转向北行，辙不清楚，加之以饥疲之老骡，怠可知也！问人，人言桃园离此五六里。前进数里，又问人，则言离此十四五里！然终至桃园。村有一堡，不甚整齐。内有十数家。然有旅店一家，问知去郿县尚远，遂止宿。大屋内间宿人，外间喂马。问知五丈原离此间不远，但在渭水南，须渡河始可到。车由此去，当向西南行。店主人姓王，家尚丰裕。其子吸鸦片烟。令其打热水，彼即藉故推托，终索洋二毛去。

十七日，早晨店主东之大烟儿，对我们说，上五丈原，从龙湾过河，须转回西走二十里许；又此刻人忙，过一轿车，给他两三块钱，恐怕他们还不高兴，云云。又向前不远，车即不能行走，我知道烟鬼的话，从来靠不住，命车向西去。适有一童，正向龙湾附近，乃随之行。大约走七八里，车已直达龙湾！过河，给船钱一元，船家已异常高兴！过龙湾村，路仍向西南行。道旁时有小河。未几，至一村，名化家寨。路北有庙，入观，内有修理斜渠碑记。盖此间水即斜谷水，故名斜渠。欲出日记本记下，始悉日记本于渡河时遗失，心中甚为不喜。村中仅有卖凉粉者，止好喫一碗。从村西出，未几即遇一石滩河，滩甚广，车不能行，遂止于此。余及秉琦继续前行。过河行四五里，至原根，有一大村，村名忘之。有家庙多处，则此村似多望族。拐角处，有灰土老陶片，匆匆未及寻其范围。登原，诸葛武侯庙在焉。庙新修理，尚整齐。名人题诗刻石颇多。寻道士，找茶喫，道房内出一青年，问余等何来，答言自宝鸡来；为陕西考古会。彼言君等当系随徐先生工作者，余答：余即姓徐。转问姓名籍贯，始知系南阳县人，前在河南大学毕业，现在此间，办理农村合作事业者。谈次，余等得茶，即出所带干馒头食之。食后，余等又到庙中照像，读碑。购岳书出师表拓本二份。临原北望，滨渭平原尚广，稻田不少。下原归至化家寨，道旁有木匠铺，为他人预备稻饭正熟，余等即取食之。食毕，上车东行。入郿县境，路南有大塚三四，往观，似非坟墓。问土人，据言系当日诸葛武侯用兵，粮乏，惧为敌所知，乃封土为塚，上盖粮一层，引鸟雀下食以欺敌，此为其遗址。又进，至韩家村头，则灰土旧陶片，迤逦极多，且有完整之石器。再前，不远抵郿县城。城不大。店在东关，不大能住，乃出找可住处。见一太白庙，入观，则有房三间，颇新，外有一架葡萄，遂向道士借宿，得允许，即将行李搬来。内有一道士，王姓，亦南阳县人。彼前在军界办笔墨，去年始出家。住太白山大太白池，新自山上下来。据言今年雪特别大，路尚未开，彼从山下，共走五天，备尝险阻云云。余前尚欲偷空游太白，闻言，为之爽然。今日将到郿县城时，车绕行红崖头，凤山在那里也找出不少的灰土坑和古陶片。晚月色颇佳，天气颇寒，温度十二度。

十八日，今早十二度半。盥洗后，同秉琦往县政府。据说县长病不能见，命科长王君代见。吾等言并无别事，只有借县志一看及请代雇牲口二事。彼允代办，即将县志借来翻阅。又同出，到东隔壁之东岳庙，庙已大部拆毁。惟县志中所录从县署移来之金大安钟犹在。但年月仅存"安"字下之"女"字，"岁次庚午"则尚显著。其人名则多称几郎。其一部分庙则垣墉颇高，墙上树荆棘，几若监狱。门闭。叩其门，未几，即有一六七岁之碎娃应声。呼其开门，答："我去对我父亲说。"以后，仍听碎娃与大人说话，恶犬汪汪，而门坚不开。余疾击其门，又大声以呼，良久，始有一老妇来开门。余斥之，据答为内有一学校，正殿钥匙为先生挈去，云云。由窗窥其殿，内无神像，果似学校。其后尚有一殿，据言有神像，但不得过。然则碎娃口中之"父亲"字样，及言语，或即为先生所口授者矣。庙东隔壁，曰文昌宫，现由渭惠渠办公处，修理，已改办公处。再东隔壁，为关帝庙，内设小学。后殿神像前，有关岳神牌，裕昌王神牌。出庙，入城，出南门。门西不远有庙曰天佛寺。原庙在西院，已全毁。现庙规模不大，老道人正在督人种地。过厅中，有石莲坐，当系隋唐旧物。厅西有"元和十一年"（816）经幢，"岁次景申五月景寅朔，十七日壬午建。"依干支推之，"景"即"丙"也。此年月之前数行空处，又有"咸通九年（868）岁次戊子九月……"审其字体，似系后刻。书幢人名，似系"步佐元"。草草一读，其序言与普通译经本，文字有不同处。

老道士岳姓，此附近人。前曾在新疆塞里河（徐注：音如此）作把总，守边界。——地据其所言，大约属叶尔羌。——彼曾娶缠妇，生子。民国后，只身归，遂出家。现其姪随侍之。天佛寺前有砖塔，七级，不完整。无字，不知何年建。寺东南，又有太白庙，规模较大。内有康熙四年（1665）祈雨丰碑。又有道光十八年（1838）重修太尉庙等碑。太尉者，巡山大尉也。再入城到县署，为署中唐槐照像。槐中空，仅賸老皮之一小部分，下用砖支持之，而生意盎然，情态如画。见王科长，问其是否知渭北岸汉郿县旧址之所在。彼又问他人，知地名白家村。又请其找驴三，彼允立时派人往找。归，喫饭后，稍息。温度达二十七度余。三点后，驴仍不来，乃仍同出往红崖头。从东门外靠城北行。至原边，名北崖下。折西行。村西端有灰土古陶片。再西，过侯家庄。时天将晚，行颇疾。未几，至红崖头，其南坡曰枣坡。稍西，沟中有地方颇大，古陶片不少。时已将黄昏，即归。城门已闭，过北城壕。至庙，天已定黑。问凤山，其所见灰坑，在红崖头之东坡，非余等今日所见也。晚十四度。早起时微会，终日晴。上午西风颇微，下午止。晚月光极佳。

十九日，晨起不及十二度。驴来，即动身往白家村。出东关，向东北行，约二三里，至渡口。渡口附近，有本年新造之保护林。在渡口，候颇久。过时，在船上，船人与行人争执船钱不已。至对余等则俟余等下船后，"请委员赏几个馍钱"而已，不敢争也！过齐家村及和齿（徐注：音如此）二村。问路人，此附近有老城否？答言，"有，此东南即是，内有夜堂。"问其夜堂何意，彼亦说不清楚。知其误会，然姑一往寻。至则一旧堡，有南门。问居民，则言内为清香堂。因入观堂。堂为一大屋，中供神画像。神颇杂乱。实为一"喫斋念善"之团体。余等坐间，即见一老妇入礼神默念。堂实名大庆堂。大约清香为一公名，凡喫斋者称之。或尚有礼神而不喫斋之团体，则不得称此名也。案上有一书，曰《如见道心》①，内罗列堂名颇多，但大庆堂则尚未见著录。吾国人好结秘密社会，礼神总为内之一重要事情。人少时，未必即有何恶意。至人多，亦未必不作无意识及犯刑科之事，无知识人之团体大抵然也！堡外亦稍有汉瓦片。出堡，向东，未几转北，见断崖中有汉层。再北，至白家村，亦有一堡。堡东壕中，灰土及古陶片甚多。转入北壕，仍极多。堡西北有一小庙，颜曰西仙堂，供一女神像。揣其姿态，或系一狐仙也！时颇热，因在室间稍歇凉。村人颇挐来些出土瓦罐及破铜镜之属，均未购成。大约此地为一新石器时代末期遗址。地址颇大，今堡均包于其内。汉晋期内，亦尚不少人居。今日为寻汉旧城而竟得一石器时代遗址，喜出望外。到村西之青

---

① 道教典籍，清白纸木刻，复阳子重刊。典出唐司空图《二十四诗品》第十八章"实境"："忽逢幽人，如见道心。"

龙宫稍息。命庙管煮开水，取所带之锅盔，食之。时天气正热，因到殿中休息一钟余。正殿祀关帝，有文武二像并列。殿中有织席者。外有嘉庆廿四年（1819）各碑。热气稍过，即上驴归。西行多稻田。归时不循来时路也。今日之驴，均系老驴。一驴腹中有驹，即近生产。余二驴已老至不能生产。实不能走快，亦不忍令其走快。问赶驴碎娃，据言荒年后，乡间牲口甚少。县中往要牲口，又为差役开一生财之道。故好驴本不多，而来者亦绝不能有好驴！似此则明日之行，牲口尚有问题，极为踌躇。归后，则老骡之主人又来，此时得老骡之车，又觉喜出望外！遂定以车行。付驴主人各五六毛钱，彼等欢腾而归！晚十九度。在月下与同乡道士谈颇久。所住太白庙内，有道光十四年（1834）殉难士民三十八名碑，未记殉何难。郿县城附近烟田颇少，渭河北较多。

二十日，日未出时温度十四。仍以老骡车前进。离城十里许，有村曰教坊，附近有灰土陶片。离城廿五里许，大路北有大灰坑，余及秉琦、凤山全下。见古陶片不少。时天已稍热，且余不愿车走太远，乃先行。稍前，路北，有永福寺，入观。据道光十二年（1832）碑，言："唐显庆三年（658），元奘①宣律，建三寺于郿之南山下，曰西明，福寿，永福寺者"，即其一乎？坐车后，不远，即至槐长。——车夫念如"槐阳"，此地均书"槐长"，然余在别处，见其名又曰槐芽。——村头有柳阴。余主张在柳会中休息，而车夫直"丨幺"②至店中。实在店中无人休息处，而院中牲口粪味极重，且车夫又须往迎秉琦等，须余看车而余固不耐此骡粪味！乃坚持，始仍息于柳阴下。实在内外之分，不啻天渊，彼亦毫无在店中之需要，不知其何以必愿入店中也！未几，秉琦至，自提其所采集之陶片，车夫拟代之负，彼惧其身多虱不敢令负也！据言此间灰坑面积极大，且厚丈许。下已至地面，尚未知下还有几许。地面石器颇多。据此一切，则此灰坑地方，为从前一切所见地方之所不及。问村人，据言其南为清湫村，清湫庙即在其地。惜余无暇，不及往游。人马食后，再前行，二十里，至横渠镇。稍息。张子祠在道北，入内瞻拜。此地从前为一书院，现无所存。内碑颇多，最古者，为延祐七年（1320）碑。现内设区公所。余等出时，一人手捧烟盘进内！邀余等内坐，余等坚辞出。稍东为城隍庙，门前却署"幽冥府"！门外有树数株，余等即息于其间。一面喝茶，一面往张子祠照像。入城隍庙一观，除两廊"锯解""磨研"之惨悽像外，尚有乞儿男妇，蜷曲若狗，正在吞云吐雾！此真"幽冥府"矣，据村人言：张子后人，并无在此地住者。再前，十里，过清华，似有村会。购物稍食。

---

① 即玄奘。
② 注音字母"丨幺"，释作"yiao"，汉字作"吆（yāo）"，即"吆车""赶车"意。关中方言谓"赶车"曰"吆车"。

再前十里至哑柏。入镇，人市扰攘，问知为割烟雇人之晚市，尚未足奇。再前，妓女成群！墙上贴示打六〇六、九一四针者，竟不止一处！人烟纷扰，俨然大镇！店中仍无居处，乃出寻庙。有一关帝庙，内有商会。入观，内无负责人，遂出。再行，见一大庙，寻门入。外有区公所办公处。内殿甚大，但破坏全无门窗，其中亦为一开会场。问庙管，答言无房子。秉琦乃出，与区办公处交涉，彼已允宿其阅报室内，因余等命1幺车搬行李，乃又变卦。盖彼处正负责人不在，留一保长代看门。名为看门，实即看守其数十支枪。虽觉"委员"非危险物，而仍不得不小心！乃替余等另寻。寻得一观音庙，内原有小学，现因烟季放学。余等即宿于其殿内。据替我们找房之保长说：现为烟季，故街上如此热闹。烟季已毕，则不如此。现外路烟客还未来。烟价甚低，四两烟始能换一元钱。本年因前数日之干风，烟收大减，每亩仅收四五十两。每亩名义上，须纳捐十元，实际上，亦尚须纳自六元至八元不等。近日人工奇贵！割一季烟，须二十元。每人可割早晚烟各一亩。加以粪土各费，卖烟后实不能够本。至去年则每亩能割七八十两，烟价亦稍高，云云。庙有乾隆卅九年（1774）钟。据道光二十二年（1842）碑，谓"稽其残碣，其庙建于前明神宗十有三年（1585）"。晚十八度余。

二十一日，早十五度。所住庙前门，为一醋店，主人急于往割烟，关门，吾辈势当早行。出镇后，田中熙熙扰扰，尽属割烟客！卖糖者，卖纸烟者，卖粽子者，亦纷纷田间！我国农村之繁荣，已如是也。离盩厔县城不远，路边有汉层。再前，有菜园堡。其西北有灰坑及旧陶片。再前不远，路北有废庙。铁像七八，矗立风雨中。铸制尚佳。哑柏至盩厔城三十里。再前，至城西南，路南有塔，十一层。徧寻，无佛像，无字迹，内无楼板。顶已坏，从内可见天。其旁有崇祯十一年（1638）演武场碑，内言"据县志，塔建于唐。……"拍照后，到东关，店中仍不能住。因往再东之火神庙，内颇宽广，亦有闲室可住，而无门窗；且庙中住极多"赶烟场"者，实令人不能安心。乃著袜，著长衫，同秉琦入城，拜县长，借住。县长，王姓，延寿①名，留住县署中。下午天气太热，已达三十三度。俟稍凉，始敢出。出到城隍庙，马王庙。马王庙内有小学。出西门，到一堡中，未问何名。内有东岳庙。庙中有络丝者。返进城。到瑞光寺。寺据县志言为唐建，然现止有屋三间，内住小贩人颇多。中墙绘佛像，有同治年匾额。两旁金刚尚系泥塑。到城东南隅，县立高小。高小设于李二曲先生专祠中。先生家住菜园堡，本有祠堂。民国十二年（1923）于文庙西隔壁建祠，即今址。此祠建后，乃将菜园堡祠改为贤母祠，专祠先生母。后城内祠驻兵，绅民恐先生神牌之被毁污，乃送之于贤母祠，今尚

---

① 王延寿，陕西蓝田人。1934年任盩厔县县长。

未迎归也。祠中碑颇多，就地弃置者不少。归，见县长，请其代雇一车，明日游游仙游寺，楼观台，住祖庵镇。经其慨允。晚闻敲朴声，一件完又一件，次日问随余等之差役，则比索烟款也。

二十二日，早十七度。行李收拾好，待车，未几到。车骡均好，每日二元。惟赶车之娃，则已烟瘾不小！十里，到马召镇，（下三字为墨笔涂盖）……即欲休息，藉口引路之差役未到，或出镇即到山根，斥之，告以㸚到山根再说。彼不得已，始行，引路之差役亦在车旁也！出镇二三里，到山根。下车，命之旋马召，凤山随往看车。差役引余等前进。山势平稳但颇秀美。三五里后，引路者，言前面水大，须由他方过河。乃向左转，过一村，名金盘儿①。再向南行，一二里，深处有河，即黑水。河此方有庙，即仙游寺之"北寺"。入观，内有乾隆十二年（1747）碑，有毕沅②对联，文为"山色潭光映岩户；文章气节冠元丰"。题壁诗不多，然多可读者。窥其语意，似乐天、东坡均曾游此间，且乐天之《长恨歌》即在此间草出。草草一览，出，下谷，脱脚过河。一不小心，袜子随长流以俱去。良久始觉，止好置之。登岸即仙游寺之"南寺"。庙已破坏，现正在修理。和尚不识字，然似尚朴诚。庙有产业，似不甚少，彼自烧砖瓦，逐渐修盖。此地入山不深，而四面山林，均属平稳秀美，宜为游人胜地。有塔，七层。塔内有卧佛，旁十六（非十八）阿罗汉，跪者，立者，骇者，思者，泣者，仪态甚佳，其为表示佛当灭度时之像乎？惜为烟熏黑，不易照像。疑原型仍属唐旧。道光五年（1825）碑，言"迤然西盘者为象岭；突然东踞者为狮山。左腋则龙潭澄映；潭旁即虎穴空嵌。对岸则茅硙积雪，硙下即玉女垂帘。奇峰腾雾于西，炎光晚照于南。……"其名人游历，则"汉有挚恂③、马融④之石室；唐有岑参⑤、白傅⑥之诗篇。宋则苏玉局剖符调

---

① "金盆儿"之误。

② 毕沅（1730—1797），字纕蘅、秋帆，号灵岩山人，江苏镇洋（今江苏太仓）人。乾隆二十五年（1760）进士，廷试第一，授翰林院编修。官陕西布政使、按察使、巡抚，继任河南、山东巡抚，湖广总督。病逝后，赠太子太保。在金石考据、文物保护等方面成绩卓著。

③ 挚恂，字季直，博学能文，常隐居盩厔南山。爱马融才，以女妻之。远名利，有清名。

④ 马融（79—166），字季长，东汉扶风茂陵（今陕西兴平东北）人。马援从孙。历任校书郎、郡功曹、议郎、大将军从事中郎及武都、南郡太守等职。平生致力经学注释。著述为清人编《玉函山房丛书》《汉学堂丛书》等辑录。

⑤ 岑参（约715—770），河南南阳人。天宝三年（744）进士。官至嘉州刺史，世称"岑嘉州"。长于诗，边塞风为其显著特征。《白雪歌送武判官归京》尤脍炙人口。陆游称其"太白、子美之后一人而已"（《渭南文集·跋岑嘉州诗集》）。

⑥ 即白居易（772—846），字乐天，号香山居士，又号醉吟先生。祖籍太原，生于新郑。初官盩厔县尉，授翰林学士，继任左拾遗、左赞善大夫、江州司马、忠州刺史、杭州刺史、太子少傅等。以晚年官太子少傅，故称"白傅"。有《白氏长庆集》传世，诗作《长恨歌》《卖炭翁》《琵琶行》等曾广为布传。《长恨歌》者，即其任盩厔县尉时于仙游寺所作。

水①，迹尚存于彼岸；赵枢密②构堂观空，记久镌于崇峦。以逮有明，客游则秦简王③、何景明④、康对山，本邑则王元凯⑤、王两曲⑥、赵子涵⑦。……"他碑，言此地为隋避暑离宫，然遗迹无存者。寺在山曲平处有林，有稻田，如稍经费点缀，仍可为避暑胜地也。在寺中，午餐，休息，照像后，天气尚热，然不敢不启行。下山，抵马召，尚未晚，而小烟鬼迟之又久，始将车套好。但车又加一健骡，当可１幺快，三十余里路，当不难至。引路差役，并不识楼观台路，乃遣之归。前行二三里，至黑河上，路不显明。凤山下车牵（下七八字为墨笔涂盖）……衣，过河后全湿矣。且问路，且前行。进一堡子，已离楼观台不远，日已落。问庙中吸烟人，答言当南行。南行未几，到一堡西门。小烟鬼入堡，寻人不得，遂不寻，南行。愈走愈不像路，而天已定黑，乃停下，派人到南方村中打听。未几，有一行人来，问之，言路走错，实应穿堡东行。想雇之引路，彼坚不许。乃返过堡。雇人引路，颇不易，然终得一人。大约三四里至楼观台堡，以为已至，乃去庙尚远。引路者问村人，村人言当右行，右行遂陷坡中，非路。再问，答言未见车，以为单行人也。又费力不少，始得出，仍归前路行。未几，入林中。黑暗中见树，愈增崔嵬。坡斜林深，风景佳绝。又里许，始抵庙门。有一道士，手执纸灯，在门外巡更。见余等至，乃以灯照车中，后始叫门。又索名片入，观之，始开门。内有道士数人出迎，威仪整肃。让入客堂，洗脸喫饭，就寝时，大约已过十二点。

一九三五年五月

---

① 即苏轼（1037—1101），字子瞻，又字和仲，号东坡居士，自号道人，世称苏仙，北宋眉州眉山人。以曾官玉局观提举，故有"苏玉局"之谓。如清赵翼《再题焦山寺赠巨超练塘两诗僧》："我本才非苏玉局，敢嗔佛印不烧猪。"剖符调水，见苏轼《和子瞻调水符》诗："置符未免欺，反覆虑多变。授君无忧符，阶下泉可咽。"

② 即赵鼎（1085—1147），字元镇，号得全居士，南宋解州闻喜人。曾官知枢密院事，故称"赵枢密"。

③ 明秦藩王朱诚泳（1458—1498）谥号。号宾竹道人。秦惠王朱公锡庶长子，嫡母秦惠王妃子陈氏。初封镇安郡王。成化四年（1468）封镇安王。弘治元年（1488）承袭王位。性孝友恭谨，晋铭冠服以自警。曾建正学书院。又旁建小学，择军校子弟秀慧者，延儒生教之，亲临课试。王府护卫得入学，自诚泳始。擅书法诗词。著《经进小鸣集》。

④ 何景明（1483—1521），字仲默，号白坡，又号大复山人，河南信阳人。弘治十五年（1502）进士。官至陕西提学副使。擅诗文，致力文学复古，主张"文必秦汉，诗必盛唐"，与李梦阳、康海、王九思、边贡、徐祯卿、王廷相等齐名，号"前七子"。《明史·何景明传》称其："志操耿介，尚节义，鄙荣利，与梦阳并有国士风。"著《大复集》《谢礼直节本》《何子杂言》《学约》等。

⑤ 王元凯，字尧卿，号终南，明盩厔祖庵人，今属户县。弘治辛酉（1501）举人，正德辛未（1511）进士，授兵部给事中。后因援救主事王崇庆而得罪。著《天地正气编》《蝉噪录》《南游稿》《庸玉录》等。

⑥ 王两曲（1501—1577），名三聘，字梦摩，号两曲，明盩厔兴仁里（今辛家寨村一带）人。明嘉靖十四年（1535）进士。官大理评事、河南佥事。著《五经录象》《小学集注》《性理字训》《三字经训解》《字学大全》《子史节录》《古今事物考》《盩厔县志》《禹贡注解》《终南仙境志》《养生日录》等。

⑦ 赵子涵，名涵，字子涵，一字屏国，明盩厔人。万历乙酉（1585）举人。好金石考古。《四库全书总目提要》载其"挟楮墨访拓，并乞于朋友之宦游四方者，积三十余年，故所蓄旧碑颇夥"。撰《石墨镌华》。

二十三日，今日上午天佥，并微雨数点，照像不甚便，遂留一日。今早本庙总管道士出见，姓尹，道号自修。名片上注籍鲁山，但彼言出家在鲁山，故如是写，实在是方城城内人。谈次，对于方城人物，均颇明了，似所言不虚也。其人甚强毅，言语容貌间，均可见之。此庙为陕西第一大庙，道士多时，二百余人。庙产甚富。王县长言："据其自言，有地七八顷，但实在数目尚不止此。大约总有十二三顷，云云。"又据道士言：从前当家的时，庙中经济，时见支绌。经此当家的之整理有方，始得宽裕。其所言大约近实。此人世故深，交游广，手段辣，故能保持庙产至今日。闻其庙中规矩，亦颇整肃，如有吸食鸦片，及他种犯规者，立时逐出。（下两行为墨笔涂盖）……早餐后，同出瞻仰庙宇。始以为一大庙聚处，继乃知非是。此地不过道众聚处之所。出，行林中数百步，抵说经台。在一高处。前有棚房数大间，凡唐以后各种古碑，均保存于此处。大门内有《道德经》篆文，楷书各碑。篆文元刻，碑上有年月。楷书无之，且碑旁有宋苏子瞻①题字，及碑会米元章②所书"天下第一山"数字，遂启揣测。余察其碑，似均系磨旧碑刻字。篆文碑会最后部分空处，磨除部分，尚极清楚，可为铁证。故余意楷书碑旁及会之字，虽未必伪，而与篆书之刻，仍当系同时也。正殿内祀老子，据言此殿历经兵燹，从来未焚毁过。此等传说，以神话视之可耳。离此地又数百步，有高土门，名紫气台，后有大殿，曰三清殿。其墙右角离地不远处有琉璃花砖，花纹精工，或系唐旧制。殿未大毁而诸待修理，然殿既大，非有数千金不敢动工。尹总管言："此余之心病也。"殿后有大银杏树，丛干蟠郁，不知其几合围。北平附近，虽亦有大银杏树，而对此，均当如小巫之见大巫。非有千余年，不能若此，其为唐或唐以前遗物，当无疑义。——庙散在各处，以此二处为最大。瞻仰毕，遂归。途中，尹言其所有地，下多大石，不易生佳木。彼曾自帅人掘出石极多，情形稍佳。指道旁地，谓均如此。下午，独出到塔峪寺。寺在楼观西二三里。路过化女泉，有一院落，亦属于楼观。塔峪寺有塔。无上处。余读向觉明游记③，知彼等

---

① 即苏轼。
② 即米芾（1051—1107），初名黻，后改芾，字元章，时人呼为海岳外史，又号鬻熊后人、火正后人。北宋著名书画家，书名最著，与蔡襄、苏轼、黄庭坚合称"宋四家"。名颇多。以崇石，号米颠；以曾居襄阳，称米襄阳；以宋徽宗曾诏为书画学博士，号米南宫。此处用其字称谓，作米元章。
③ 向觉明（1900—1966），名达，字觉明，笔名方回、佛陀耶舍，湖南溆浦人。1919 年入南京高等师范学校。1924 年后任商务印书馆编译员、北平图书馆编纂委员会委员、北京大学讲师。1935 年秋赴牛津大学鲍德利（Bodley）图书馆工作，于英国博物馆查阅敦煌写卷、汉文典籍等资料。1937 年赴德国考察中国流散至此的壁画写卷。翌年归国，历任浙江大学、西南联合大学、北京大学教授，北京大学图书馆馆长等。其间于 1942 年 9 月以北京大学教授、中央研究院历史语言研究所通信研究院研究员等名义赴敦煌参与中央研究院历史语言研究所与北京大学合组西北史地考察团在敦煌等地的史地文物考察。1949 年后任北京大学历史系教授兼图书馆馆长，中国科学院哲学社会科学部委员等。按 1933 年 4 月 24 日向达曾与徐森玉、王以中、刘子植考察盩屋大秦寺遗迹，著《盩屋大秦寺记》，故作者日记有"向觉明游记"一事记载。向达此文收入其《唐代长安与西域文明》，北京：三联出版社，1987 年，第 110—116 页。

曾从旁银杏树攀登。余仔细察视，见大枝尚离塔丈许，万无法过。寺仅除大殿入殿，则数十余岁童子，抹花脸，带①红假须，持械以舞。其神台上置一墓砖文为：

"大禅师修行于终南盩厔县大峪里地坊

五峰丘木山大秦寺供奉住持僧刘儒清之墓

大清乾隆五十七年（1792）吉日书于大秦寺"。

又有正统甲子（1444）钟，前书：

"五峰丘木山大秦禅寺铸钹序（徐注：秦字提行，即如原式。）

大明国陕西西安府盩厔县僧

会司遇仙乡大峪里地坊

……"

时旁室有人出，问：塔可登否？答言：前数年有人以梯倚银杏梯登。问其有梯否？答言现被借出，然未几即取梯出，甚劝余登。问：下节如何登？答梯靠树上，可从梯登。问：上如何过？答将梯取上，一端架塔沿，一端架木叉，在木叉者，以绳固之，即可过。余惊憟危，终不敢过。然余出时，忘带银文，无以偿架梯人，亦不登之一因。余因"大秦"名，极欲寻得一十字遗迹，徧寻，无所得。归。途中，遇少年道士引秉琦往照像。过山沟时，中有细流，脱袜洗脚。时闻草中ㄘㄚㄘㄚ②，颇惧蛇出。亦终无它。

今日最高温度廿六度。

二十四日，早五点余，温度十八度。到说经台路上，与道士合拍一照后即起行。出林后，经过水田区域，又路间多石，车行甚艰困。过一石子滩，始达平地。五里至店子头，购粽子食之。又十里，至南彳丨③，又食油糕。微雨数点。又二十里，至祖庵镇。镇有东西二堡。车由二堡中间过，到重阳宫。宫为金元间建，丰碑矗立者四十余，而庙址现仅局于一院。闻住持言："当日庙之规模甚大，山门在今堡内。最前为灵官殿，殿后为老君殿，遗址在现庙门前。再后为三清殿，即今日之正殿。现改祀重阳祖师，至三清则附祀于上层。再后为玉皇殿，殿址犹存。再后为斗母楼。楼东为东华殿，西为王祖殿，旧日祀重阳于此殿。殿后为碑亭。斗母楼后为后宫，宫后为太和宫，云云。"余因天雨麦湿，仅到玉皇殿遗址一观。上有金大安元年（1209）所铸之巨钟，及焚帛炉。此二物均有保存之价值。钟文字甚秀丽。各碑下节已多剥蚀。设法保存，无可再缓。住持曹圆智，甘肃导河④人，

---

① "戴"字之别。
② 注音字母"ㄘㄚㄘㄚ"，释作"ca ca"。拟声词"嚓嚓"。
③ 注音字母"彳丨"，释作"chi"。此处疑为南陈村。
④ 原属河州，1913年改置为导河县，1928年更名临夏县。

年大约在六七十岁，而耳目聪明，步履轻健，言谈亦清楚，快人也。彼言："金树仁①为其同村人，其祖父为快班头，颇不理于人口。金前清中举，邻人均甚诧异。……"彼闻金为主席，异常鄙夷。在彼间午餐后，雨已止，遂又前行。时有西风，天气颇寒。二十里，抵鄠县城。时车夫尚欲前行，余因欲游渼陂，且欲问县长圭峰碑之保存情形，遂止。东关店无法住，乃入城往访县长，适县长不在。问收发人渼陂离城若干远，答在城西北，约五里，今名ㄅㄧ头②。后始知即陂头之讹音。时尚早，因欲先往游。过钟楼，上有图书馆，遂上借住，承馆长胡君允许。问其钟点，则六点已过，乃中止渼陂之行。未几县长赵葆真③来谈。问以圭峰碑现状，据言碑楼已盖成，且碑四面均有字，现四面均可拓，甚为妥帖，云云。宿于楼最上层，甚宽敞，惟樑间时坠鸟粪。

二十五日，夜中觉风吹头，未悉何故，乃起换他端睡，仍有风，细察，始知楼中被大风吹开，起关之。又起下楼小便。时雨不大而风甚急，速度大约在廿三四公尺以上，方向为西。因再起耽误眠睡不少。早晨温度十三。昨晚本拟今早游渼陂，后因读《鄠县志》，据言"相传丰京在秦渡镇，而顾祖禹、顾栋高则均言在鄠县东五里④，似此则当在今之兆丰村附近"，余虽不深信此说，而既有此说，余当亲往详细调查，因拟辍渼陂之游，往秦渡、兆丰调查。余等早起，而车夫之烟鬼，经多次催，始将车套好，而天又雨，乃拟不往兆丰，止往秦渡，而雨终不止，遂定迳返西安。雨颇霡濛，余如素惯，仍坐车前，而著雨衣，仍无大妨。至梁家桥，午餐，喂牲口。下午雨渐住。至城门时，天尚早，但车无皮轮，现令不准入城，乃候于城门，遣凤山入城雇人力车，然不可得，余乃先步行入城，西城大街已全拆宽盖起，而马路尚未作好，泥泞载途。到寓后，忠义往雇轿车，始将行李接回。接到齐真如信一封，（下四五字一句为墨笔涂盖）……大哥信一封，泽普信一封，院中总办事处信一封，家信一封，碧书信一封，报告十八日季芳生一男孩。润章信一封，言回平后即商议西来，但又来一号电，则言平方委员全未

---

① 金树仁（1879—1941），字德庵，甘肃河州人。早年从河州知州杨增新游，得杨赏识。清宣统己酉（1909）科拔贡。1911年当选国会众议院议员。杨增新任新疆省主席，金任阿克苏县长、新疆省公署政务厅厅长。1928年7月7日新疆事变发生，杨增新被刺。金代杨任新疆省主席。1933年4月12日新疆再度事变，金被迫出走。1927年徐旭生率西北科学考察团在新疆考察时，与杨增新、金树仁、樊耀南等政要均有接触，并知悉新疆"七七事变"部分内幕，故有此日与金树仁同乡曹圜智绕金树仁其人议论主题。

② 注音字母"ㄅㄧ"，释作"bi"。ㄅㄧ头即下文"陂头"意。

③ 赵葆真，陕西澄城人。1931年5月任武功县县长。1932年5月任鄠县县长。1926年修《澄城县志》，鄠县县长任间又继续前任县长强云程未尽工作，监修《重修鄠县县志》。

④ 参见清顾祖禹（1631—1692）（字景范、瑞五，江苏无锡人）《读史方舆纪要》卷五十三、顾栋高（1679—1759）（字复初，一字震沧，号左畬，江苏无锡人）《春秋大事表》。

能来，云云。晤端甫、念生、万玉①诸人。

二十六日，剃头，洗澡。晤扶万、午峰及会中其他同人。接希渊信一封。

二十七日，早晨大雨，将午渐晴。（下三行一整行、两半行均为墨笔涂盖）……人，……下午仲良②来谈。后约余及会中各位、念生到福盛楼晚餐。晚满天星斗。

二十八日，初起时微雾，后渐晴。写润章、希渊③、大哥信各一封。下午，寿伯来谈。乐夫、狮醒等从北路到。言北路过军队甚多，找住宿甚感困难。

二十九日，天晴。下午温度达廿五度。终日招呼陈列。午峰来谈。晚雷雨一阵。子怡来谈。

三十日，天晴。接建功信一封，言岳母病重，④心中至为悽惶。复信一封，又给姻嫂⑤写信一封。上午金震东秘书⑥和同事四五人及翁县长⑦来谈并参观古物。下午伯恭来谈。子怡来谈。子怡著一文，言咸阳原上汉陵，现所据为毕秋帆所立碑。⑧仔细考核，止有茂陵及成帝延陵不误，余均不合云云。将文示余，问余意见若何。余细读一过，觉其言甚有理，此问题当可成立也。晚念生约到西安饭店喫晚饭。

三十一日，昨晚睡不佳，今日，晴。全日招呼陈列。将晚，郑士彦、李蔚如前后来谈。

---

① 分别为陕西考古会顾端甫、罗念生、白万玉。
② 即黄仲良（1893—1966），名文弼，字仲良，湖北汉川人。1918年毕业于北京大学哲学系，翌年入北京大学研究所国学门任教。1927—1930年参加中瑞西北科学考察团在内蒙古、新疆的考察活动。1934—1937年任西北科学考察团专任研究员。1935年以中央古物保管委员会委员身份赴西安任办事处主任并进行整理碑林等工作。抗战中任西北联大、四川大学教授。1947年任北平研究院史学研究所研究员。1949年后任中国科学院考古研究所研究员。著《高昌陶集》《高昌砖集》《罗布淖尔考古记》《吐鲁番考古记》《塔里木盆地考古记》《新疆考古发掘报告》《西北史地论丛》等。
③ 即袁希渊（1893—1987），名复礼，字希渊，河北徐水人。1913年入清华大学高等科学习。1915年赴美国伯朗大学、哥伦比亚大学留学，1920年获硕士学位。1921年回国，参与河南仰韶文化遗址考古发掘工作。1927—1932年参加中瑞西北科学考察团，任代理团长。1932年始任清华大学、西南联大教授。1949年后任北京地质学院教授。著《中国第四纪地质学》等。
④ 建功，即魏建功。因其夫人王碧书为作者夫人王慎徽（号季芳）大任女，故魏有寄信作者言其"岳母病重"一事。
⑤ 指魏建功夫人王碧书之母，王慎徽（季芳）之娘家嫂子。
⑥ 此处所谓"金震东秘书"，当与作者1933年6月10日日记记载"民政厅金秘书"为同一人。
⑦ 指时任长安县县长的翁柽。
⑧ 此处言"子怡著一文，言咸阳原上汉陵"，指陈之《咸阳原上汉帝诸陵考》一文，收入陈子怡：《西京访古丛稿》，西安：西京筹备委员会，1935年。

一九三五年六月
（六月一日至六月十四日）

六月一日，今日天气甚热，下午院中达二十九度。然未几猛雨一阵，遂较清凉。会中请各顾问来会指导陈列事宜。止有李乐知一人来。有数新闻记者来。接下文轩信一封，请余为之谋事。今日有一王君开先来，系寿伯所介绍，托余向中法大学当局介绍转学之学生者。

二日，天晴。上午寿伯来。正午开会。到会者，仅扶万、卓亭、午峰及余四人。余代表润章，卓亭代表胜浮，仅能开会。余报告会务以外，仅谈与作考古事业之机关联络，与外省博物馆交换古物及赠送北平研究院，中央博物院古物事。下午吴云芳①、吴淑娟二女士来谈。伯恭来谈，约余及乐夫到经济食堂晚餐。后同到三意社听戏。所演为《凤仪亭》。出园后，始知秉琦、端甫亦来。接吉如信一封，又接三姻嫂②电一封，报告岳母已于上月卅一日戌刻病故。

三日，晴。今日请各机关各学校来参观，人不甚多。昨日一《西京日报》记者来索照片制版，因无向例，拒之。后彼请普通照片，如斗鸡台全景之类，因无大碍，许其取二张，但嘱以"明日陈列，今晚必还"，彼满口答应，而至今早尚未还！打电话不行！往取仍不行！止好在粘照相处，写明"此片由西京日报馆借去制版，过期未还"字样！人之无信义，至于如此！借会中金息侯③所集《近世

---

① 吴云芳（1896—1978），民国陕西名宿宋菊坞（联奎）夫人。1928 年 1 月与梁午峰、李竞寰、石雨琴、赵绍西、朱友梅等人成立陕西女子职业教育促进会，任会长，同年 2 月创办培华女子职业学校。1933 年与宋菊坞创办私立新民小学。
② "三姻嫂"即作者同年 5 月 30 日日记所谓之"姻嫂"，以其夫行三，故有此谓。
③ 即金梁（1878—1962），号息侯，又号小肃，晚号瓜圃老人，浙江杭县（今杭州）人，寄居北京。满洲正白旗瓜尔佳氏。光绪三十年（1904）进士。曾官京师大学堂提调、内城警厅知事、民政部参议、奉天旗务处总办、奉天新民府知府、奉天清史局副局长、奉天政务厅厅长、蒙古副都统等。入民国任清史馆校对、北洋政府农商部次长。著《四朝佚闻》《清帝后外传外纪》《黑龙江通志》《奉天通志》《瓜圃丛刊叙录》《增辑辛亥殉难记》《近世人物志》《满洲秘档》等。时陕西考古会藏金息侯《近世人物志》，日记记借阅一事。

人物志》一观。此书不过抄集翁同龢、李慈铭、王闿运、叶昌炽四家日记①中关于人物之记载，虽检查尚方便，而实未尽言著作。序中言"剪裁成传，前后贯串，亦颇费经营"。余却未知其如何经营也。下午蔚如来谈。邵主席夫妇同一王君来参观。送出后，归晤连定一与其尊人雅堂先生。雅堂先生即著《台湾通史》者。彼语，余所懂极少，须定一为翻译。彼言近研究台湾语，觉其古音甚多。又言台湾在孙吴赤乌（乌）年，已通中国。近日人得赤乌（乌）瓦当十数，藏于台湾博物馆。对于通史，希望其能增补史料，重行印刷，彼亦同具此志。前闻此地绥靖署军糈主任王蔚芝君藏铜器多件，内有文字百余，颇为震动。曾托寿伯代为设法，得观原器。今日扶万所识之拓工有拓工，送来看。共七片，拓工不佳。其三片铭文，大同小异，各有三四十字，为最多。二片亦大同小异，各有二十四五字。一片十余字，一片七字。未知其文曾已经著录否，尚无暇考核也。又闻南院门某古董铺，有秦穆公时花砖，嘱希平找拓本。今日找来拓本。谛观，仍系汉画，其所言秦穆公殊无确据。一端直列两层：上层五人；三人执兵器立，同向；二人似执幡帛，立，与前三人相向。下层三人，姿势似坐。其后有一瓶。他端横列三层：下层有二骑马猎人逐兽，谛视为两截全相似，每人湾弓，各进二兽。马姿态甚佳。上二层相类，有图案高出，似表山。山间各有兽，或有人。谛视，两层全同，且每层分二截，前后亦全同。闻铺中索价甚昂，但尚不珍秘。异日当亲往观之。

四日，天晴。今日参观人较多。下午子翼②来谈。据其意，唐宋所画人物较胖，明以后较瘦，故彼主张万寿禅院之壁画，系明物。余终不以为然。所取回之一部，果不过明，至照来东壁之一张，非明人之手笔也！一王君潼公来。王系桐柏平氏人，与芝生有姻亲。现在职业学校（后中断阙佚）……

---

① 翁同龢（1830—1904），字叔平，号松禅，别署均斋、瓶笙、瓶庐居士、并眉居士等，别号天放闲人，晚号瓶庵居士。咸丰六年（1856）一甲一名中状元。官至协办大学士、户部尚书、总理衙门大臣。并任同治、光绪两代帝师，望重一时。著《瓶庐诗稿》《翁文恭公日记》等。李慈铭（1830—1894），初名模，字式侯，后改名慈铭，字爱伯，号莼客，室名越缦堂，晚年自署越缦老人，浙江会稽（今绍兴）人。同治九年（1870）举人，光绪六年（1880）进士。官山西道监察御史。著《湖塘林馆骈体文抄》《白桦绛树阁诗初集》《重订周易小义》《越缦堂词录》《越缦堂经说》《柯山漫录》《后汉书集解》《霞川花影词》《十三经古今文义汇正》《越缦堂日记》等。王闿运（1833—1916），字壬秋，又字壬父，号湘绮，世称湘绮先生。咸丰二年（1852）举人。先后于长沙思贤讲舍、衡州船山书院、南昌高等学堂讲学。光绪三十二年（1906）授翰林院检讨。宣统三年（1911）受封翰林院侍讲。入民国，任国史馆馆长、参议院参政。平生致力经学著述，收获甚富。《湘绮楼日记》尤为著名。叶昌炽（1849—1917），字兰裳，又字鞠裳、鞠常，自署歇后翁，晚号缘督庐主人。光绪十五年（1889）进士，官翰林院庶吉士，国史馆协修、纂修、总纂官。迁国子监司业，加侍讲衔，擢甘肃学政。嗜金石考据。著《语石》《缘督庐日记》《藏书纪事诗》《滂喜斋藏书记》等。《缘督庐日记》与《翁文恭公日记》《越缦堂日记》《湘绮楼日记》并称"晚清四大日记"。

② 即陈子怡，又作陈子翼。

（六月五日、六日日记阙佚）

七日，……（此日日记前阙佚）余先归，寿伯往寻王蔚芝，兼代会中要求参观其所藏铜器事。未几，寿伯来，言彼许量拓片，并自量尺寸给会中。与寿伯、乐夫、念生同出，到财政厅，余与寿伯入见升三厅长谈及所用款。彼言可随便用，毫无问题。出，同到经济食堂小餐。今日下午腹中作痛。接到总办事处及润章快信各一封，言铁道部已有命令，允许半价运输，但今年无半价执照。

八日，上午访李乐知及周厅长。下午午峰来谈。派乐夫到财政厅取钱及车站接洽车辆。夏子欣来，挈一王蔚芝所藏器之拓片及器形。乐夫回，言财厅无人，须明日始可办理。车站须补一公函。又查函皇父器铭，则《攈古录》及《愙斋集古录》均著录。文全同，但此拓本内多一"鼎"字。查此铭文，列举其所铸之器，并注明其数目，而独漏举一鼎，数器全同，其不可解者一。"簋"下一字，《攈古》释为具，《愙斋》释为鼎。余意从鼎为是。"簋"下既为"鼎"字，其上又有一"鼎"字，而字体不同，其不可解者二。大约作伪者，仅见《攈古》及其释，欲刻于鼎上，疑上无"鼎"字，不可通，乃加一"鼎"字，而不悟下之尚有一"鼎"字也！后子怡来，同对《愙斋》本，很容易比出拓本字之幼稚。本器未见，未知真否，而铭文伪作，大约已无疑问。子怡明日又将出外调查，大约即此已将作较长之别离矣！（以下半行为墨笔涂盖）……

九日，早补函与车站，请求车辆。接宁厅长信一封，转来总办事处信一封，言又汇来伍佰元，并寄来收条，宁并嘱签名盖章后，送去，以便取款云云。张扶万来谈，李乐知来谈，黄仲良来谈。（以下大半行为墨笔涂盖）……下午，夏子欣将账目送来，价目太大，斥之，允斟酌后再讲。接义诠信一封，言岳母将于二十四日发丧云云。天甚热，最高达三十八度。

十日，夜中薄被亦未能全盖。写给宁厅长信一封，请其再拨千元，并将收条送去，请其取款后，仍寄回院中以清手续。命乐夫往算账并取款。还言当俟下午。又命其到车站交涉车辆。还言车辆可有，但站长言：古物平常头等加倍，此减半，即当依头等价。告以去年依一等、二等、三等计算，答以无他执照，止可依定章办理。依此则运费当多数百元，无法办理。又命其寻李乐知，问其能设法办理否。返言，乐知给站长打电话，允运去验视后再定。下午三点余，吹风一阵，下雨数点。乐夫往财厅，据言已批准，但未签支票，当俟明日也。隆季言其两嫂闹气，其长兄嫂避出，其母亲将其二嫂逐出，现家中止賸其瞽母及彼二人。问彼详情，则彼与其二嫂为一党，故亦颇有牵涉，亦可为不善处家庭之至矣！段老①来，乐夫购其小克鼎拓片一。复下文轩信一封。……

（六月十一日、十二日日记阙佚）

十三日，……（本日日记以上阙佚）②秉琦到陕西省银行观画。所谓《长江万里图》者，仍系理想之风景画：山几皆峭直。有桥，有瀑布，割裂之，均能成一幅风景画。后只有近人一跋，不赞其画而赞其纸！到处均无长江万里字样。余一则为李龙眠所白描之五百罗汉，工细异常。李行长③又出其所藏之清程□④画松，高八九尺，气象雄浑。又有宋王璋之大字，则余不甚懂。⑤返时购《老残游记》二集一本、《时事月报》一本、《语文论战的现阶段》⑥一本。返，乐夫言站长主张少数之铜铁器，均按二等减半，而多数之陶器，及残陶片，均须按头等减半，问余意如何？余因如此，即无办法，乃致电院中，请其向铁道部交涉，按照去年成案办理。下午即读所购各书。（下半行为墨笔涂盖）……

十四日，同秉琦出城，到荐福寺、大兴善寺，内均有少数军队。又到宋家花园，天雨数点。到慈恩寺及青龙寺，将至青龙寺时，天又落雨，不（以下中断阙佚）……

（六月十四日后日记阙）

---

① 谓西安翰墨堂碑帖店经理段仲嘉。
② 依文意，此日"陕西省银行观画"，当为作者与苏秉琦同行，故"秉琦"二字前阙佚文字，应有一"同"字。
③ 即李维诚，时任陕西省银行经理（行长）。擅书法，嗜收藏。1933年加入西京金石书画学会，任保管部主任。
④ 按清代程梁，字益公，陕西长安人。清诸生。精绘事，花卉人物，虬枝劲松，均臻妙境。嘉、道间，曾居长安，以鬻画自给。1936年2月出版西京金石书画学会编辑《西京金石书画集》第3期录"清程梁双松"绘画一帧，附文称系"纸本，纵一丈二尺，横五尺，长安某氏藏"。"老干虬枝，笔力雄健，其布局用墨，于轩爽瘦逸之中，能得松之神韵，非胎息深厚，功力纯熟者，不能也。"以李维诚时任西京金石书画学会保管部主任，且富财力，此画或为李氏所藏。
⑤ 1995年12月台北历史博物馆馆刊《历史文物》第5卷第5期录《馆藏精品四十选粹》，称该馆藏"宋夏圭溪山无尽图，典藏编号：陕西一号、高：三八公分；长一六三九、五公分"。目前知最早为南宋贾似道（1213—1275）藏，先归明权臣严嵩（1480—1567）、鉴藏家项元汴（1525—1590）递藏。后康熙六十年（1721）为兰舟程道济观赏。嘉、道间再归久任河督的延州张芥航（1776—1835）度藏。张故，卷归渭南赵乾生（元中），赵殁，物流散至沪，将至东瀛，为陕西省政府出资购回，藏陕西省银行，由该经理（行长）擅书法、嗜收藏之李维诚保管，俟陕西省博物院建成庋藏。1949年5月，此卷与李龙眠所绘白描五百罗汉图由陕西省政府主席兼保安司令董钊（介生）带至台湾。1955年12月4日台北历史博物馆成立后暂藏该馆。参见罗宏才：《夏圭溪山无尽图流变诸事与相关问题》，载《艺术与设计》2002年第4期，第21—25页。日记称此卷为《长江万里图》，与前谓"夏圭溪山无尽图"抵牾。
⑥ 文逸：《语文论战的现阶段》，上海：天马书店，1934年。

零散日记

……（前大段阙）以今日所见之土台询李①，李言此地亦名斗鸡台。晚餐后又同姬、田二君到街上一游。

二日，上午同田和生君，栾□君②，历史地理教官贺□③君，同出西门访斗鸡台。西门外人家不多。向西北行。路右土崖中有积聚瓦片。未见骨木痕迹，是否古墓，未能断定。路左有建筑物，已完全倒塌。往观，仅賸一土台，内瓦片丛集。旁有石佛像断段两节。询土人，知此地为睡佛寺遗址，同治回乱时废。再前进，路左有村，名石家营。斗鸡台即在村东北不远。台为一土岭，宽不及丈，高七八尺，长数百步，南北（以下阙佚）……

---

① 疑为李慎庵。
② 即上文所谓"栾本朴"。
③ 贺君名空缺未书。

后记

《徐旭生陕西考古日记》的整理、注释工作，大致从 2013 年 5 月开始，至 2016 年 4 月结束，花费了将近三年的时间。这不包括 2013 年 5 月之前长达半年的资料调查与收集工作。如果再加上 2016 年 4 月以后又长达半年的不断修改、校对工作，事实上全部工作应该是将近四年的时间。

回顾经历，起初囿于其他工作的影响，进展很慢。只是到了 2016 年年初，才因《陕西考古会史》修订工作的完结而加快速度。但推至 2016 年 3 月，因部分注释资料难以到位而迟滞了大半个月的时间。

换句话说，最后完稿前的 1、2 月间，常常会因一条资料、一个事件、一个人物、一个问题的视线模糊而导致整理、注释工作中辍数天。并且由于日记原稿的零散、阙疑，衔接排序便更为困难。一日、一页、残段、局部日记的排序失误，会因此导致总体气息连贯的畅通受阻而不得不推倒重来，前功尽弃之事遂难免发生。这导致我有些急躁、烦恼与不安的情绪是可以想见的。所幸后来得到日记作者哲嗣徐桂伦先生及其夫人张晞奕女士的慷慨支持，还有苏秉琦先生哲嗣苏恺之先生以及日本国学院大学青木教授，长崎大学落合教授，台北"中央研究院"历史语言研究所陈昭容教授与陕西省考古研究院院长王炜林、副研究员曹龙等诸多友人的热情帮助，才会使全部工作得以在短时期内杀青。但完结之后的整理、注释是否完美，就中尚还隐藏着多少讹误，却是在仅仅数日轻松过后不断袭扰我的另外几个主要问题。

说老实话，限于学力、经验，我非常不适合做这样的工作。能够支持我最终完工者，主要是日记作者的精神感召与心力指引。因此，与其说是我在整理、注释《徐旭生陕西考古日记》，倒不如说是《徐旭生陕西考古日记》始终在引导我学习与思考。感谢人生给了我这样一次宝贵际遇，它教我在一次看似平常的整理、注释工作之中，系统接受到先贤俊杰的指导与教诲，一个事件、一段箴言，或者说是一方水土、一介人物，都能够瞬间撩拨起我的畅想与感慨，常常使我在激动、兴奋中进入一个真诚、美妙的世界。

所以，回忆整个整理、注释工作过程，我自觉无资格因资料的缺位或其他原因的影响而急躁、烦恼，我所要由衷祈求的只是徐旭生先生在天之灵能宽恕后学小子的浅薄、无知，但愿就中的一些讹误、缺陷，能够在今后某一时刻得到恰当的补充与修正。

需要说明的是，为便利读者洞悉与徐氏陕西考古日记相关的时代背景，加深对日记作者性格、经历、气度、襟抱等相关精神层面的感悟与理解，本书在即将刊印之前，曾接受出版社编辑的建议，特意在书中附加了有关徐氏陕西考古之前的一些重要历史图版。其中精通诗词骈文、擅长书法篆刻，被唐圭璋誉为"一代词坛飞将"，曾与徐旭生共同翻译法国著名作家亚历山大·小仲马（Alexandre Dumas, fils, 1824—1895）代表作《茶花女》、波兰著名作家亨利克·显克维支（Henryk Sienkiewicz, 1846—1916）名著《你往何处去？》的徐氏友人乔曾劬（大壮）之"蜚庐"题字，徐氏父亲徐纲（振甫）先生清末任职河阴县教谕或归德府教授期间之戴缨帽像，庚戌年（1910）译学馆时期《蜚邂庐日记》封面与同年7月16日日记题头自励语词，以及两帧徐氏留法小照与1926年1月3日徐氏偕猛进社友人同道摄于北京北海公园的"驼群履冰图"等，均系首次刊布，它们理应具有重要的史料价值和视觉冲力。

基于这种附图设计的考虑，原来设定与徐氏陕西考古日记主题相关的图片，便尝试分为照片、信札等资料类型及日记原稿图片类型几部分，在书名页之后、文中和文末呈三段位分布，构成既相对独立，又一线贯穿，烘托全书、文图呼应的整体设计格局。

应该说，就读者阅读便利诉求而言，这种设计说明显然是有必要的，但若就注释、说明主旨诉求以及体例性质而言，这种设计说明或者有越位续貂之嫌。至于其间到底孰轻孰重，利弊如何，都只能交由读者来最后评价与批评了。

诚恳而言，为了这本整理、注释的《徐旭生陕西考古日记》，陕西师范大学出版总社侯海英女士付出了极大的辛劳，某些片段，她提出了至关重要的建设性意见。另外，其他的一些朋友与同事也给予了很多指导与帮助。其中上海大学数码艺术学院老师孙海垠、谢璞以及博士生刘明虎、茹溪、刘启寰，硕士生杜柯楠、吴钲铎、彭泽云等人连续助我分担杂务，尤使我深深感动。

检点徐旭生先生的学术宝库，能够不竭输送给我们后来人的箴言、智慧应该有很多很多，但我却特别想用他早年"时景虽严吾当行，猛进不需愁途穷"这两句诗作为后记结束的语词。面对明天的希望，斗胆以之敬赠与我一样的后学小子，大地山河中，我想这诗句当有非凡的勇力与高尚的启迪。

2016年年末子夜于上海大学宝山校区

蜚遯廬日記

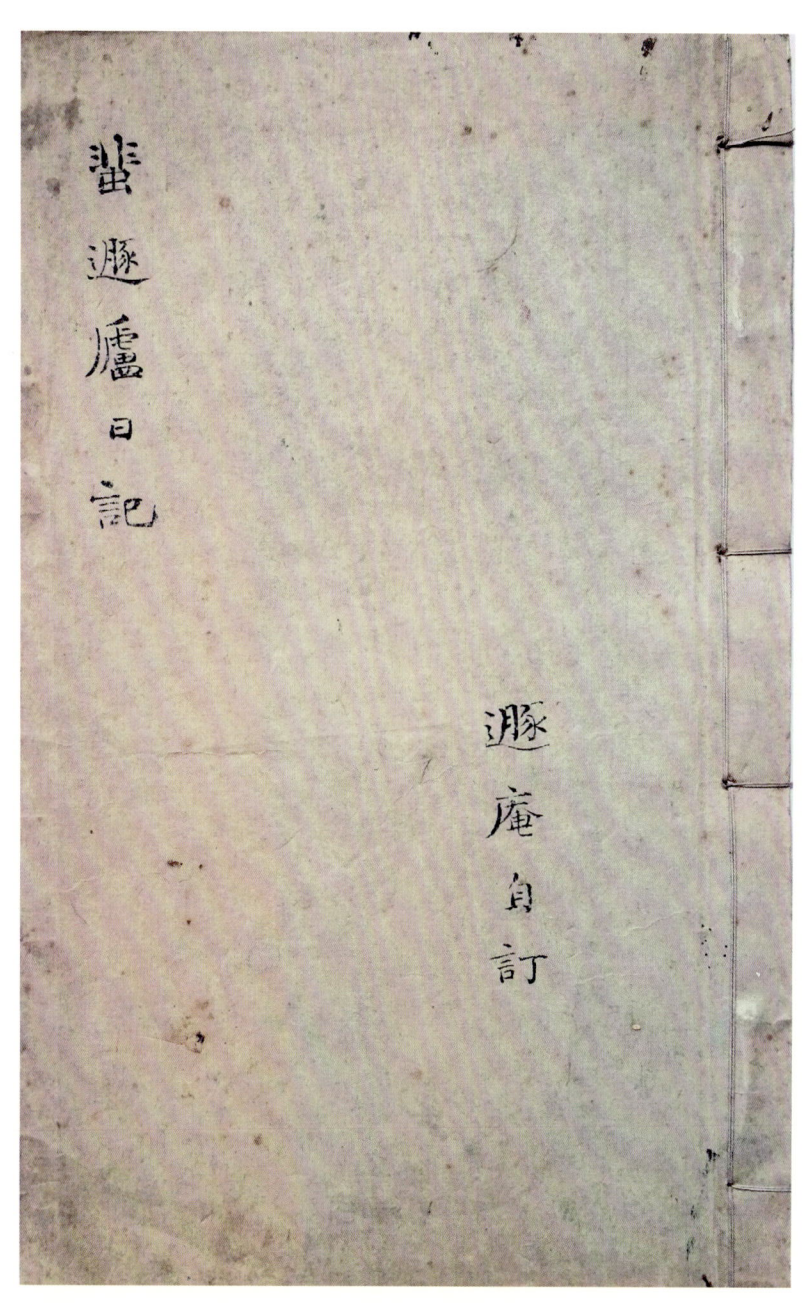

遯庵自訂

徐旭生手书庚戌年（1910）《蜚遯庐日记》封面

待塔姑返，雨時已止，僱乃到樊家寨廟中，命人煮水取出所帶東西食之。廟中老婦人尚認識余。食畢，又到村中人家量其院中所置瓦礫道及乃出寺城門歸。途中遇二碾廠，名萬壽寺。前有斷碑，大約係明情所立。略之此為梁太尉蘭某故宅，梁人故宅未能在此，或係兩人居于隋者分。窺其詞意，大約係隋唐舊廟。中洞中供觀者有一老婦守之。再前已花寨，村西廟神皆土面，一帶花方磚皮壁齋，不知係慎製或唐製，似非近時費製。列世疑為何隋六朝愛，甚欲將其取出，乃若呼之出，又曰：一案未知何名，西前，邑大路，已為五正條矣。

廿二日前聞彩巷對其街處有一六朝所製衣，石獅，乃與孝廉同出尋

廿日，同樂夫孝廣周隆出往楊家城。今日大霜鋪地，天氣甚寒。午後一兩點鐘霜尚未溶。腳步少停即冷如冰塊。吾輩抵快雨困，今日始感冬迫。郝家村，紅廟城登彼此高塚一覘。大夥偕唐榮苑中建築物之遺留，淮墳塋地。進至閒老門，孝廣再量水道，發現漢人所用之花秸泥，取出數塊慎重包裹持歸。順城牆而北些。孝廣又在城裏面發現版築，又覺一像。此次余等注意外面故未之。城附近有煤渣塊頗多，雖未敢臆斷為漢人所遺，然因附近並無磚瓦窯及居此物推集頗有問題，故亦取還一片以資研究。城門觀摸代版築遺迹樂头孝廣均異常高幸，乃攝影兩張。又取下一塊，量其夯錘大小，並將此塊世帶歸。本意已至女門看燉煌

僅餘膴代衣約，左腎脊膝而已。自顱至膝，86cm。

約m有膝尖處計
x=1m26; y=2m28; z=0.50 方向 N10°E。無棺木痕跡。左側附骨

處有燒窯時留出物寬附近多白土有似燒狀石出。堡坑際

失對于坑中所堆之石鋪的房不言祝，隨便丢棄示其不合下半

兩止工。溝東甲坑坡南抚穴出人骨一，頭南向，面西向，骨淩亂不甚

且不完全盖三瓦罐一瓦盆一主人。

額骨：x=0.58; y=10m05; z=0.86.

骨盤：x=0.35; y=10m95; z=0.94.

方向：N.20°W. 五止附近溝東乙坑中間偏西之帶灰色。

塌陷，又出一罐，尚未量。上所出器时期不早。坡此坑内出古钱币不少。色堡内列仅横坑出五铢钱，铜片不多。坡南坑掘自65cm至55cm。今日为陈宝

乙辕: $x=2^m10$; $y=9^m60$; $z=0^m40$。

北坑自65cm至50cm。堡横坑自1m06至63cm；继坑自1m27至72cm。

神作联一存，录如下：

　宏是耀光兆豫揆典王；匿实即启

　全中国大一统，再建陈仓，像没此坂，扎匿于今存古祠。

写家信；

姊，徐宇无恙，彤俗如昨，村老岁时春蒸尝。

虽来格，乃宗发祀物之阙，亦可为新千年群神祇之妣雄来格，乃宗发祀物之阙，亦可为新千年群神祇之封。

二十七日，夜中大雨，天明仍雾纷纷。八点半上十，九点半清东己

堡催坑　午出鐵器一件或係兵器之柄。又＝0.52）

y＝0.70；z＝1.54。下午四二時見堡內二坑，陶片多未撿

起，尤不其謬誤。樂夫意頗不以余之為然。樂夫思想頗不

科學可慮也。

二月今日力催測量進行。

溝東甲坑，八立半發現瓦餅瓦盂瓦鬲石權人骨及其他多物。東側偏南

鬲在東，盂一仰一合，內土甚鬆疑內有穀，但用水火試驗沒未見痕

跡。瓦餅則臥于盂西南向東倒。身因發掘不慎撅破一塊。[原缺]

塊。盂合對亡破。鬲有兩耳尚完善。三器緊相接。石權在其附

间有黏土。下午北端两旁多画出 1m50 宽，南端中间画出 1m50 宽，继续下掘。

堡横坑：上午出铁标头（签）一件。x=2m98；y=1m14；z=1m50。此标以此物件中心为准。头西南向倒卧。

堡今日因风未测量。

五月一日，今日因风未进行测量。

沟东甲坑：红土坑：x=0.09；y=6m04；z=1m55。南北长1m86，东西宽约一公尺。大约为长方式，极不规则。西高东下，时有断续。中积黄土，似房一窑。傍有釉块多件，附近红土匀底颇多，并有一件颇似烧坏瓦罍之足。南端及北端靠东之均较松，试行掘探下去。

不大而風甚烈運度大約在廿三四度以上方而差甚因再起

就誤眠睡不久早晨溫度十三。昨晚本擬今早遊莫陂沒因讀鄠縣志，據之"相傳豐東在莫陂鎮，而歐祖禹廟梯高刻均之在鄠縣東五里，似此列當在今之非豐村附近余雖不深信此說，而既有此說余當親往詳細調查。周擬擬莫陂之遊，往莫陂非豐調查，余等早起而車夫之煙鬼經數次催始將車套好，而天又雨乃擬不往非豐，此往莫陂，而雨終不止遂定返西安。而郊霑濡，余如素慣，仍坐車前，而寺而衣仍無大礙至果家橋，午餐餐畢性已。下午雨斷住至城門時，天尚早但車無度輪現令不問縣長圭峰碑之保存情形，遂此東關香世傳信乃入城往訪縣長適縣長不在，問收藏人姬僕陵窩岩干遠，答在城西北約五里，今名口頭陂，始知即陂頭之訛。當時尚早，因欲先往遊，迺鐘樓止有圖書館，藉住承館長胡天許，問其鐘此列六正已逊乃中止膜陂之行。來策縣長趙藻真來談，問以圭峰碑現狀據言碑樓已蓋成，且碑四面均可拓甚為要帖。云。宿于樓最上層甚寬敞惟樑間時隆鳥糞帖云。宿于樓最上層甚寬敞惟樑間時隆鳥糞二十五日，夜中覺風吹甚，未若何故乃起摸他端腾仍有風細察，始知樓中被大風吹，起閱之又起下樓小便。時雨

一陣，旋歸清華。会中請勿廬間來，令指導陳列事宜。出有李樂知一人來，有對新聞記者來，據示束軒信一

赫請余為之謀事。今日傑一王及閒先來，傳壽伯所

旬絕托余向中法大学當局介紹轉學之学生考。

二日天晴。上午壽伯來。正午間回到会。懂狄雲、卓亭

午峰及余四人。余代表潤章、卓亭代表勝浮、懂狄閒

会余被共会務以外，懂後与母考古樸閒聯絡，与外省

博物館及贈物及贈送此平研究院中央博物院古物事

下午吳雲芳吳洙娟二女士來诶、伯恭來诶，偽余及樂

陕到經齊食堂脫絜食，後同到三意社聽戲，所演為

復信一封。又給烱嫂寫信一封。上午金震來秘書如同柬四五人及蘭縣長來談並參觀古物。下午伯巖來談。子怡來談。子怡芽一文言咸陽原上漢陵現所據為是秋畝所立碑。仔細考校並有茂陵及僑遷陵不誤。余均不合云云。將文亦余問余意見若何。余細讀一過覺其之甚有問題當另來查也。晚飯後到西安飯店喫晚飯。

三十日。昨晚睡不佳。今日睛。全日招呼陳列。將晚。鄭士彥。李蔚明前後來談。

六月一日。今日大氣甚熱。下午院中達二十九度並來猛雨